교회력에 따른
예배와 설교

로버트 E. 웨버 지음 | 이승진 옮김

기독교문서선교회

기독교문서선교회(Christian Literature Crusade: 약칭 CLC)는
1941년 영국 콜체스터에서 켄 아담스에 의해 시작되었으며
국제 본부는 영국의 쉐필드에 있습니다.
현재 약 650여명의 선교사들이 59개 나라에서 180개의 본부를 두고,
이동도서차량 40대를 이용하여 문서 보급에 힘쓰고 있으며
이메일 주문을 통해 130여국으로 책을 공급하고 있습니다.
CLC는 청교도적 복음주의 신학과 신앙을 선포하는
국제적, 초교파적, 비영리 문서선교기관으로서, 하나님의 뜻에 합당한 책을 만들고
이 책을 통해 단 한 영혼이라도 구원되길 소망하며
이를 위해 주님이 오시는 그날까지 최선을 다할 것입니다.

ANCIENT-FUTURE
TIME

Forming Spirituality through the Christian Year

by
Robert E. Webber

translated by
Lee Seung Jin

Copyright © 2004 by Robert E. Webber
Originally published in English under the title
as *Ancient-future time: forming spirituality through the Christian year*
by Baker Books a division of Baker Publishing Group.
Translated by permission of Baker Books a division of Baker Publishing Group,
P. O. Box 6287, Grand Rapids, MI 49516-6287
All rights reserved.

Korean Edition
Copyright © 2006 by Christian Literature Crusade
Seoul, Korea

목차
Contents

표목차 | 6
고대-미래 시리즈에 대한 소개 | 7
감사의 글 | 9
저자서문 | 10
역자서문 | 14

제1장 영성의 구현 | 17

1부 빛의 주기 | 41

제2장 **대림절** : 하나님께서 우리에게 찾아오시는 시기 | 43
제3장 **성탄절** : 그리스도께서 우리 가운데 태어나신 시기 | 71
제4장 **주현절** : 그리스도를 구현하는 시기 | 99

2부 생명의 주기 | 131

제5장 **사순절** : 회개하는 시기 | 135
제6장 **성삼일** : 죄에 대하여 죽는 시기 | 171
제7장 **부활절** : 새롭게 부활하는 시기 | 198
제8장 **성령강림절 이후** : 하나님의 새로운 임재를 경험하는 시기 | 236

후기 | 253
미주 | 256
참고문헌 | 260
주제색인 | 269

표목차
TABLES

1_ 교회력의 영성 조망 | 12
2_ 전체 교회력 영성의 개요 | 39
3_ 대림절 영성의 개요 | 69
4_ 성탄절 영성의 개요 | 96
5_ 주현절 영성의 개요 | 129
6_ 사순절 영성의 개요 | 169
7_ 성삼일 영성의 개요 | 196
8_ 부활절 영성의 개요 | 234
9_ 성령강림절 이후 영성의 개요 | 251

고대-미래 시리즈에 대한 소개

　이 책, 『교회력에 따른 예배와 설교』(원제는 『고대-미래의 시간: 교회력에 따른 영성 세우기』, Ancient-Future Time: Forming Spirituality through the Christian Year)는 '고대-미래 시리즈' 중의 하나이다. 이 시리즈에서 필자는 특별한 관점으로부터, 다시 말해서 고대의 기독교 전통에 깃들어 있는 지혜에 근거하면서 이런 통찰들을 현재와 미래의 교회의 삶과 신앙, 예배, 사역, 그리고 영성에 각각 적용시키려는 목적으로 기독교 신앙과 실천에 관한 주제들을 다루었다.

　이 시리즈에서 필자는 특히 오늘날의 교회 안에서 일어나고 있는 세 가지 의미심장한 탐구라는 맥락에서 현금의 이슈들을 다루었다. 첫째, 이 시리즈물은 신앙의 뿌리는 교회의 토대인 성경과 고대의 전통 안에서 찾아야 한다는 점을 강조한다. 필자는 신앙과 실천에 관한 모든 문제의 최종적인 권위의 근거가 성경에 있다고 확신한다. 하지만 교회 역사를 통해서 일구어 온 신앙의 발전을 무조건 무시하지 않고 교부들의 기본적인 해석과 고대 교회의 신조들, 그리고 그들의 실천 사례들 역시 존중한다. 이런 전통들은 이단의 가르침에 대항하면서 기독교의 근본 진리로 더욱 명료해지고 또 시간이 흐르면서 잘 정리되는 가운데 형성되었다.

　둘째, 이 시리즈는 교회 일치를 향한 오늘날 전 세계 교회의 노력을 지지한다. 그래서 나는 이 시리즈물에서도 정교회와 가톨릭, 그리고 개신교 특히 개혁주의자들과 존 웨슬리와 조나단 에드워즈와 같은 복음주의자들과 같은 다양한 교파를 포함하는 전체 교회 역사를 참고하였다. 이렇게 다양한 전통으로부터 유용한 통찰들을 끌어오고 있기 때문에 독자들은 자신과 다른 시대와 장소를 살아가는 또 다른 헌신적인 기독교인들은 어떻게 신앙적으로 사고하고 생활하려고 노력했는지를 잘 이해할 수 있을 것이다.

마지막으로 필자는 성경적이며 유구한 역사를 가지고 있는 신앙의 뿌리를 교회사에 나타난 여러 통찰들과 실천 사례들과 결합하여, 오늘날의 교회가 직면한 다음과 같은 세 번째 이슈를 다룰 토대를 마련하려고 노력했다. 즉 고대의 순수한 신앙과 탁월한 지혜들을 21세기의 새로운 문화적 상황 속에서 어떻게 전달할 것인가? 내가 주장하는 바는 교회가 미래로 나아가는 길은 전혀 새롭고 혁신적인 출발에서 시작되는 것이 아니라, 과거로부터 관통해오고 있는 쭉 뻗은 길을 따라 가야 한다는 것이다.

이상의 세 가지 주제−뿌리, 연결, 그리고 변하는 세상에서의 진정성−는 미래를 향하여 앞으로 나아가는 교회로 하여금 역사적 기독교의 연속성을 잘 유지할 수 있도록 도와줄 것이다. 내가 과거 속에서 찾아내서 현재 속으로 가져와 적용시킨 것들이 오늘날 새로운 문화적 환경 속에서 목회 사역을 감당해야 하는 여러분들께 도움이 되기를 바란다.

감사의 글

책을 한 권 쓰는 데 도움을 준 사람들과 자료의 출처들에 대해서 하나도 빠짐없이 모두 사의(謝意)를 표명할 수 있는 사람은 아무도 없다. 여기에 다 밝히지는 않았지만 여러 도서 자료들과 사람들, 그리고 심지어는 단체들까지도 후기 기독교 사회로 진입하고 있는 교회의 행로에 대하여 더욱 민감한 통찰력을 갖도록 나를 다방면으로 자극하고 도전해 주었다. 이 책에서는 그들 중에 일부 사람들과 단체들만을 언급하겠지만, 그렇다고 해서 이름을 밝히지 않는 이들을 향한 나의 감사의 마음이 전혀 줄어들지 않을 것이다.

먼저 나를 제럴딘 메이어스(William R & Geraldyne B. Myers) 목회학 석좌교수직에 임명한 노던신학교(Northern Seminary)에 감사를 드린다. 덕분에 나는 교수 사역에 대한 부담을 상당 부분 덜 수 있었고 본서의 저술에 더욱 집중할 수 있었다. 또 베이커 출판사에게도 감사의 뜻을 전하며, 특히 본 시리즈물에 대한 전폭적인 지원을 아끼지 않으면서 이 책 속에 내 확신을 충분히 반영시킬 수 있도록 배려해 준 로버트 호섹(Robert Hosack)에게도 감사를 드린다.

그 다음으로 여러 번의 조사와 수정 및 편집 과정에서 나를 격려해 주고 여러 도움을 주었던 사람들이 있다. 이와 관련해서 특히 세심한 편집 작업에 큰 도움을 주었던 루이스 스턱(Lois Stuck)과 채드 알랜(Chad Allen)에게 특별한 감사의 말씀을 드리고 싶다. 또 자발적이고도 전폭적인 도움을 베풀어준 노던신학교의 에슬리 지센(Ashley Gieschen)과 바바라 윅슨(Barbara Wixon)에게도 감사를 드린다. 당연히 하찮다는 뜻은 아니지만 마지막으로 나는 아내 조앤(Joanne)에게 고마움을 전하고 싶다. 이 책을 저술하고 수정하는 데 여러 시간을 할애할 수 있는 자유를 배려해 주지 않았더라면 이 책은 그저 빛을 보지 못한 채 하나의 생각으로 끝나버렸을 것이다.

저자서문

나는 교회력과 그 교회력이 지향하는 영성을 소개하기 위하여 이 책을 저술하였다. 부제가 분명히 밝히고 있듯이 이 책의 목적은 개개의 그리스도인들과 지역 교회로 하여금 교회력에 따른 목회 사역 속에서 어떻게 영적인 삶을 추구할 수 있는지를 안내하는 것이다. 개개인의 경건한 삶과 공동체적인 영적 예배가 어떻게 교회력과 서로 조화롭게 구현될 수 있는지를 독자들에게 소개하기 위하여, 나는 성경과 고대 교회의 전통으로부터 관련 자료들을 끌어왔다.

오늘날 우리는 급격한 문화적, 영적 변화의 시대를 살고 있다. 그 와중에서 대다수 그리스도인들은 세상의 문화와 행동양식의 영향을 받은 신앙에 점차로 싫증을 느끼고 있다. 이 시대의 수많은 젊은 복음주의자들과 나이든 복음주의자들 역시 수세기 동안 그리스도인의 영적 삶에 심원한 영향을 끼친 영성 형성(spiritual formation)에 대한 여러 방법들을 찾기 위하여 과거를 연구하고 있다. 시간에 대한 기독교적인 실천양식은 고대의 영성 형성에 가장 강력한 도구 중의 하나였으며, 오늘날 교회는 그 가치에 새롭게 주목하고 있다.

이 책의 목적은 개개의 그리스도인들과 교회 성도들이 교회력의 영성을 실천하도록 안내하고 격려하는 것이다. 그래서 교회력의 역사적인 기원이나 교회사 속에서의 교회력의 발전 과정에 대해서는 이 책에서 다루지 않았다. 그래서 이 부분에 대한 정보를 원하는 독자들은 이 책의 뒤쪽 참고문헌에 소개된 다른 책들을 참고하기를 바란다.

이 책은 일종의 입문서라 할 수 있다. 초보자들로 하여금 고대의 영성에 익숙해지도록 하기 위하여 각 장의 마지막에 해당 내용을 도표로 정리하였다. 이 도표에는 각장의 핵심적인 요점이 정리되어 있어서 해당 내용을 재빨리 복습할 수 있다. 이어서 교회력에 따른 기도문이 소개되어 있으며 개인적으로든 공동체적으로든 복습할 수 있는 질문들이 실려 있다. 마지막으로 각각의 교회력에 따른 설교와 예배를 위한 참고 자료들이 소개되어 있다. 이 모든 자료들은 『교회력에 따른 예배』(Service of the Christian Year)라는 책에서도 찾아볼 수 있으며, 여기에는 교회력에 따른 각각의 성경 본문과 기도문, 고백의 기도, 찬송가, 색상, 그리고 예배 모범이 실려 있다.

교회력의 영성 속으로 순례를 떠나기 전에 『교회력의 영성 개론』(Christian Year Spirituality at a Glance)을 쭉 읽어보는 것도 좋다. 이를 통해서 교회력 전 영역을 개괄적으로 쉽게 파악할 수 있다. 전체 절기를 미리 염두에 두고 있으면 앞으로 각 장에서 교회력의 각 절기를 자세히 탐구할 때 많은 도움이 될 것이다.

본서를 통해서 독자들이 교회력에 담긴 복음적인 특징들을 발견할 수 있기를 바라며, 여러분 개인의 삶에도 도움이 되는 영적인 영감과 아울러 공동체의 예배를 위해서도 유익한 고대 기독교의 원천을 찾아낼 수 있기를 바란다.

[표-1] 교회력의 영성 조망

절기	강조점	영적인 도전
대림절 (강림절)	베들레헴에 찾아오신 그리스도와 역사의 마지막에 다시 오실 그리스도의 재림에 대해 준비함(성탄절 4주 전).	회개하고 그리스도의 재림을 준비하라! 여러분의 심령에 새롭게 태어나셔야 할 메시아의 찾아오심을 간절히 열망하라!
성탄절	이스라엘의 열망이 성취되고 메시아가 탄생함. 예언이 성취됨. 온 세상의 구세주께서 찾아오심(12월 25일부터 1월 5일까지).	성육신의 영성을 받아들이라! 그리스도께서 여러분 안에서 새롭게 태어나시도록 하라!
주현절 (현현절)	모든 이들을 위한 구세주로 현현하신 예수는 유대인들만을 위한 것이 아니라 온 세계를 위한 것임(1월 6일).	예수 그리스도께서 여러분 안에, 그리고 여러분을 통해서 증거될 수 있도록 새롭게 헌신하라!
주현절 이후	예수께서 표적과 기사를 통해서 자신을 하나님의 아들로 증거하신 공생애 과정을 그와 함께 순례함(1월 6일부터 사순절 전까지).	여러분의 삶과 행동으로 그리스도의 삶을 증거하는 것을 배우라!
사순절	그리스도와 함께 십자가를 향하여 순례하는 시기임. 지속적인 반대에도 불구하고 예수는 군중들을 효과적으로 돌보심. 사순절은 거세지는 폭풍우(the gathering storm)와 같음(재의 수요일부터 시작되어 부활절 이전 6과 1/2 주간 계속되며 종려주일을 포함하여 고난주간 혹은 성주간 목요일 일몰에 끝남).	사순절은 십자가를 향한 그리스도의 순례 여정에 동참하면서 스스로를 점검하고 갱신함으로써 총체적인 회개에 집중하는 시기이며 기도와 금식, 그리고 자선의 시기이다.
성삼일	성삼일은 구원의 역사에서 가장 결정적인 순간임. 교회는 예배 속에서 세족 목요일과 성금요일의 사건들을 회상함. 성토요일의 철야 예배(The Great Paschal Vigil)는 부활의 성만찬으로 끝남(성 주간의 세족 목요일과 성금요일, 성토요일의 삼일을 가리킴).	성삼일은 금식과 기도에 집중하는 시기이다. 우리는 세례 받아 하나가 된 삶의 패턴인 예수의 죽음과 부활의 패턴에 따라 살기로 결단하고 헌신해야 한다.

부활절	온 세상의 구원을 위해서 예수께서 십자가에 죽고 부활한 위대한 구원의 사건을 기념함. 부활절은 일년 교회력 중에서 가장 결정적인 사건이며 모든 교회력의 영성의 원천이기도 함(부활절은 이후 승천일을 포함하여 50일간 지속되며 성령강림절에 끝남).	성도의 영적인 삶의 원동력이 여기에 있다. 우리는 예수의 죽음 안에서 죄에 대하여 죽고 부활의 영성 안에서는 성령의 생명으로 부활하도록 부름 받는다.
성령강림절 이후	오순절에 임하신 성령의 강림으로 교회가 태어남. 오순절 이후 증인들의 복음 전파와 초대 교회의 성장 및 시련이 이어짐(성령강림절 이후 절기는 이때부터 대림절 직전 대략 6개월 간 지속됨).	이 시기는 교회의 가르침을 받아들이며 역사 속에서의 하나님의 구원에 관한 더욱 깊은 진리의 세계로 나아가는 시기이다.

역자서문

오늘날 많은 사람들이 이구동성으로 교회의 갱신과 부흥을 부르짖고 있다. 교회가 자기 정체성과 참 모습을 점점 잃어가고 있기 때문에 나오는 주장들이다. 그렇다면 교회는 어떻게 자신의 참 모습을 회복할 수 있을까? 이 질문에 대한 해답의 실마리는 교회력에서 찾아볼 수 있다. 그 이유는 예수 그리스도의 몸으로서의 교회, 또는 예수 그리스도의 신부로서의 교회는 자기 정체성의 근거를 예수 그리스도의 구원 역사 속에 두고 있으며, 그 예수 그리스도의 구원 역사는 다름 아닌 교회력을 통해서 가장 정확하고 구체적으로 표현되기 때문이다. 예수 그리스도의 구원 역사는 특별히 성육신과 고난, 십자가 죽음과 부활, 승천, 그리고 재림으로 이어지는 일련의 사건들에 집중되어 있다. 그리고 교회력은 교회가 일년 과정 속에서 이 사건들을 되풀이하여 기념하도록 마련된 절기 제도이다. 그래서 예수 그리스도의 몸 된 교회는 자기 정체성의 근거와 참 모습을 바로 이 일련의 사건들을 얼마나 성실하게 붙잡는가의 여부에 달려 있는 셈이다.

본서에서 전 세계적으로 널리 알려진 예배학자 로버트 웨버는 교회가 자신의 영성을 교회력에 근거하여 계발할 수 있는 이론적인 근거들과 아울러 실제 예배와 설교를 통해서 각 절기 때에 어떤 메시지를 강조하며 어떠한 영성을 성도들이 구현할 수 있도록 안내할 것인지에 대해서 다루고 있다. 일각에서는 교회력이 로마 가톨릭의 전통이기 때문에 개신교에서는 따를 수 없다고 주장하기도 한다. 그러나 이 책에서 로버트 웨버가 강조하고 있는 것처럼 교회력은 중세시대 로마 가톨릭의 창작물이나 전통이기 이전에 이미 초대교회로부터 시작되었으며

2천년의 유구한 교회 역사 속에서 교회와 성도들이 예수 그리스도의 발자취를 따르면서 그의 구원 역사를 통해서 드러난 일련의 구속적인 계시에 따라서 자신의 영성을 빚어갈 수 있도록 안내하는 귀중한 방편으로 형성되었다. 최근 한국교회에서도 목회나 예배, 또는 설교를 교회력의 흐름에 따라서 진행하려는 시도들이 활발하게 일어나고 있다. 그래서 교회력에 관심을 가진 목회자라면 성탄절이나 고난주일, 또는 부활절의 예배나 설교, 또는 성경공부 시간에 어떤 내용이나 주제를 가지고 진행할 것인지에 대해서 종종 고민하곤 한다. 이 책에서 저자는 자신이 실제로 목회하면서 경험하였거나 또는 여러 교회의 예배 갱신에 관여하면서 경험하였던 다양한 사례들도 함께 제시하고 있다. 일부 구체적인 사례들이나 형식들은 교단의 신학적 이해의 차이로 인하여 그대로 적용하기에는 무리가 따를 수 있겠지만 그 저변에 깔린 동기로서 예수 그리스도의 계시적인 구원사건에 대한 기억과 소망은 모든 교회의 실제 목회 현장 속에서 어떤 형태로든지 계속 이어져야 하는 것임이 분명하다. 따라서 본서는 실제 목회 현장에서 교회력을 목회나 예배, 또는 설교에 적용하는 문제와 관련해서 그 대안을 찾는 목회자들에게 유용한 안내가 되리라 확신한다. 한국교회도 더 이상 부차적인 것에 매달릴 것이 아니라 예배와 교육, 설교, 성경 공부와 같은 다양한 목회 현장 속에서 예수 그리스도의 구원사를 기념하고 기억하며 소망하는 교회력 중심의 사역을 따름으로써 예수 그리스도의 몸이라는 교회의 참된 본질을 더욱 분명하게 회복하고 구현해 낼 수 있기를 소망한다.

실천신학대학원 교수
이 승 진識

영성의 구현

> 교회력에 담긴 고귀한 가치를 그토록 강조할 수 있는 이유는 그 교회력을 그리스도와 함께 축하하기 때문이다. 교회력의 특별한 가치는 전적으로 예수 그리스도가 직접 교회력에 따른 예배를 주관하며 성부 하나님의 영광을 위하여 그가 직접 교회와 함께 그의 신비를 찬양한다는 사실에서 찾아볼 수 있다.
> 아드리안 노슨트(Adrian Nocent)

나는 종종 아내랑 텔레비전 광고에 관하여 이야기를 나누곤 한다. 상업 광고를 보면 이런 광고들은 오늘날의 문화 속에 뿌리박고 있는 "불필요하지만 한번 구입해보라"고 호소하는 것 같은 느낌이 든다. 이 제품을 구입하고 이 주서(과즙 짜는 기계)나 이 자동차를 구입하면 당신의 삶이 달라질 것이라고 한다. 하지만 그 제품이 원래 보장했던 성공적인 삶만큼이나 실제로 달라지는 것은 거의 없다.

그래서 광고는 인생에서 좋은 것은 실상 각자의 책임과 노력에 달려 있다는 것을 증명하는 것 같다. 경험적으로 볼 때도 그렇다. 원하는 것을 얻으려면 노력해야 한다. 예를 들어 좋은 교육을 위해서는 다년간의 헌신적인 학습과 훈련이 필요하다. 마찬가지로 좋은 성품을 위해서는 옳은 것을 꾸준히 선택해야 가능하다. 예를 들어 정직과 성실, 그리고 충성과 같은 덕목을 위해서는 지속적인 의지적 선택이 필요하다. 우리 대부분이 잘 알고 있듯이 좋은 것을 얻기 위해서는 헌신적인 노력을 기울여야 한다. 이러한 인생에 관한 일반적인 진리는 그대로 영성에 대해서도 적용된다. 그렇다면 영성(spirituality)이란 무엇인가?

1. 영성이란 무엇인가?

1) 객관적인 영성

영성에 대해서 살펴보기 전에 먼저 객관적인 영성(objective spirituality)과 주관적인 영성(subjective spirituality)을 구분할 필요가 있다. 객관적인 영성은 하나님 앞에 서 있는 우리 자신과 관계된 것으로서 이는 주어진 영성(given spirituality)이다. 이 영성은 우리에게 은사로 주어진다. 원초적인 죄악 때문에 우리는 하나님과의 관계를 구입하거나 획득할 수 없다. 예수 그리스도의 사역을 통하여 우리와 관계를 맺으신 분은 전적으로 하나님이시다. 우리 스스로의 힘으로는 결코 얻을 수 없는 것을 우리에게 베푸시기 위해서 하나님께서 사람이 되셨다. 하나님께서 예수 그리스도 안에서 성육신하심으로써 우리 죄의 삯을 지불하셨고, 죄악의 권세를 이기셨고, 죽음을 멸하셨으며, 새로운 세상을 시작하셨다. 그의 죽음과 부활로 그리스도는 하나님과의 단절에 빠진 우리를 구원하시고 하나님과의 새로운 관계를 회복하셨다. 이것이 바로 사도 바울과 초대교회 교부들, 종교개혁자들, 그리고 성 프란시스와 존 웨슬리, 그리고 빌리 그레함과 같은 복음 전도자들이 계속 선포해온 복음이다. 사도 바울은 이러한 객관적인 영성을 다음과 같이 탁월하게 묘사하고 있다.

> 긍휼에 풍성하신 하나님이 우리를 사랑하신 그 큰 사랑을 인하여 허물로 죽은 우리를 그리스도와 함께 살리셨고 (너희가 은혜로 구원을 얻은 것이라) 또 함께 일으키사 그리스도 예수 안에서 함께 하늘에 앉히시니 이는 그리스도 예수 안에서 우리에게 자비하심으로써 그 은혜의 지극히 풍성함을 오는 여러 세대에 나타내려 하심이니라 너희가 그 은혜를 인하여 믿음으로 말미암아 구원을 얻었나니 이것이 너희에게서 난 것이

아니요 하나님의 선물이라 행위에서 난 것이 아니니 이는 누구든지 자랑치 못하게 함이니라 우리는 그의 만드신 바라 그리스도 예수 안에서 선한 일을 위하여 지으심을 받은 자니 이 일은 하나님이 전에 예비하사 우리로 그 가운데서 행하게 하려 하심이니라(엡 2:4-10).

2) 주관적인 영성

또 다른 한편으로 주관적인 영성(subjective spirituality)은 하나님의 은혜에 대한 우리의 반응으로부터 비롯된다. 니케아 신조에서 "생명의 수여자"(giver of life)라고 부르는 성령 하나님은, 우리의 의지를 자극하여 우리 삶 속에서 하나님과의 친밀한 관계를 표현하는 훈련된 삶을 살아가도록 인도하신다. 이러한 훈련된 삶을 통해서 우리는 하나님과의 연합을 경험한다. 이 연합은 물론 하나님께서 그리스도의 사역과 생명을 부여하는 성령의 능력을 통해서 친히 확립하신 것이다.

하나님의 은혜에 대한 자연스러운 반응을 가리켜서 주관적인 영성이라고 가르치는 성경적인 입장이 결코 간과되어서는 안 된다. 사도 바울이 "내게 사는 것이 그리스도"(빌 1:21)라고 말할 때, 그는 이러한 주관적인 영성을 자신의 삶의 핵심적인 목표로 간주하고 있었음을 보여준다. 바울은 자기 자신에 대하여 죽고 자기 안에 있는 새로운 생명을 따라 부활함으로써(골 2:12-13) 자신의 삶을 그리스도와 일치시키기를 열망했다. 바울은 그리스도를 둘째 아담, 즉 구원받은 인간 본성의 완성판으로 이해하였기 때문에(롬 5:12-21), 그리스도 안에 있는 자들은 그를 닮아가야 한다고 선포하고 있다. 한 마디로 우리는 그리스도의 고난에 동참해야 하며 그의 죽으심을 본받아서 그와 같아져야 한다. 또 우리는 그의 부활의 능력을 알아야 한다(빌 3:10).

주관적인 영성을 경험할 수 있는 비결은 사도 바울이 일련의 복합 동사로 된 단어들을 계속 제시하는 과정에서 찾아볼 수 있다. 나는 그리스도와 함께 고난을 받으며, 그리스도와 함께 십자가에 못박히고, 그리스도와 함께 죽고, 그리스도와 함께 장사되고, 그리스도와 함께 부활하고, 그와 함께 하늘에 올라 그와 함께 성부 하나님 보좌 우편에 앉았다(롬 6:3-11; 고후 1:5; 4:14; 갈 2:19-20; 엡 2:5-6; 골 2:20). 여기에서 바울이 묘사하고자 하는 것은, 우리가 선택한 결과로 주어지는 그리스도와의 친밀한 관계에 대한 심원한 경험이다. 간단히 말하자면 우리는 그리스도로 옷 입어야 한다(갈 3:27). 다시 말해서 우리는 그리스도께 동화되어야 하며, 그리스도 안에서 그와 함께, 그리고 그에 의하여 내 삶의 패턴을 확립해야 한다. 그리고 바울이 "내가 그리스도와 함께 십자가에 못박혔나니 그런즉 이제는 내가 산 것이 아니요 오직 내 안에 그리스도께서 사신 것이라"고 선언할 때(갈 2:20) 그가 경험했던 것을 그대로 우리도 경험해야 한다. 그렇다면 우리가 이렇게 예수 그리스도와 긴밀하게 연합한 이미지와 은유를 어디에서 찾아볼 수 있을까?

3) 세례: 객관적이고 주관적인 영성에 대한 이미지

객관적이고 주관적인 영성은 사도 바울이 제시하는 세례의 이미지 속에서 효과적으로 결합된다. 바울 서신에서 세례는 우리가 그리스도께로 연합되는 객관적인 영성과 그와의 지속적인 연합 속에서 계속 동행해야 하는 그리스도인의 삶의 패턴이라는 주관적인 영성이 서로 결합하는 하나님의 은혜의 실상을 잘 보여준다.

우리는 세례를 받음으로 예수의 죽음과 부활 속으로 연합하였다. 그리스도는 자신의 죽음으로 사망을 정복하셨고 부활하심으로써 만물을 새롭게 하셨다. 따라서 세례의 영성은 우리도 죄에 대하여 죽고 새로운 생명으로 부활하는 것이다. 사도 바울은 이렇게 적고 있다. "그러므로 우리가 그의 죽으심과 합하여 세례를 받음으로 그와 함께 장사되었나니 이는 아버지의 영광으로 말미암아 그리스도를 죽은 자 가운데서 살리심과 같이 우리로 또한 새 생명 가운데서 행하게 하려 함이니라"(롬 6:4). 이것을 생각해 보라. 믿음으로 받아들이는 세례라는 간단한 행위 속에서 우리는 그리스도의 죽음과 부활에 담긴 심원한 의미 속으로 들어간다. 세례로 말미암아 그리스도께서 우리 속으로 들어오시며 우리 역시 그에게로 들어간다. 또 그 세례로 말미암아 우리는 그리스도의 죽음과 부활의 패턴을 따라 살아가도록 부름 받는다. 그리고 우리로 하여금 세례 받은 자로 살아가도록 안내하는 것이 바로 교회력의 영성이다. 왜냐하면 교회력의 영성은 궁극적으로 우리의 삶의 전 영역을 죄에 대하여 죽고 그리스도 안에 있는 새로운 생명에 대하여 부활하는 패턴으로 안내해 주기 때문이다.

2. 영적인 삶의 패턴으로서의 교회력

이 책은 그리스도와 함께 죽고 부활하는 패턴대로 살아가는 삶을 위한 교회력에 관한 역사적인 이해를 제공한다. 이러한 질서 잡힌 영적 삶에 관한 전통은 초대교회에서 발전되기 시작하였고, 그 이후의 예배를 통하여 교회의 역사 속에서도 계속 이어져 내려왔다. 그리고 이 전통은 성경적인 근거를 지니고 있을 뿐만 아니라 역사적으로도 연속성을 가지고 있으며 이 시대에 어울리는 적합성도 갖고 있다. 그래서 교회력의 영성을 통해서 우리는 그리스도와 일치하라는 성경적인 위임 명령을 직접 경험할 수 있다. 대림절과 성탄절, 주현절, 사순절, 성 주간, 부활절, 그리고 성령강림절을 지키는 가운데, 우리는 교회력이 그의 사역과 죽음, 장사지냄, 부활, 그리고 재림 속에서 우리에게 찾아오시는 그리스도께로 우리의 삶을 일치시키는 것을 경험할 수 있다. 그래서 교회력의 영성 안에서 우리는 그리스도의 위대한 구원 사건들을 회상할 뿐만 아니라, 그 사건들 속으로 들어감으로써 우리의 삶을 영적으로 올바로 세울 수 있다.

이 책은 교회력에 관하여 설명할 뿐만 아니라 교회력을 통해서 어떻게 영적인 삶을 구현할 수 있으며 청중의 영성을 어떻게 형성할 수 있는지에 대해서도 자세히 안내하고 있다. 그리고 교회력을 준행함으로써 우리의 내면적인 영적 경험들을 어떻게 조직하고 또 우리의 일상적인 경험들이 어떻게 그리스도와 연합되는지에 대해서도 자세히 안내하고 있다.

1) 영적인 삶을 위한 잘못된 시도들

교회력을 통해서 영적인 삶을 구현하는 문제를 자세히 논의하기 전에 먼저 내 삶을 그리스도와 동행하는 삶으로 변화시키려고 했던 나의 예전 경험을 회고해 보고 싶다. 내가 생각하기에 내가 겪었던 당혹스런 경험은 대부분의 다른 사람들에게도 비슷하게 발견될 것이다. 그래서 독자 여러분은 다음에 소개하는 나만의 경험 속에서 비슷한 부분에 쉽게 공감하리라 생각한다.

기억나는 대로 거슬러 올라가보면 그리스도는 내 삶의 중심이어야 한다는 가르침을 들었던 기억이 난다. 어렸을 때 내 침실 벽에는 다음과 같은 메시지가 새겨진 장식판이 걸려 있었다. "오직 한 번뿐인 인생, 속히 지나가리라. 오직 그리스도를 위한 일만이 영원하리라(*Only one life, 'twill soon be past; only what's done for Christ will last*)." 단 하루도 이 메시지를 보지 않고 흘러가는 날이 없었고, 무언가를 주문하는 이런 메시지를 단 한 번도 내 삶에 새기지 않거나 계속되는 메시지의 영향력을 무시하면서 그냥 흘러가는 날이 없었다. 이 메시지는 교회에 가서도 계속 확인되었으며 특히 다음과 같은 가사가 담긴 주일 밤의 찬양을 통해서도 계속 확인되었다. "그리스도를 닮아가라! 집에서건 밖에서건 이것이 나의 노래라네. 그리스도를 닮아가라! 온 종일 난 그리스도를 닮기 원하네!"[1] 이렇게 나는 계속해서 그리스도와의 지속적인 연합을 주문받았고 또 행동거지에 대한 계명을 통해서 그 영성을 확보할 수 있다는 가르침을 계속 받아왔다. "그리스도 앞에서 행하기에 부끄러운 것은 절대로 하지 말라. 그리스도와 동행할 수 없는 곳에는 절대로 가지 말라." 이런 가르침은 "예수라면 어떻게 하셨을까?"에 대한 좀더 오래된 가르침이라 할 수 있다. 물론 이런 가르침들은 훌륭한 충고이며 그 가치를 부인할 생각은 전혀 없다. 하지만 이런 가르침을 실제 삶 속에서 어떻게 따라갈 것인가? 여러분은 어떻게 예수를 닮을 수 있는가? 그리스도와 함께하는 삶이란 구체적으로 무엇인가?

내가 자라난 근본주의자들의 신앙 전통에서 볼 때, 이런 가르침들은 극장에 가지 않거나 담배나 술, 노름, 그리고 음담패설을 멀리하고 불신자들과 교제하지 않는 것을 의미한다. 긍정적으로 볼 때 이는 또 정숙하고 정직하며 순종적이고 검소하고 예의바르며 항상 근면해야 한다는 것을 의미한다. 이제 와서 살펴볼 때 이렇게 '무엇을 하고 무엇은 하지 말라'는 규율들이 오히려 피상적인 것처럼 느껴지지만, 그러나 이런 가르침의 저변에 깔린 것이 무엇인지는 아직도 잘 이해하고 있으며 또 그것을 여전히 존중한다. 즉 이런 권면들이 가르치려고 했던 근본적인 진리에 의하면, 기독교인은 도덕적으로 올바른 자로 부름 받았으며 선한 사람이 되어야 한다는 것이다. 그래서 이런 기본적인 메시지 그 자체로는 잘못된 것이 전혀 없다. 그리고 이런 기독교적인 덕목대로 생활할 때 우리는 그리스도와 동행한다는 느낌이 들기도 한다.

점차 자라면서 대학교에 들어가고 또 대학원에서 공부하는 동안에도 그리스도를 닮으려는 나의 관심은 계속해서 주로 그리스도와의 도덕적인 관계에 집중하였다. 하지만 이런 관심 속에는 점차로 영성에 대한 지적인 패턴도 끼어들기 시작하였다. 그래서 나에게 있어서 그리스도와 함께한다는 것은 점차로 기독교적인 세계관에 따라서 사고하는 것을 의미하게 되었다.

인생의 기원과 의미, 그리고 궁극적인 목적지에 대한 진리들이 나의 세계관을 형성하기 시작하였고 처음에는 내 생각 속에서 그리고 점차 내 사고의 패턴과 그 다음에는 내 삶의 방식에 있어서 나를 그리스도인답게 처신하도록 안내해 주었다. 나는 그리스도를 삶의 의미를 제공하는 궁극적인 근원으로서, 즉 모든 존재를 규정짓는 근원이 되신 분으로 받아들였다. 그래서 그리스도는 내 학습의 총체적인 핵심으로서, 또 신앙과 학습의 중심이며 지식의 출발점이자 종착점이 되셨다. 지금에 와서도 나는 계속해서 이런 강조점을 놓치지 않고 있다. 나는 예수 그리스도가 우주의 중심이며 모든 만물의 근원이 되시며(골 1:17-20), 모든 의미가 바로 그에게서 비롯된다고 믿는다.

　하지만 나는 아직도 여기에 만족할 수 없었다. 그래서 나는 도덕에 대한 경건한 생각들이나 또는 그 자체로는 좋기는 하지만 인간 존재의 의미에 대한 생각들을 지적으로 자극하는 것보다 더 깊은 어떤 것을 계속 찾아보았다. 즉 나는 그리스도와 함께하는 삶의 패턴을 실제로 구현시켜 줄 어떤 것을 원했던 것이다. 내 삶 속에서 실제로 적용할 수 있는 어떤 것, 그리고 현실적인 영성으로 구체화될 수 있는 어떤 것을 원했고, 내 삶을 그리스도의 삶과 죽음, 부활, 그리고 재림의 패턴대로 정돈시켜줄 어떤 것을 원했었다.

　70년대 초반에 나는 기독교적인 삶을 구현하는 문제를 위해서 고대 기독교의 영성 훈련에 관하여 연구하기 시작하였다. 그것은 주로 일년 동안 반복되는 그리스도의 구원 사역의 패턴을 주기적으로 따라가면서 성도의 삶을 영적으로 연단하는 것이었다. 이 분야는 아주 심오할 뿐만 아니라 영적으로도 매우 도전적이어서, 이 분야에 대하여 연구를 시작한 지 수년이 흐른 지금에 와서도 나는 그저 이 분야의 잠재력의 일부분만을 파헤쳤을 뿐이라는 느낌이 든다. 고대 기독교의 영성 훈련에는 성도의 도덕적인 행위를 그리스도께서 보여주신 삶의 패턴에 일치하도록 안내하는 힘이 깃들어 있다. 또 여기에는 철저하게 기독교적인 관점에서 현실을 조망하는 관점을 구축하는 힘도 있다. 하지만 더 중요한 것은 고대 기독교의 영성 훈련은 우리로 하여금 그리스도와 함께 살고, 죽고, 부활하도록 안내한다는 점이다. 그래서 교회력을 실천함으로써 우리는 교회 공동체 안에서, 그리고 예배 뿐만 아니라 24시간의 삶 속에서, 그리고 일주일 내내 그리스도의 능력을 체험할 수 있다.

　이제 던져봄직한 질문은 '교회력을 실천함으로써 어떻게 이런 결과가 생기는가?' 하는 것이다. 교회력이란 것이 어떻게 우리의 전 삶, 곧 우리의 가치관과 세계관, 인간관계, 그리고 속임수나 욕망, 시기, 그리고 분노에 대한 투쟁들, 성공에 대한 야망과 욕구들, 또 물질적인 부와 권력, 그리고 인정받고 싶어 하는 갈망들, 이 세상에 만연한 기근과 불의, 그리고 전 세계의 고통에 대한 공범의 문제들을 모두 해결해 줄 수 있단 말인가? 교회력을 준행한다고 해서, 어떻게 우리가 그리스도에게로 연합되어서 "내게 사는 것은 그리스도"(빌 1:21)라고 고백했던 바울의 외침이 우리에게서도 그대로 실현될 수 있을까? 이런 질문들과 관련해서 나는 먼저 교회력의 본질을 살펴보고 그 다음 교회와 예배가 어떻게 교회력의 영성에 따른 삶을 구현하기 위한 배경 역할을 하는지를 소개함으로써 앞의 질문들에 답하고자 한다.

이 시점에서 독자들 중에는 "당신은 교회력에 너무나 많은 의미를 덧붙였다. 교회력을 실천한다고 해서 나의 영적인 삶 속에서 그렇게 많은 결과가 얻어지기란 불가능할 것이다"고 비평할 사람도 있을 것이다. 만일 교회력 그 자체만을 최종 목적으로 간주한다면 이러한 비평은 타당할 것이다. 하지만 교회력을, 그리스도 안에서 일어나는 하나님의 구원 사건에 의하여 우리가 점차적으로 빚어져 가는 하나의 영적인 도구로 간주한다면, 우리의 영적인 순례를 완성시키는 분은 교회력 그 자체가 아니라 교회력의 중심 내용이자 의미가 되시는 예수 그리스도임을 알 수 있을 것이다.

2) 그리스도: 교회력 영성의 원천

기독교의 시간관을 담고 있는 교회력을 실천함으로써 구현되는 영성에서 가장 중요한 점은, 우리는 우리의 영성의 원천이 되시며 시간 속에 의미를 부여하시는 그리스도와 함께 교회력을 시작해야 한다는 것이다. 그리스도가 없이는 기독교적인 시간도 있을 수 없기 때문이다. 교회력을 정하는 분도 그리스도시며, 교회력의 영성을 실천하는 가운데 우리 안에서 구현되는 분도 결국 그리스도이시다.

여기에서 내가 말하는 그리스도란, 피조물과 인류 모두를 구원하고 치유할 목적으로 이 땅에 태어나서 사시고 죽으셨으며 다시 부활하신 그리스도의 신비(the mystery of Christ)를 말한다. 그래서 교회력이 생겨나도록 하는 근원은 파스칼의 신비(the paschal mystery, 부활절에 대한 가장 오래된 표현)에 달려 있다. 해가 바뀌고 달이 바뀌며 날짜가 바뀌고 매 시간이 흘러가는 시간 속을 순례하는 과정에서 교회는 예수 그리스도 안에서 세상과 화목하시는 하나님의 구원 사건의 핵심적인 신비를 온 세상에 계속 선포하고 구현하도록 부름 받았다. 이런 이유에서 아돌프 아담(Adolf Adam)은 교회력을 가리켜서 "예수 그리스도 안에서 하나님께서 이루신 구원 사건을 일년 동안 지속적으로 기념하는 축제"로 정의하였다.[2)]

하나님께서 그리스도 안에서 성취하신 구원 행위는 역사적인 사건이다. 그 사건은 신비한 사상이나 흥미진진한 이야기가 아니라 창조의 하나님이 타락한 세상을 구원하기 위하여 역사 속에서 행하신 실제 사실이자 구체적으로 발생한 사건이다. 하나님의 구원하시는 모든 구속 사건의 가장 핵심적인 정 중앙에는 그리스도의 죽음과 부활이 자리하고 있다. 그래서 시간의 근원, 즉 모든 시간이 운행하는 원동력과 그 시간들의 궁극적인 의미의 근원은 하나님께서 우리를 자신과 화목시키시는 유일한 방편인 예수 그리스도의 죽음과 부활에서 비롯되며 또 이 죽음과 부활로 귀속된다(고후 5:18). 객관적인 영성과 주관적인 영성 모두의 원천이자 그 절정이며 바로 그 본질이 바로 자신의 구원 사건 속에 직접 좌정해 계시는 예수 그리스도이다.

이렇게 성도의 영성이 한 가지 근원적인 사건에 뿌리내리고 있다는 원리는 고대 유대교의 전통 속에서도 확인된다. 유대교의 영성은 하나님께서 이스라엘을 위해서 행하신 일들을 기념하는 여러 절기들(유대 신년제, 대속죄일, 하누카, 부림절)로 이루어져 있기는 하지만, 유대교의 영성에서 가장 핵심을 차지하는 것은 무엇보다도 유월절이다. 이 절기는 이스라엘이 애굽에서 구원받은 것을 기념한다. 이 출애굽 사건을 통해서 하나님은 이스라엘 백성들을 원수의 압제로부터 구원해 내서 해방시키시고 그들을 하나님 나라 백성으로 세우시고 또 약속의 땅으로 인도하시려고 친히 역사하셨다.

그 후 모세는 유월절 절기를 지키는 유대교의 영성의 의미에 관하여 어린이들이 질문하면 출애굽에 관한 이야기를 들려주라는 지시를 하나님으로부터 받았다. "너는 네 아들에게 이르기를 우리가 옛적에 애굽에서 바로의 종이 되었더니 여호와께서 권능의 손으로 우리를 애굽에서 인도하여 내셨나니 곧 여호와께서 우리의 목전에서 크고 두려운 이적과 기사를 애굽과 바로와 그 온 집에 베푸셨노라"(신 6:21-22). 결국 유대교 영성의 원천과 핵심, 그리고 그 본질은 철저하게 출애굽 사건에 기초하고 있다.

이스라엘을 향한 하나님의 구원사건을 회상하는 한 방편으로서 유월절의 축제에 관한 규례가 점차 발전하게 된 원인은, 그저 그 출애굽 이야기를 단순히 되풀이하려는 열망에서 비롯된 것이 아니다. 유월절 축제의 배후에 자리하고 있었던 것은 과거의 구원을 다시 경험하고, 구원자 하나님과의 관계를 새롭게 회복하며 그의 계명을 준행함으로써 구원자를 올바로 섬기도록 이스라엘 백성들을 인도하려는 총체적인 의도였다. 그래서 출애굽의 이야기는 그저 이야기 자체를 위해서가 아니라 출애굽의 영성을 새롭게 구현하려는 목적으로 계속해서 되풀이되었던 것이다.

유대교 영성과 기독교 영성의 상호 관계는 분명하다. 그리스도께서 유월절 기간 중에 십자가에 못박히셨던 것은 결코 우연이 아니다. 그래서 초대교회 그리스도인들은 과거 이스라엘의 구원과 그리스도 안에서 일어난 새로운 구원의 상호 관계를 즉시로 간파하였다. 이런 맥락에서 사도 바울은 그리스도를 가리켜 '유월절 희생양'이라고 하였다(고전 5:7). 여기에서 우리는 유월절의 축제에 대한 최초의 기록을 접하게 된다. 하지만 초대교회의 유월절 축제는 종결된 과거의 역사적 사건에 대한 단순한 회상이 아니었다. 구약시대의 유월절 축제가 그러했듯이 초대교회도 삶을 변화시키는 사건으로서 그 사건을 회고하고 축하하였던 것이다.

기독교의 유월절은 사탄의 권세로부터의 해방을 기념한다. 초대교회에서 행해졌던 세례 문답이 암시하는 것처럼, 악한 마귀는 우리로 하여금 "음행과 더러운 것과 호색과 우상 숭배와 술수와 원수를 맺는 것과 분쟁과 시기와 분냄과 당짓는 것과 분리함과 이단과 투기와 술 취함과 방탕함"과 같은 육체의 일을 좇아서 살도록 하려 한다(갈 5:19-21). 기독교의 유월절은 우리를 변화시킨 분을 축하하는 절기이다. 초대교회의 세례 문답에서는 성도의 새로운 삶을 가리켜서 "성령의 열매인 사랑과 희락과 화평과 오래 참음과 자비와 양선과 충성과 온유와 절제"로 묘사하고 있다(갈 5:22-23). 여기에서 주목하는 변화는 사탄을 향한 충성으로부터 그리스도를 향한 충성으로의 전환이다. 바울은 이것을 다음과 같이 묘사한다. "그리스도 예수의 사람들은 육체와 함께 그 정과 욕심을 십자가에 못박았느니라"(갈 5:24).

간단히 말해서 교회력의 영성의 핵심은 믿음으로 말미암아 그리스도의 성육신과 공생애의 사역, 죽음, 그리고 부활 속으로 들어가라는 요청이다.

하나님의 구원하시는 사건은 교회력을 지키는 가운데 우리에게 소개될 뿐만 아니라, 우리의 삶 속에 함께하는 그리스도의 구원하시고 치유하는 임재를 통해서 하나님께서 우리 속에 거주하시며 또 우리를 점차로 변화시켜 간다. 우리가 신앙 안에서 그리스도의 구원하는 사건 속으로, 그리고 특히 파스칼의 신비(paschal mystery) 속으로 들어갈 때, 그리스도는 자신의 삶과 죽음의 패턴을 따라서 우리를 만들어 가신다. 그래서 이 세상에서의 우리의 삶과 죽음도 결국 그리스도 안에서의 삶과 죽음이 되도록 만들어 가신다.

나는 영적 도전을 위한 끝없는 원천과 영적 자각을 유도하는 리듬, 그리고 매일의 삶 속에서 악한 권세에 대하여 죽고 또 그리스도의 능력으로 부활하기 위한 패턴은, 바로 이러한 영성에서 비롯되어야 한다는 것을 깨달았다. 하지만 우리는 이러한 영적인 요청을 혼자서 감당해야 하는 것만은 아니다. 이 요청은 나를 향한 요청인 동시에 여러분을 향한 요청이며 교회라는 신앙 공동체 속에서 세워져 가는 하나님의 모든 백성들을 향한 요청이다.

3) 교회: 교회력의 영성을 위한 배경

교회력을 통해서 어떻게 우리의 영성을 세울 것인가 하는 문제에 관하여 고민할 때 우리는 다음의 사실을 명심해야 한다. 즉 교회력의 근간이자 원천인 그리스도의 죽음과 부활은, 어느 특정한 과거의 역사적인 순간에 고정된 사건이 아니라는 것이다. 물론 이 사건은 역사적으로 특정한 시간과 장소에서 실제로 일어났던 사건이다. 하지만 이 사건은 영속적인 의미를 갖는 사건이다. 따라서 이 사건은 특정한 시간과 장소를 초월하여 뒤로는 창조의 목적으로부터 앞으로는 역사의 종점까지를 포함하여 모든 시간과 관련을 맺고 있다. 그렇다면 이어지는 질문은 교회력에 대한 이러한 기독교적인 실천은 어디에서 실행되어야 하는가며 그에 대한 대답은 바로 교회이다.

교회에 대해서는 다양한 방식으로 설명할 수 있겠지만, 신약성경에 묘사된 교회에 관한 가장 의미심장한 이미지는 바로 "하나님의 백성"(롬 9:25-26)이다. 우리, 즉 그리스도 안에서 거듭난 교회의 성도들은 성령 하나님께서 친히 내주하시는 하나님의 아들들과 딸들이며, 그리스도의 사건에 참여한 백성들이다. 지금 교회는 그리스도의 죽음과 부활이라는 역사적인 구원 사건과 장차 온 세상이 극적으로 변하게 되는 그리스도의 재림 사건의 중간에 끼어서 이 세상을 살아가고 있다. 그리고 이 교회에게는 모든 시대의 궁극적인 의미가 맡겨졌다. 세상은 역사 그 자체의 의미를 전혀 알지 못하지만 교회는 알고 있다. 그리고 교회력을 실행함으로써 교회는 시간과 온 세상의 역사의 의미를 만천하에 선포한다.

베드로는 흩어진 성도들에게 다음의 사실을 상기시킬 때에도 교회가 시간의 의미를 세상에 증거한다는 점을 분명하게 지적하고 있다. "오직 너희는 택하신 족속이요 왕 같은 제사장들이요 거룩한 나라요 그의 소유된 백성이니 이는 너희를 어두운 데서 불러내어 그의 기이한 빛에 들어가게 하신 자의 아름다운 덕을 선전하게 하려 하심이라"(벧전 2:9). 교회가 이 땅에 존재하는 목적은 역사 속에서 그리스도안에서 성취되었고 시간의 마지막에 완성될 하나님의 아름다운 덕을 선전하는 것이다.

교회의 본질 그 자체는 그리스도안에서 하나님의 구원하시는 행위에 의해서 규정된다. 세상 속에서 그리스도의 몸으로 드러나는 교회는 예수 그리스도의 존재 방식을 성육신적으로 구현하기 위하여 부르심을 받았다. 교회가 때로는 변질되는 경우도 있지만 세상에 있는 어떤 제도나 기관의 하나가 아니라 과거 구원사와 다가오는 하나님 나라를 알리는 표지(sign)이다.

교회는 세상 속에 세워진 바로 그 존재를 통해서 뿐만 아니라 교회에 생명을 불어 넣는 예배를 통해서 하나님의 구원하시는 행위를 세상에 증거한다.

4) 교회력의 영성을 증거하는 예배

교회는 그리스도의 성육신과 이 세상에 나타나심, 죽음, 부활, 승천, 그리고 재림에 동참하는 영성을 어떻게 표현할 수 있을까? 교회의 한 지체인 우리는 과거 구원 사건에 뿌리를 박고 있으며 미래의 구원사건을 예기하는 현재적인 영성에 어떻게 참여할 수 있을까? 그것은 바로 우리의 영성의 패턴을 과거 하나님의 구원 행위에 대한 계속적인 기억(remembrance)과 앞으로 피조계를 모두 다스릴 하나님의 통치에 대한 예상(anticipation) 속에서 가지런히 정렬시켜 진행되는 예배에 계속 참여하는 가운데 우리가 교회 안에서 그리스도에 의해서 영적으로 계속 빚어져가고 세워져감으로써 가능하다.

교회의 실천과 예배가 단순해 보이는 기억과 예상을 통해서 어떻게 우리의 영성을 형성시킬 수 있는지에 대한 이해를 돕기 위해서 이 글에서는 먼저 예배에 관하여 정의를 내리고 이어서 그 정의를 주일예배와 교회력의 실천과 결부지어 설명하고자 한다.

5) 예배의 정의

가장 간단하고도 기본적인 의미에서 볼 때, 예배는 그리스도의 죽음과 부활 사건에서 최고조에 다다른 하나님의 놀라운 구원 행위를 축하(celebration)하는 것이다. 예배는 과거에 발생한 역사적인 사건을 축하하며 미래에 발생할 종말론적인 사건을 예상하는 것이다. 그렇게 함으로써 과거와 미래의 의미가 현재 성도들의 경험 속에서 생생하게 되살아난다. 예배하는 자들은 예배를 통해서 온 세상 전체 역사의 궁극적 의미가 드러난 하나님의 구원 사건 속으로 들어가게 된다.

그런데 불행히도 오늘날 많은 교회들은 예배에 대한 이러한 성경적이고 역사적인 전통과의 접촉점을 잃어버리고 올바른 예배를 자기네 스스로 만들어낸 방식으로 대체해 버렸다. 그래서 어떤 사람들은 예배를 하나의 학교로 간주하는 경우도 있다. 때로는 주일 아침을 주로 교육에 적합한 시간으로 간주하기도 한다. 예배 중에도 설교 전의 순서는 그 설교를 서서히 달궈주는 예비 과정으로 간주하기도 한다.

최근에 나는 이런 예배 전통에 속해 있던 한 목회자와 이야기를 나눈 적이 있었다. 예배에 대한 성경적 관점을 확인한 그 목회자는 교인들을 올바로 안내해 주기를 간절히 원하고 있었다. 그는 이렇게 말했다. "하지만 교인들이 원하는 것은 찬송 하나, 기도 한 번, 그리고 그 다음에는 50분의 기나긴 설교입니다. 제가 교회력에 대해서 소개하려고 하면 그들은 제가 이제 자유주의자가 되려는 줄 압니다. 그들이 저를 찾아와서는, '목사님! 그런 것은 내버려두고 하나님의 말씀에 집중하세요'라고 충고합니다. 교회력은 선포될 뿐만 아니라 구현되는 하나님의 말씀이라는 점을 그들은 잘 이해하지 못하는 것 같습니다."

오늘날 교회들이 예배의 핵심으로서 하나님의 구원 사건을 온전히 축하하는 데 실패하는 또 다른 경우도 있다. 어떤 목회자는 이렇게 자기 고민을 털어 놓았다. "우리 교회는 그리스도에 대한 우리 고유의 경험만을 되풀이하려고 합니다." 또 다른 교회에서는 예배 시간에 교인들더러 자기 자신과 인생에 대한 숨은 잠재력을 발견하도록 돕는 데 집중하면서, 심리학적인 맥락에서 예배에 접근하는 경우도 있으며, 혹은 오락 활동에 집중하거나 예배를 복음전도를 위한 기회로만 활용하는 경우도 있다.

혹자는 이렇게 반문할 수도 있다. "만일 이런 것들이 예배에 대하여 성경적으로 올바른 형태가 아니라면 뭐가 올바른 것인가?" 이런 질문은 당연한 것이며, 교회력을 따라 진행되는 예배가 우리의 영적인 삶을 어떻게 빚어내는지에 관하여 올바로 이해하고자 한다면 반드시 해결되어야 할 질문이다.

앞에서 언급한 것처럼 '예배가 그리스도 안에서 최고조에 달한 하나님의 구원 사건을 축하하는 것'이라는 의미는 무슨 뜻인가? 이 진술을 이해하기 위해서는 다음의 몇 가지를 명심할 필요가 있다. 첫째로 하나님께서 성령의 능력으로 그리스도를 통해서 무엇을 하셨는지 생각해 보라. 그리스도는 자신의 죽음과 부활로 온 세상을 구원하셨다. 그리스도에 의해서 악의 권세가 무너졌다. 그래서 바울은 이렇게 선언한다. "(하나님께서는) 정사와 권세를 벗어버려 밝히 드러내시고 십자가로 승리하셨느니라"(골 2:15). 그리하여 "하나님은 그리스도 안에서 세상을 자기와 화목하게" 하셨다(고후 5:19). 그리고 결국 온 피조물과 피조계가 "썩어짐의 종 노릇한 데서 해방되어 하나님의 자녀들의 영광의 자유에 이르게 될" 것이다(롬 8:21). 이것이 바로 복음이다. 하나님께서 자기가 만든 세상을 악한 권세의 결박에서 풀어내고 다시금 되찾으셨다는 것이 바로 복음의 메시지이다.

예수 그리스도는 죄와 죽음, 그리고 지옥의 권세를 이기신 승리자이다. 또 그는 둘째 아담으로도 불린다. 왜냐하면 "아담 안에서 모든 사람이 죽은 것같이 그리스도 안에서 모든 사람이 삶을 얻기" 때문이다(고전 15:22). "그런즉 누구든지 그리스도 안에 있으면 새로운 피조물이라 이전 것은 지나갔으니 보라 새 것이 되었도다"(고후 5:17). 그래서 성부 하나님은 성자께서 이루신 사역으로 인하여 영광을 받으신다. 천사들이나 온 피조물이나 하나님에 대한 우리의 믿음이나 섬김이나 그 무엇도 이보다 더 하나님을 기쁘시게 할 수 있는 것은 아무것도 없다. 성부 하나님의 최고의 기쁨은 온 세상의 구원을 완성하신 그의 아들 안에 있다.

둘째로 하나님을 영화롭게 하는 길은, 하나님에게 가장 최상의 기쁨을 가져다 주는 것을 축하하는 것이다. 그런데 하나님께서는 그의 아들의 사역에 대해서 가장 최고로 기뻐하시기 때문에 우리 역시 그리스도의 놀라운 구원 사건을 축하하는 것을 가장 좋아하신다. 바로 이런 이유 때문에 예배는 파스칼의 신비(the Paschal mystery)로부터 시작되는 것이다. 로버트 타프트(Robert Taft)는 다음과 같이 언급하였다. "성부 하나님을 기쁘시게 하는 참된 예배는 그리스도의 구원하시는 삶과 죽음, 그리고 부활이 없이는 아무것도 아니다."[3] 그래서 예배에서 우리는 그리스도의 삶과 죽음, 부활, 그리고 재림에서 최고조에 달하는 하나님의 구원 행위를 다시 말하고 구현하는 것이다.

셋째로 하나님의 구원 행위를 다시 말하고 구현하는 이유는, 악을 물리치고 피조계를 회복시킨 그리스도를 통하여 하나님께서 보여주신 권능이 우리 성도의 삶 속에서 계속 효력을 발휘하도록 하기 위함이다. 예배의 목적은 성자의 구원 사역을 축하함으로써 하나님을 영화롭게 할 뿐만 아니라, 악을 정복하려고 그리스도께서 죽으신 죄에 대하여 우리도 함께 죽고 또 새로운 삶을 시작하기 위하여 죽음에서 부활하신 그리스도의 새로운 생명 속으로 함께 부활하는 패턴을 따라 우리의 삶을 연합시키고 일치시키기 위함이다. 예배는 그리스도를 축하하는 것이기 때문에 자연히 예배는 우리더러 '옛 사람'을 벗어버리고 '새 사람'을 입을 것을 요청한다. 예배는 우리가 "땅에 있는 지체, 곧 음란과 부정과 사욕과 악한 정욕과 탐심"을 죽일 것을 요구하며(골 3:5), 하나님의 선택받은 자로서 "긍휼과 자비와 겸손과 온유와 오래 참음으로 옷 입을 것"을 요구한다(골 3:12, 13–17절도 함께 보라). 예배는 우리에게 복된 소식을 일깨워주며, 우리 안에 믿음을 불러일으키며, 우리로 하여금 죄에 대하여 죽고 예수 그리스도 안에 있는 새로운 생명의 길로 부활하도록 자극한다. 이렇게 예배는 존재하는 모든 것들과 연결되면서 우리 삶의 모든 관계들과 모든 임무, 모든 태도, 모든 행위, 모든 날, 그리고 모든 시간들까지로 확장된다. 그렇게 함으로써 우리는 사도 바울의 다음과 같은 권면을 이행하게 된다. "그러므로 형제들아 내가 하나님의 모든 자비하심으로 너희를 권하노니 너희 몸을 하나님이 기뻐하시는 거룩한 산 제사로 드리라 이는 *너희의 드릴 영적 예배(your spiritual worship)*니라 너희는 이 세대를 본받지 말고 오직 마음을 새롭게 함으로 변화를 받아 하나님의 선하시고 기뻐하시고 온전하신 뜻이 무엇인지 분별하도록 하라"(롬 12:1-2).

요약하자면, 하나님의 구원 행위를 기억하며 온 세상을 다스리는 하나님의 최종적인 통치를 소망하는 예배는 결국 그리스도와 함께하는 우리의 영적인 경험에 깊은 영향을 준다. 하나님의 구원 행위를 감사로 회상하며 마지막 새 하늘과 새 땅을 즐거이 소망하는 것이야말로 매주일 예배의 핵심이며 교회력에 따른 예배 패턴의 본질이다. 이 점을 더 살펴보자.

6) 주일 예배: 기억하고 예기하는 날

초대교회는 오늘날 우리가 주일이라고 부르는 날을 그리스도의 삶과 죽음, 그리고 부활을 매주 회상하고 장차 이뤄질 나라를 소망하는 특별한 날로 성별하였다. 로버트 타프트는 초대교회 성도들에게 주일이 얼마나 중요한 날이었는지를 설명하는 가운데 주일날이 계속해서 상기시키는 영적인 심오함에 대한 통찰을 다음과 같이 소개하고 있다.

> 초대교회 문헌에서 주일날에 대하여 연구하기 시작하는 사람이라면 누구든지 맨 처음에 접하는 인상은 당혹감 같은 것이다. 초대교회 성도들에게 주일은 첫 날, 즉 창조의 날이며 빛의 날이고 새로운 시간이 시작되는 날이다. 하지만 주일은 또한 마지막 날이기도 하다. 즉 여덟 번째 날이며 일상적인 날을 넘어서는 날이고 희년의 날이며 시간의 마지막 날이기도 하다. 그 날은 부활의 날이지만 또한 부활 이후 그리스도께서 나타나시고 식사를 나눈 날이기도 하다. 계속해서 그 날은 성령이 강림한 날이며 승천한 날이며 성도들이 함께 모인 날이고 성만찬을 나눈 날이며 세례일과 안수일이기도 하다. 그래서 '과연 주일이 의미하지 않는 것이라도 있을까?' 하고 질문할 법도 하다. 이 질문에 대한 답은 물론 '아니오' 이다. 주일은 상징적인 날로서 그리스도의 승천과 재림의 사이에 위치한 교회의 시간, 즉 우리가 현재 살고 있는 시간에 대한 표지이다. 기독교의 모든 예배가 우리 삶의 모든 순간 속에서 근간으로 남아 있어야 할 예수 그리스도의 구속 사건을 예전적으로 특정한 때에 표현된다는 의미에서, 주일은 결국 모든 날을 향한 상징적인 날이다.[4]

하나님의 구원하시는 날로서의 주일의 중요성은 초대교회가 주일에게 부여한 명칭을 살펴볼 때 더욱 분명해진다. 아마도 이 날에 대한 가장 오래된 명칭은 요한계시록 1장 10절에서 발견되는 "주의 날"(the Lord's day)일 것이다. '주의 날'은 초대교회 당시 매주일에 예배의 중심적인 행위로 경축되었던 '주의 만찬'(the Lord's Supper)이라는 용어로부터 유래되었던 것 같다(고전 11:20).[5] 주의 날은 떡을 나누는 주의 만찬, 혹은 성만찬을 통해서 그리스도의 죽음과 부활, 그리고 예기되는 재림을 경축하기 위해서 교회가 함께 모이는 날이기 때문에 그리스도의 날이었던 것이다.

주일의 의미를 드러내는 또 다른 용어로는 여덟째 날(the eighth day)이 있는데, 이 용어는 초대교회 교부들에 의해서 자주 사용되었다. 여덟째 날은 재창조가 시작되는 날을 가리킨다. 하나님은 6일 간 세상을 창조하시고 안식일에 쉬신 다음 한 주의 첫째 날(일요일)이자 부활의 날에 재창조의 사역을 다시 시작하셨다. 그래서 여덟째 날은 하나님께서 그리스도를 통하여 모든 만물을 새롭게 만드신 날이자 총괄갱신의 날(the day of the recapitulation)이다.

최근에 예배학자들 덕분에 하나님의 구원 행위의 날로서의 일요일의 원래 의미가 계속 복원되고 있다. 새롭게 복원된 일요일의 이러한 의미는 제2차 바티칸 공의회의 전례에 관한 문서에서도 찾아볼 수 있다.

> 교회는 매주 일곱 번째 날에 파스칼의 신비를 경축한다. 이 날은 주의 날 혹은 주일로 불리는 것이 적절하다. 이 날에 그리스도의 성도들은 한 장소를 정하여 함께 모인다. 그들은 하나님의 말씀을 들어야 하고 성찬식에 참가하여 구주 예수의 고난과 부활, 그리고 영광을 다시 상기해야 한다..... 주일은 본래 축하하는 날이며 성도들에게는 그렇게 가르쳐지고 제시되어야 한다. 그리하여 노동으로부터 해방된 기쁨과 자유의 날로 지켜져야 한다..... 주일은 전체 교회력의 근간이며 핵심이다.[6]

7) 그리스도의 모든 신비를 펼쳐 보이는 교회력

위에서 기독교 영성의 원천인 그리스도에 관하여, 영성의 중심지로서 교회에 관하여, 그리고 그 영성의 표현으로서 예배에 관하여 언급했던 모든 것들은 그대로 교회력에도 적용된다.

> 교회는 성육신과 탄생으로부터 승천과 성령 강림, 그리고 주의 재림에 대한 복스러운 소망의 모든 신비를 한 해가 진행되는 과정에서 하나씩 펼쳐 보인다.
> 이렇게 구원의 전체 신비를 회상하는 가운데 교회는 성도들에게 주님의 능력과 은혜의 풍성함을 전달해 줌으로써 어느 때든지 이런 은혜를 항상 누릴 수 있도록 하며 그로 말미암아 성도들은 구원하는 은혜를 맛보며 이를 만끽하게 된다.[7]

교회력의 단순하고도 간단한 목적은 그리스도를 통한, 특히 그의 죽음과 부활로 말미암은 하나님의 구원 행위에 관한 복음을 선포하는 것이다.

교회력은 그리스도의 생애와 그의 확실한 재림에 관한 역사적인 전개 과정을 지상에 재현하는 것이다. 즉 교회력에 조금만 관심을 가지면, 대림절은 그리스도의 재림을 다루는 절기이며 성탄절은 그의 탄생을, 주현절은 그가 갈릴리 땅에 자신을 나타내심을, 사순절은 죽음을 향한 그의 순례 여정을, 성삼일(the Great Triduum)은 지상에서의 예수의 마지막 행적을, 부활절은 그의 부활하심을, 그리고 성령강림절은 성령의 능력 안에서 영생을 경험하는 사건을 각각 다루고 있음을 쉽게 알 수 있다. 그리스도의 생애 속에서 일어난 이러한 역사적인 일련의 사건들 때문에 교회력은 대림절에서 시작하여 성령강림절에서 끝난다. 교회력을 실천하는 대부분의 그리스도인들은 이러한 교회력의 연대기적인 의미를 그대로 따라간다. 그래서 성도의 경건생활 역시 일년 동안 이어지는 이러한 영적인 순례에 근거하는 것이다. 그리고 하나님의 구원 사건에 대한 이러한 역사적 재현은 하나님의 백성들에게 크나큰 영적 유익을 가져다준다는 점은 결코 부인할 수 없다.

하지만 교회력을 단순히 과거를 되풀이하는 것에 지나지 않다고 생각하면, 이는 교회력의 요점을 놓치는 것이다. 하나님의 구원 사건을 축하하는 영적인 목적은, 성도의 영성이 그리스도에 의하여 빚어지도록 하려는 것, 즉 그와 함께 죽고 그와 함께 부활하며 그와 함께 거듭나고 그의 부활과 재림을 향한 참된 소망 속에서 살려는 것이다.

교회력의 영성의 뿌리는 유대인들의 영성 속에서도 찾아볼 수 있다. 아드리안 노센트(Adrian Nocent)는 이렇게 설명한다. "유대인들 생각에 하나님은 역사의 진행 과정에 개입하시는 분이다. 하지만 하나님께서는 과거와 현재, 그리고 미래는 함께 공존한다.... 유대인들의 예전은 유한한 존재가 항상 계신 이와 접촉하도록 중재하는 하나의 행위로 간주되었다. 항상 계신 이는 그 예배를 통해서 유한한 존재와 만나주신다는 것이다."[8]

유대인들에게 있어서 과거를 축하하는 것은 단순히 과거의 사건을 회상하는 것이 아니라 현재에게 새로운 의미를 가져다줄 수 있게끔 과거를 되풀이하는 것이다. 그래서 유대인들은 유월절을 마치 이 사건이 지금 일어나고 있는 것처럼 기억할 것을 요청받았다. 과거에 대한 기억은 또한 미래와도 관련되어 있다. 예를 들어서 유월절은 모든 하나님의 백성들이 예루살렘에 함께 모일 날을 소망하는 계기로 작용하기도 하다. 그래서 과거와 미래가 현재 안에서 수렴하도록 함으로써 예배자의 현재 경험에 분명한 차이를 가져올 수 있었다.

하나님의 구원 사건으로 말미암은 영성 형성에 대한 이러한 견해는 초대교회 교부들에 의하여 발전되었다. 예를 들어 교회력을 통해서 축하하는 그리스도의 구원 사건의 효력에 관한 글에서 성 레오(St. Leo)는 이렇게 말하고 있다. "사랑하는 자여! 우리가 믿음 안에서 존경했던 것을 우리도 그대로 받아 누리며 이를 뒤따른다는 것을 보면, 구주께서 인류를 위하여 행하신 것을 기억하는 일은 우리에게 가장 유익한 것입니다. 우리를 향한 그리스도의 신비를 서로 나누는 가운데 그 가르침이 가져다주는 은혜의 능력과 격려, 이 모든 것들이 성도들에게도 함께 나타나는 것입니다. 그리고 그 덕분에 우리는 믿음의 영으로 고백하는 그분을 우리의 행동으로 따를 수 있을 것입니다."[9]

3. 결론

이제 우리는 이렇게 질문해 보아야 한다. 이상에서 언급한 모든 것들은 교회력의 영성을 실천하려는 우리들에게 무슨 의미가 있는가? 가장 중요한 점은 교회력의 영성은 예수 그리스도의 죽음과 부활 속으로 우리를 끌어들인다는 것이다. 영성의 원천은 우리 속에 있는 것이 아니다. 우리는 영성을 만들어 내거나 스스로 획득할 수조차 없다. 오직 예수 그리스도만이, 성육신하신 하나님으로서 우리를 위하여 죄값을 지불하기 위하여 우리 중의 하나와 같이 되신 분, 그리고 악과 죽음의 권세를 정복하시고 우리 모두를 악의 권세로부터 구원하시고 하나님과 우리의 관계를 회복하신 분만이 가능하다. 하나님께서 우리를 용납하시기 위하여 필요한 모든 것을 바로 그리스도께서 이루셨다.

둘째로 교회력의 영성을 받아들인다는 것은 우리가 세례에 관한 성경적인 이미지를 그대로 받아들여야 한다는 뜻이다. 세례는 우리 자신을 예수 그리스도와 일체화한다는 의미이다. 세례는 그의 죽음과 부활에 우리가 그대로 연합한다는 것을 보여주는 은유(metaphor)이다. 세례는 우리더러 죄에 대하여 죽고 성령 안에서 새로운 삶으로 부활할 것을 요청한다.

셋째로 교회력의 영성은 우리로 하여금 세례 이후의 새로운 정체성에 따른 삶은 고립된 삶이 아니라 공동체 안에서의 삶임을 인정할 것을 요구한다. 우리는 세례 받은 자로서 이 세상 속에서 살아가지만, 교회는 세례 받은 자의 삶을 계속 자라게 하는 중요한 장소이다. 세례 받은 성도의 삶은 교회라는 어머니의 자궁으로부터 태어나서 그의 품안에서 자라가며 그의 영으로 말미암아 활력을 얻는 것이다.

넷째로 기독교의 영성을 삶으로 구현하기 위하여 교회의 예배는 파스칼의 신비에 대한 성경의 가르침으로 되돌아가야 한다. 매주일은 그리스도의 죽음과 부활에 대한 기억인 동시에 역사의 마지막 순간과 변화될 세상에 대한 예상에 모아져야 하며, 교회력의 영성도 주님의 성육신과 공생애, 죽음, 부활, 그리고 재림의 신비를 따라 계속 진행되는 주일의 흐름으로 이어져야 한다.

이렇게 그리스도의 삶 속으로 들어감으로써 그의 삶은 우리의 삶을 관통하게 되고 우리는 그리스도 안에서 죄에 대하여 죽고 새로운 생명으로 부활하면서 그의 죽음과 부활의 패턴대로 살아가는 법을 터득하게 된다. 다음 장에서는 교회력의 영성에 의하여 개인과 공동체가 어떻게 세워지는지를 이해하기 위하여 이 주제를 좀더 자세히 살펴볼 것이다.

[표-2] 전체 교회력 영성의 개요

주제	영적인 강조점
객관적인 영성이란?	하나님과의 관계는 스스로 획득할 수 없다. 이는 하나님의 은혜의 선물이다.
주관적인 영성이란?	영성 훈련은 그리스도 안에서 그리스도와 함께하는 삶의 경험을 더욱 강화시킨다.
교회력의 영성이란?	개인과 공동체의 예배를 통해서 우리는 그리스도를 닮아간다. 그리스도의 구원 행위의 패턴대로 살아감으로써, 그리고 온 세상을 향한 그의 통치를 소망하면서 우리는 의도적으로 그리스도 안으로 들어간다.
교회력 영성의 원천은?	그 원천은 예수 그리스도의 죽음과 부활이다.
교회력 영성의 장소는?	그 장소는 교회이다.
교회란 무엇인가?	자신들의 존재를 통해서 하나님의 구원 행위를 증거하면서 하나님의 구원 사건에 참여하는 사람들이다.
교회력의 영성은 어떻게 표현되는가?	그것은 예배를 통해서 표현된다.
예배란 무엇인가?	온 피조계를 향한 하나님의 통치를 선포하고 구현하며 적극적으로 예견하는 가운데 하나님의 구원 행위를 기억하는 것이다.
교회력의 예배란?	구원의 신비를 연속적으로 펼쳐 보이는 것이다.
교회력의 영성의 목표는?	우리 자신을 하나님의 구원 사건과 철저하게 동질화하여 그리스도 안에서 죄에 대하여 죽고 새로운 생명으로 부활하는 삶의 패턴대로 살아가는 것이다.

교회력의 영성을 위한 기도

전능하신 하나님!

모든 심령을 살피시며 모든 생각들을 아시는 주여! 주 앞에 어느 한 가지라도 숨길 수 없나이다. 주의 성령으로 감동하사 제 마음의 생각을 정하게 하시고 전적으로 주님만을 사랑하며 교회력의 영성을 실천하여 당신의 거룩한 이름을 찬송하게 하소서. 우리 주 예수 그리스도의 이름으로 기도하옵나이다. 아멘.

『공동기도서』(The Book of Common Prayer)로부터 개작함

숙고를 위한 질문들

1. 현재 당신은 어떻게 시간을 활용하고 있는지를 말해보라.
2. 교회력의 영성을 실행에 옮기려면 어떤 조처들이 필요하겠는가?
3. 여러분의 지역 교회에서 시간에 대한 기독교적인 관점을 실행에 옮기고자 할 때 어떤 조처들이 필요하겠는가?
4. 교회력의 영성을 실행에 옮기는 것이 여러분 개인의 영적인 삶에 어떤 차이를 가져오겠는가? 또 여러분이 참가하는 교회의 삶에는 어떤 변화를 가져오겠는가?

예배와 영성에 관한 참고 자료들

각 장의 마지막에는 필자가 편집한 『기독교 예배 총람』(The Complete Library of Christian Worship, Peabody, MA: Hendrickson, 1994) 중에 5권, 『교회력의 예배』(The Service of the Christian Year)에 포함된 각 절기에 관한 참고 자료들을 소개해 놓았다. 이 자료는 교회력의 모든 절기들을 총망라한 것으로서 www.ancientfutureworship.com이나 630/510-8905를 통해서도 얻을 수 있다.

1부

빛의 주기

　대림절과 성탄절 그리고 주현절로 이어지는 빛의 주기 동안의 예배와 영성의 일차적인 핵심은 피조계와 인류를 구원하기 위하여 하나님께서 인간의 역사 속에 들어오신 성육신으로 모아진다. 그리스도께서는 우리를 살리기 위하여 죽을 운명을 안고서 이 땅에 태어나셨다.

　성육신의 의미는 성육신 사건에 국한된 것이 아니라 죽음으로도 연결된다. 탄생과 죽음 사이의 연결고리는 니케아 신조(A. D. 325)에서도 잘 드러난다. 성육신하신 분은 "하나님으로부터 오신 하나님이시며 빛으로부터 온 빛이시고 참 하나님으로부터 오신 참 하나님"이시다. 그가 성육신하신 이유는 "우리와 우리의 구원을 위하여 하늘로부터 강림하셨으며…… 우리를 위해서 그가 친히 본디오 빌라도에게 십자가의 고난을 받으시기 위함"이다.

　그리스도의 오심을 예언한 이사야 선지자는 이 사실을 이렇게 노래하였다. "보라 하나님은 나의 구원이시라 내가 의뢰하고 두려움이 없으리니 주 여호와는 나의 힘이시며 나의 노래시며 나의 구원이심

이라"(사 12:2).

빛의 주기의 초점이 성육신에 모아지지만 우리의 예배와 영성은 그 성육신을 더욱 분명하게 드러내는 세 가지의 경험들, 즉 대림절과 성탄절, 그리고 주현절을 통해서 더욱 구체화된다. 영적인 순례 과정에서 이상의 세 절기는 각각 독특한 방식으로 성육신과 긴밀하게 연결되어 있다.

먼저 대림절 중에 우리는 기다린다. 이 때 우리는 메시아를 기다렸던 이스라엘의 대망을 회상하면서, 우리가 소위 새 하늘과 새 땅이 시작되는 순간이라고 알고 있는 역사의 종말론적인 순간에 있을 그리스도의 재림을 소망하는 법을 배운다.

성탄절 동안에 우리는 기뻐한다. 드디어 메시아가 도래하였기 때문이다. 세상을 비추는 빛이 태어났으며 우리 모두에게 새로운 날이 시작되었다.

주현절 중에 우리는 증거한다(manifest). 그리스도로 말미암은 기념비적인 새로운 시작은 단지 유대인들만을 위한 것이 아니라 세상의 모든 사람들과 온 피조계를 위한 것임을 우리는 잘 알고 있다. 하나님께서 이 땅에 찾아오셨다. 그리고 세상이 악한 권세의 폭정에서 구원받을 것이라는 오래된 약속이 드디어 실현되었다.

그래서 우리는 대림절에는 기다린다(제2장).

성탄절에는 아기 예수께서 탄생하셨음을 기뻐하며(제3장),

주현절에는 세상이 이 복음을 듣도록 헌신한다(제4장).

대림절

하나님께서 우리에게 찾아오시는 시기

> 하나님의 아들이요 우리의 하나님이신 구주 그리스도께서 초림하신 곳은 초라한 장소였다. 하지만 재림은 온 세상이 지켜보는 가운데 일어날 것이다. 초라한 곳으로 오셨을 때에는 가족 이외에 아무도 그를 알아보지 못했다. 그러나 이제 공개적으로 오실 때에는 선인과 악인 모두가 그를 알아볼 것이다. 초라한 곳으로 오셨을 때에는 심판을 당하여야 했지만 공개적으로 오실 때에는 심판주로 오실 것이다. **어거스틴(A. D. 354-430)**

학사력의 영향을 강하게 받는 우리들 대부분에게 있어서 늦여름과 초가을은 다음 해를 위한 새로운 계획을 세우는 기간이기도 하다. 예를 들어 나의 개인적인 시간표도 강의계획서를 작성하고 새로운 신입생들을 만나며 내년도 강의 커리큘럼과 학사일정을 세우는 것을 중심으로 짜여져 있다. 아이들이 있는 가정에서도 새 교복이나 학용품을 구입한다든지 하면서 새 학기를 준비하는 데 상당한 시간을 쏟아 붓는다. 그리고 새 학기가 시작되면 사람들의 관심사도 옛 친구나 새 친구를 사귀는 일이나 각 과목의 학습 요구량, 그리고 스포츠나 다른 특별활동에 참여하는 일에 집중된다.

좀더 추운 지역에서 살아가는 사람들에게 가을은 또한 겨울을 준비하는 계절이기도 하다. 벽난로에 쓸 장작들을 모으거나 옷장에서 겨울옷들을 꺼내어 준비해 두고 긴긴 겨울철을 보낼 준비를 한다.

하지만 이 모든 과정 속에서 하나님은 어디에 계실까? 우리가 다가오는 미래를 준비할 때 우리 모두가 직시해야 하는 위험은, 그것이 가을철의 준비 활동이든 아니든 관계없이 우리의 계획 속에 함께하시는 하나님의 임재에 대해서는 전혀 관심을 갖지 않는다는 사실이다. 오늘날 우리는 서구 세계에 만연한 인본주의 사조에 휩쓸려 살아간다. 이 시대사조는 종종 우리가 미래를 계획하고 준비하는 방식에도 영향을 미친다. 우리 스스로 무언가를 해낼 수 있다고 생각할 때, 우리는 마치 하나님이 거의 혹은 전혀 필요 없는 듯이 행동한다. 자기 스스로를 맹신하는가 하면 스스로를 무적과 같은 존재로 여기기도 한다.

이렇게 될 때 하나님은 우리의 삶에서 점차로 멀어지거나 심지어는 무관한 존재가 되고 만다. 그러다보면 우리는 하나님에 대한 아무런 의식도 없으며, 기도에 전혀 전념하지도 않고, 우리에게 말씀하시는 하나님의 음성에도 귀기울이지도 않고 그럭저럭 살아가게 된다. 그리고 식사 전의 기도나 주일 예배 참석처럼 우리가 참여하고 있는 종교적인 활동들은 형식주의나 전혀 무의미한 활동으로 전락하게 된다. 마치 무의식 가운데 기계가 작동하듯이 이런 활동들을 되풀이하지만 실은 우리에게는 아무런 의미도 주지 못할 뿐이다. 이런 활동들은 아무런 힘도 없으며 하나님께서도 이런 것들을 통해서 우리에게 다가오시지도 않는다. 생명력도 없고 의미도 없는 죽은 형식들일 뿐이다.

생명이 없는 종교적 활동들에 대해서 이런 결과를 의도한 것은 아니었다고 말하는 것으로는 충분하지 않다. 하나님께서 우리 삶으로부터 멀어지거나 무관해지는 것을 원하는 사람은 우리 중에 아무도 없다. 그럼에도 불구하고 하나님은 가끔 우리 삶으로부터 멀게만 느껴진다. 그렇게 되면 우리가 영적으로 무관심해진 지점에서 회복되기란 쉽지 않다. 예전에 누렸던 하나님과의 친밀한 생동감도 사라지고 이제 인격적인 만남도 희미해졌음을 스스로는 잘 안다. 그것은 아마도 우리가 하나님께서 우리의 삶 속에 함께 거하시도록 하지 않았기 때문일 것이다. 즉 하나님과 상당한 거리감을 두고서도 꽤 편안한 삶을 살고 있는 것이다.

가끔 우리가 느끼는 이러한 내면적인 경험은 그리스도의 탄생 이전의 이스라엘의 경험과도 흡사하다. 이는 또한 오늘날 세상이 처한 상황과 유사하기도 하다. 오늘날 이 세상은 자신의 창조주에 대해서, 즉 이 세상의 참된 의미와 목적을 제시하는 유일한 하나님에 대해서 대체적으로 무관심하다. 이스라엘의 삶 뿐만 아니라 우리의 삶과 교회, 그리고 세상은 하나님에 대하여 차가운 무관심으로 일관하지만, 바로 그런 상황임에도 불구하고 하나님은 우리의 삶 속으로 꿰뚫고 들어오셔서 우리는 문을 열고 당신을 수용할 수 있도록 하신다. 바로 그러한 하나님의 개입으로 인하여 우리는 영생에 대하여, 새로운 헌신에 대하여 그리고 영혼의 회심에 대하여 새롭게 눈을 뜨게 된다. 이런 일이 일어날 때면 언제나 대림절의 영성이 새로워지는 것이다. 왜냐하면 대림절은 하나님께서 새로운 놀라움으로 우리 속으로 꿰뚫고 들어오셔서 새롭게 회복시키는 능력으로 우리를 어루만져주시는 시기이기 때문이다. 이러한 교회력의 예배와 영성 안에서 우리는 주께서 우리 안으로 새롭게 들어오시며 그의 영을 새롭게 부어주시기를 간구한다.

1. 대림절: 하나님께서 우리 인생의 물결을 휘젓는 시기

우리 집에서 그리 멀지 않은 곳에는 물이 고인 작은 연못 하나가 있다. 이 지역 동네 아이들은 이곳을 겨울철이면 스케이트를 탈 수 있는 멋진 장소로 생각하기는 하지만, 떠다니는 벌레나 개골개골 우는 개구리들을 위한 것 빼고는 전혀 쓸모없는 연못이다. 내가 분명히 말할 수 있는 것은 그 물은 완전히 고여 있다는 점이다. 그 연못 속으로 물 한 방울 들어오지도 않으며 거쳐 흐르거나 흘러나가는 것도 전혀 없다.

불행히도 우리의 영적인 삶도 때로는 이렇게 고인 웅덩이처럼 아무런 활력도 없고 열매도 전혀 내지 못하는 경우가 있다. 대림절 기간 중에 교회 안에서 핵심적으로 부각되는 인물 중의 한 사람은 이사야 선지자이다. 그가 활동하던 시대에 이스라엘은 점차 침체기로 빠져 들어갔다. 당시 이스라엘은 우리 집 근처에 있는 연못처럼, 즉 흘러 들어오거나 나가는 것은 하나도 없이 고여 있는 웅덩이와 별 반 다르지 않았다. 그래서 하나님은 이사야 선지자를 통해서 이스라엘을 새롭게 하고 그들에게 새로운 삶에 대한 희망을 가져다주기 위하여 이스라엘이라는 고인 물을 휘젓기 시작하였다. 오늘날 대림절 중에 우리는 하나님께서 어떻게 우리의 침체된 영성의 물을 휘저으시면서 새롭고 활력이 넘치는 생명의 물을 뿜어내는 새 연못으로 우리를 새롭게 하시려는지 듣기 위해서 이사야서를 펼친다.

이사야 선지자는 도대체 누구인가? 그가 살던 시대상은 어떠했는가? 그는 이스라엘 사람들에게 무엇을 선포하려 했을까? 우리가 이런 질문들에 대답하다 보면 아마도 우리는 그 많은 선지자들 중에서 왜 대림절 기간 중에는 유독 이사야 선지자를 택하게 되는지를 이해할 수 있을 것이다. 당시 이스라엘 사람들은 점차로 하나님과 그의 계명에 전혀 관심을 두지 않게 되었다. 그래서 이사야가 받은 소명은 하나님께서 그 백성들의 무관심을 무너뜨리고 주께서 그들을 다시금 통치하실 수 있도록 그들을 준비시키려는 것이었다. 그리고 이사야가 당시 이스라엘 사람들에게 전했던 메시지는 그들을 새롭게 회복시켰으며 더 나아가서 당시 시대를 초월하여 메시아의 도래를 예언하게 되었다. 오늘날에도 이사야의 메시지는 우리 시대를 초월하여 베들레헴에 태어나신 메시아의 탄생을 전해줄 뿐만 아니라, 메시아가 다시금 재림하는 시대, 곧 평강의 시대이자 온 세상을 향한 하나님의 통치가 완전히 회복되는 시대를 펼쳐 보여준다. 이사야의 메시지가 이스라엘의 심령을 두들겨 깨워서 영적인 갱신을 가져왔던 것처럼, 대림절이나 그 밖에 우리의 삶에 하나님께서 다시금 새롭게 찾아오실 필요가 있는 시기에 선포되는 그 메시지는 여전히 우리의 정체된 영성의 물을 휘저어서 하나님께서 우리 안에서 새롭게 역사하시는 계기를 마련해 준다.

1) 이사야가 전하는 대림절의 소망

이사야 선지자가 이스라엘 사람들 뿐만 아니라 계속해서 오늘날 우리의 삶에도 지속적으로 영향력을 발휘할 수 있는 가장 결정적인 신임의 근거 중의 하나는, 그는 하나님이 임재하시는 존전 앞에서 살았던 사람이라는 점이다. "웃시야 왕의 죽던 해에 내가 본즉 주께서 높이 들린 보좌에 앉으셨는데 그 옷자락은 성전에 가득하였고." 또 이사야는 "거룩하다 거룩하다 거룩하다 만군의 여호와여 그 영광이 온 땅에 충만하도다"라고 찬송하는 스랍들을 보게 된다(사 6:1, 3).

오늘날 대림절 예배에서 우리도 천사와 천사장, 그리고 스랍들과 함께 "거룩하다 거룩하다 거룩하다 주 하나님 곧 전능하신이여 전에도 계셨고 이제도 계시고 장차 오실 자라"고 찬송한다. 하지만 불행히도 우리는 전에 이사야 선지자가 목격했던 것을 바라보는 데 종종 실패하곤 한다. 인생의 목표와 야망, 그리고 매일 감당해야 할 책임들이 우리 생각의 중심을 점령하도록 내버려두기 때문에, 우리는 거룩하신 분, 창조주, 그리고 높이 들린 보좌에 앉으신 이 앞에서 잠잠하며 오직 그분만을 높여드리는 데 실패하곤 한다. 반면에 이사야는 자신의 삶의 여러 소소한 문제들이나 국가적인 문제들 너머에 좌정해 계신 분을 보게 되었다. 그리고 믿음 안에서 인간 존재의 근원 바로 그 속으로 들어갔던 것이다. 이사야처럼 우리도 가시적인 예배의 형식 너머로 나아가야 한다. 그래서 만물 너머에 계시면서 우리를 심판하시고 치유하시며 새로운 생명으로 회복시키신 분의 임재를 체험할 필요가 있다.

그곳에서 이사야는 하나님을 보았을 뿐만 아니라 그 하나님의 임재 앞에서 자기 자신은 어떤 존재인지를 직시하게 되었다. 그래서 그는 이렇게 부르짖었다. "화로다 나여 망하게 되었도다 나는 입술이 부정한 사람이요 입술이 부정한 백성 중에 거하면서 만군의 여호와이신 왕을 뵈었음이로다"(사 6:5). 하나님의 임재 앞에서 이사야는 자신이 하나님의 용서와 회복을 필요로 하는 죄인임을 깨닫게 되었다. 오늘날 우리도 예배 안에서 이스라엘의 거룩하신 자 앞에 나아가야 하며 그 앞에서 우리 자신이 참으로 죄인임을 직시해야 한다.

이사야 선지자를 통해 주어진 하나님의 계시에는 또한 세 번째 차원이 있다. 이사야는 그렇게 자신의 죄를 직시하였지만 하나님은 그를 용서하시고 새로운 사랑으로 그를 맞이하셨다. 그 스랍의 하나가 화저로 단에서 취한 핀 숯을 손에 가지고 이사야 선지자에게로 날아와서는 이렇게 말했다. "보라 이것이 네 입에 닿았으니 네 악이 제하여졌고 네 죄가 사하여졌느니라"(사 6:7). 우리가 하나님을 만나서 죄를 자백하면 하나님은 우리를 용서하시고 새롭게 회복시켜 주신다. 바로 여기에 예배로 함께 모인 회중들의 영적인 리듬, 즉 예배의 흐름 속에서 우리는 하나님의 임재 속으로 들어가게 된다. 예배 안에서 우리는 하나님의 초월하심을 찬양하며 우리의 죄를 자백하고 또 이어서 용서의 말씀을 듣는다. 그리고 바로 그 다음에 비로소 우리는 말씀의 예전(설교, the service of the Word)을 통해서 우리에게 말씀하시는 하나님의 말씀을 들을 준비가 된다.

이사야의 경험 속에 나타나는 이러한 리듬은 이스라엘에게 하나님의 말씀을 전할 수 있도록 그를 준비시킴에 있어서 참으로 압도적인 장면을 보여준다. 그리고 이 리듬은 또한 오늘날 우리의 모든 예배에서 우리에게도 여전히 적용되는 동시에, 대림절의 경험 속에서 새롭고도 강력한 방식으로 재현되어야 하는 하나님과의 만남에 대한 감동적인 묘사이기도 하다. 간단히 말해서 이사야의 경험은 대림절의 리듬을 잘 묘사하고 있다. 만일 우리가 하나님을 보게 된다면 또 하나님께서 우리 안에 들어오시게 된다면, 그 다음 우리는 우리 자신은 누구이며 무엇을 위한 존재인지를 직시하게 된다. 그 다음 우리가 진실로 자신을 인식하는 순간에 하나님은 우리 안으로 들어오셔서 우리의 영적인 삶의 수면을 휘저으실 것이다. 이것은 곧 이사야가 당시 이스라엘에게 전했던 메시지이며 주님을 기다리며 대림절을 보내는 오늘의 교회를 향한 메시지이기도 하다.

2) 이사야 당시의 정세

오늘날 우리가 사는 세상처럼 이사야 당시의 세계도 정치적으로 매우 혼란스러웠다. 솔로몬에게 이양된 다윗 왕국은 그 이후 북 왕조와 남 왕조로 분열되었다. 국내의 불화와 주변 국가들과의 전쟁으로 두 왕국은 점차로 약해져갔다. 그리고 강력한 앗수르의 대군이 북 왕국을 침략하여 결국은 A. D. 732년에 북 왕국은 패망하고 말았다. 곧이어 바벨론이 등장하여 앗수르를 무너뜨리고 계속해서 예루살렘을 침공하여 패망한 남쪽 유다 백성들은 결국 A. D. 587년에 포로로 끌려가게 된다. 그리고 얼마 지나지 않아서 바벨론 역시 페르시아에게 정복된다.

이렇게 혼란스러운 국제정세의 틈바구니 속에서 이스라엘은 바벨론에 포로로 끌려가게 된다. 포로기 중에 이스라엘 백성들은 하나님께서 다시금 은혜를 베풀어 주셔서 예루살렘으로 귀환하여 예전 다윗 시대에 누렸던 영광을 회복시켜 주시기를 간절히 소망하였다. 이러한 배경 속에서 이사야는 이스라엘의 국가적인 자의식을 향하여 하나님의 메시지를 선포하였으며 자신의 영적 체험을 근거로 이스라엘의 회개와 아울러 신실하신 하나님께로 돌아올 것을 부르짖었다.

일부 학자들은 이사야서를 세 단계로 구분하는 경우가 있다. 당시 이사야 선지자의 사역이 그 강조점이나 활동 시기가 서로 달라 보이기 때문에 상당수의 학자들은 서로 다른 세 개의 이사야를 가정하는 경우도 있다. 하지만 여기에서는 이러한 비평적인 질문들을 모두 다룰 수도 없으며 그럴 필요도 없다. 다만 여기에서 우리는 이사야서 전체를 다만 하나의 통일체로 다루고자 한다.

이사야서의 첫 번째 부분(1-39장)에서 이사야는 자신의 메시지의 핵심으로서 다음의 메시지를 제시한다. 하나님께서는 구원의 역사를 이끌어 가는 데 있어서 이스라엘 백성들이 하나님과 함께 일하기를 원하셨다. 하지만 이스라엘 백성들은 포로로 끌려가게 되었고 자신들은 하나님으로부터 버림받았다고 생각했다. 이사야서의 둘째 부분은 40장에서 55장까지이다. 이 부분의 메시지의 핵심은 하나님은 이스라엘을 구원하여 다시 예루살렘으로 귀환시킬 능력을 가진 분이라는 것이다. 또 여기에서는 이스라엘의 구원을 가져올 하나님의 종에 대해서도 언급하고 있으며, 예수의 초림에 관하여 언급하는 것으로 우리가 믿고 있는 여러 대림절 낭독용 본문들도 실려 있다(ex. 사 52:13-53:12). 마지막으로 이사야서의 셋째 부분은 56장에서 66장까지이다. 이 부분은 예루살렘의 영광스러운 회복과 부흥에 관하여 언급하고 있다. 그리스도인들은 바로 이 부분에서 그리스도의 재림과 만물의 회복에 관한 직접적인 가르침들을 쉽게 찾아볼 수 있다(ex. 사 65:17-25).

우리는 이스라엘을 향한 이사야 선지자의 메시지 뿐만 아니라 우리를 향한 그의 메시지를 바로 이러한 이사야 선지자의 세 단계의 사역을 배경으로 이해할 필요가 있다. 우리는 세상의 악을 제거하시고 새 하늘과 새 땅을 확립하시기 위해서 오시는 그리스도의 재림을 기다리고 있다. 특별히 대림절 기간 중에 우리는 만물의 새로운 시작을 기다린다. 대림절은 우리 자신의 삶 속에서도 새로운 시작, 즉 죄를 버리고 그리스도 안에서 거듭나는 중생을 강조하기 때문이다.

3) 이사야서의 대림절 메시지

이사야서는 앞에서 언급한 이러한 국제정세의 배경 속에서 이해해야 함과 동시에 당시 이스라엘 속에 내재한 중요한 종교적인 문제점, 즉 영적인 삶의 중앙에 자리하고 있던 죽은 예배라는 맥락에서도 바라보아야 한다. 한때 새로워진 삶의 원천이었던 이스라엘의 예배는 죽은 의식으로 전락해 버렸다. 이사야는 당시 형편을 이렇게 신랄하게 고발한다. "여호와께서 말씀하시되 너희의 무수한 제물이 내게 무엇이 유익하뇨 나는 수양의 번제와 살진 짐승의 기름에 배불렀고 나는 수송아지나 어린양이나 수염소의 피를 기뻐하지 아니하노라"(사 1:11).

이스라엘의 예배가 부패해 버렸다는 것은 그리 놀랄 일이 아니다. 예배의 생명은 의식 그 자체에 있는 것이 아니라 예배의 메시지에 의해서 빚어지는 백성들의 삶 속에 있다. 예배가 의도하는 영적인 영향은 자비와 공의가 가득한 삶을 사는 사람들을 길러내는 것이다. 하나님께서 이스라엘을 바르게 대우해 주며 애굽의 가혹하고도 불의한 압제로부터 구원해 내셨던 것처럼, 참된 예배 역시 그 예배가 나타내는 의미를 따라 살아가는 하나님의 백성들의 삶 속에서 그들을 인도하는 것이다. 하지만 이스라엘의 마음이 하나님으로부터 얼마나 멀어져 있었는가 하는 것은, 그들의 삶 속에서 가난하고 억압당하는 자들에게 그들이 얼마나 자비를 베풀지 못하는가에 의해서 그대로 증명되었다. 그래서 이사야는 당시 이스라엘의 불의를 직설적으로 책망하였다. "너희는 스스로 씻으며 스스로 깨끗케 하여 내 목전에서 너희 악업을 버리며 악행을 그치고 선행을 배우며 공의를 구하며 학대받는 자를 도와주며 고아를 위하여 신원하며 과부를 위하여 변호하라 하셨느니라"(사 1:16-17).

여기에서 이사야가 예배와 공의를 서로 대립시키는 것이 아니다. 오히려 그는 공의와 가난한 자들에 대한 자비로 결실을 맺는 예배의 회복을 주문하고 있다. 당시 이스라엘에서 예배와 공의의 분열은 결국 영적인 불황을 초래하였다. 당시 사람들은 하나님께서 자신들을 버리셨으며 더 이상 새 생명의 물로 자신들의 혼수상태를 일깨워주지 않는다고 불평했다. 하지만 문제는 하나님이 아니라 그들 자신이었다. 즉 죽은 의식들과 공의를 따라 행하지 않는 두 가지 죄악으로 그들은 영적 갱신을 위해 흘러오는 하나님의 물줄기를 가로막고 있었던 것이다.

이스라엘의 이러한 죽은 영성이라는 배경 속에서 이해할 때, 비로소 이사야의 메시지는 매우 실제적이고 중요한 의미를 확보할 수 있다. 그러면 이제 이스라엘은 어떻게 해야 하는가? 그들은 하나님께서 자신들의 침체되고 둔감한 영적 태도를 무너뜨리고 자신들의 무감각한 영성을 흔들어 깨우도록 간구해야 한다. 즉 현재 가지고 있는 것에 만족해서는 안 되며, 현재의 자신들의 상태에 만족하지 말고 그저 종교적인 의무로 예배 행사를 치르는 것을 단호하게 멈추어야 한다.

결국 이사야서의 메시지의 핵심은 회개에 대한 요청이다. 그런데 이사야 선지자에게 있어서 회개는 의지의 문제만이 아니다. 이스라엘은 회개하기로 그렇게 쉽게 결정할 수도 없고 이행할 수도 없기 때문이다. 사실 회개는 하나님께로부터 오는 것이다. 그래서 먼저 하나님이 이스라엘을 괴롭히셔야 한다. 즉 하나님께서 먼저 이스라엘의 삶에 개입하셔서 그들의 이기적인 행동 패턴을 망가뜨리고 위선적인 그들의 자기중심주의를 분쇄하고 그들 심령의 강퍅함을 무너뜨리셔야만 한다. 그래서 이사야는 하나님께 이렇게 간청하는 것이다. "여호와여 어찌하여 우리로 주의 길에서 떠나게 하시며 우리의 마음을 강퍅케 하사 주를 경외하지 않게 하시나이까 원컨대 주의 종들 곧 주의 산업인 지파들을 위하사 돌아오시옵소서"(사 63:17).

하나님께서 이스라엘에게 요구하시는 것이 바로 이러한 회개의 자세, 혹은 심령의 준비이다. 왜냐하면 이스라엘 사람들이 자기 죄를 버리고 하나님으로부터 문제 해결의 돌파구를 받아들일 준비가 되었을 때, 비로소 하나님은 그들의 삶을 변화시키고 세계의 역사에 변화를 가져올 새로운 경험 속으로 그들을 인도해 들일 수 있기 때문이다. 이사야 선지자는 다음 두 구절에서 하나님으로 말미암는 돌파구에 관하여 약속하고 있다. "그러므로 주께서 친히 징조로 너희에게 주실 것이라 보라 처녀가 잉태하여 아들을 낳을 것이요 그 이름을 임마누엘이라 하리라"(사 7:14). "보라 내가 새 하늘과 새 땅을 창조하나니 이전 것은 기억되거나 마음에 생각나지 아니할 것이라 너희는 나의 창조하는 것을 인하여 영원히 기뻐하며 즐거워할지니라 보라 내가 예루살렘으로 즐거움을 창조하며 그 백성으로 기쁨을 삼으리라"(사 65:17-18).

결국 이사야는 이스라엘 백성들에게 하나님의 소망을 제시하였다. 그들이 만일 회개하고 죄에서 벗어난다면 하나님은 그들을 포로로부터 구원하여 예루살렘 성을 다시 건축하도록 그들을 인도할 구원자, 심지어 그들이 상상할 수 있는 것보다 더 위대한 나라를 세울 구원자를 보내주실 것이다.

4) 이사야서의 메시지를 대림절에 적용시키기

대림절 기간을 참으로 영적이면서도 의미 있게 보내려면, 이스라엘 백성들을 향하여 선포된 이사야서의 메시지의 핵심을 파악해야 한다. 당시 이스라엘 백성들은 참으로 비통한 상황에 처해 있었다. 그들의 삶과 가정, 국가, 가족, 재산과 사회적인 지위의 모든 것들이 결국은 파멸로 끝장날 긴박한 정치적 위기에 의해서 위협을 받고 있었다. 게다가 그들에게는 이러한 비극을 감당할 그 어떤 영적인 능력도 없었다. 이런 상황에서 이사야는 진정한 회개를 통해서 하나님께로 돌아가라고 외쳤다. 그리할 때 비로소 구원하시는 하나님에 대한 희망을 가질 수 있다는 것이다. 왜냐하면 하나님은 분명히 구원자를 보내실 것이고 예루살렘의 영광도 결국 회복될 것이기 때문이다.

 이러한 메시지는 오늘날 대림절 기간을 보내는 우리에게 어떻게 적용되는가? 하나님의 백성인 우리가 예배의 참된 의미로부터 세상을 바르게 살아가는 삶을 분리시킬 때면 어김없이 우리에게는 대림절이 필요하다. 올바른 예배는 우리를 위하여 일하시는 하나님을 찬양하는 동시에, 타인을 향하여 그리고 세상을 향하여 섬기는 자가 되려는 열망을 고취시켜 준다. 만일 우리가 권력이나 성공, 그리고 재물에 집착하며 우리 자신의 것만을 구하면서 여전히 예배에 참석하고 말씀을 들으며 또 성찬에 참여한다면, 우리는 영적으로 죽은 이스라엘과 별반 다르지 않다. 하나님은 그런 예배 가운데 함께하실 수 없다. 하나님은 우리 삶 속에 갇히는 분이 아니기 때문이다. 그런 예배는 그저 기계적이고 둔감하며 지루하고 따분할 뿐이다. 그런 예배가 진행되는 동안 우리의 삶도 하나님과 그의 뜻으로부터 더욱 멀어질 뿐이며 하나님의 부재에 대한 의식만 더욱 통렬해질 뿐이다. 이런 결과가 바로 이스라엘 백성들에게 일어났다.

 대림절은 하나님께서 우리를 홀로 내버려두지 말라고 기도하며 간구하는 시간이다. 하나님께서 우리를 내버려두시고 스스로의 선택과 판단에 내맡겨버릴 때 우리는 분명 그로부터 멀어져갈 것이기 때문이다. 그 상황에서 하나님에 대한 우리의 무관심은 곧 영적인 권태로 돌변할 것이며, 이런 권태는 계속해서 영적인 무기력증으로 이어지고 결국에는 영적인 실체에 대하여 죽은 자가 되고 말 것이다. 그래서 대림절은 이렇게 간청하는 시간이다. "오 주님! 저를 하나님에 대한 무관심으로부터 벗어나게 하옵소서, 제 안에 회개의 심령을 창조하시고 영적인 생명수의 강으로 저를 인도하소서!" 로라테 카엘리(*Rorate Caeli*)로 알려진 대림절의 입당송은 이렇게 마음에서 우러나오는 간청을 다음과 같이 잘 담아내고 있다.

> 우리가 부패하였나이다.
> 수없이 많은 죄악 때문에 우리는 부정한 자가 되었나이다.
> 가을에 떨어지는 낙엽들처럼 우리는 타락의 구렁텅이로 떨어졌나이다.
> 폭풍우가 우리를 휘몰아칩니다.
> 폭풍우 같은 우리의 악한 죄악들을 긍휼히 여기소서.
> 주님은 자비의 얼굴을 우리에게서 거두셨나이다.
> 우리의 죄악이 토기장이의 그릇 같은 우리를 징벌하나이다.
> 오 주 우리 하나님이여! 고난 중에 있는 당신의 백성들을 돌아보소서.
> 그리고 주님의 약속을 잊지 마옵소서.
> 우리에게 주님의 어린양을 보내주소서.
> 그가 광야로부터 시온의 왕국을 세울 것이며 영광의 보좌에 오르리이다.
> 우리의 사슬을 풀고 우리를 자유케 할 권세를 가진 다른 분은 없나이다.[1)]

대림절은 우리의 회개와 개종에 집중하는 기간일 뿐만 아니라 우리를 구원하러 오실 메시아에 대한 기대와 소망에 집중하는 시기이기도 하다. 대림절 기간 중에 우리는 베들레헴에 오신 메시아(미 5:2-4)를 찾아볼 뿐만 아니라 역사의 마지막 순간에 다시 오실 메시아를 소망하기도 한다(사 65:17-25; 계 20-22장). 그리스도인들에게 있어서 이러한 대림절의 양 국면은 파스칼의 신비(the paschal mystery)에 근거하고 있다. 십자가는 메시아의 도래의 목표이다. 성육신과 속죄가 서로 뗄 수 없이 긴밀한 관계에 놓여 있는 것과 마찬가지로 속죄와 재림도 그러하다. 왜냐하면 인류의 구속을 위해서 오신 것만큼이나 온 세상과 피조물의 구속을 위해서 다시 오셔야 하기 때문이다. 그리스도는 피조계를 악의 결박에서 풀어내 되찾기 위해서 오셨으며, 또 악의 권세와 영향력을 무너뜨리고 궁극적으로는 새 하늘과 새 땅으로 그 나라를 회복하기 위해서 다시금 오실 것이다.

대림절 기간 중에 우리는 악한 권세를 정복하신 그리스도의 승리의 시작과 마지막을 경축하며, 그와 동시에 하나님께서 우리 안으로 들어오시며 우리 각자의 삶에 바로 그 승리를 가져다주시며, 우리의 심령이 새로워지며 우리를 새롭게 창조해 주시기를 간구한다. 이것이 바로 우리를 향한 이사야의 메시지이다. 구세주는 과거에 이스라엘에게 찾아오셨을 뿐만 아니라 이제 다시 온 세상에 찾아오실 것이다. 이것은 바로 온 우주 만물의 종말론적인 구원을 완성하실 아기 예수에 대한 극적인 기대감을 보여주는 세례 요한과 마리아가 소리 높여 선포했던 메시지이기도 하다.

2. 대림절: 하나님께서 우리 안으로 꿰뚫고 들어오실 기대 속에서 살아가는 시기

유대인들은 소망 안에서 산다는 것이 무슨 뜻인지를 잘 알고 있었다. 이사야 시대의 패망의 비극과 이후의 계속되는 불행은 이스라엘 사람들 마음에 미래를 간절히 소망하도록 자극하였다. 그래서 유대인들에게는 항상 "내년에 예루살렘에서"라는 표현이 구호처럼 자리잡혀 있었다.

그리스도가 태어나기 직전에도 이러한 희망이 로마의 속박 아래 있던 이스라엘 사람들의 맥박 속에 고동치고 있었다. 메시아가 와서 이스라엘을 구원해 낼 것에 대한 갈망은 당시 영적으로 민감한 이스라엘 사람들의 마음속에 늘 불타오르고 있었다. 오늘날 우리의 대림절의 소망을 잘 보여줄 두 명의 대표적인 인물이 바로 세례 요한과 마리아이다. 이들은 악의 권세로부터 극적으로 구원받을 날을 기대하면서 살아간다는 것이 무슨 뜻인지를 잘 보여준다.

1) 세례 요한: 대림절의 목소리

세례 요한 당시 메시아의 도래에 대한 기대감이 매우 고조되었다. 당시 대부분의 유대인들은 곧 도래할 메시아에 관하여 자주 열띤 토론을 가졌다. 그리고 이스라엘을 위한 새로운 시작을 알리는 종말론적인 순간이 임박하였다는 기대감도 점차 고조되었다. 하지만 이토록 간절한 이스라엘의 꿈은 어떻게 성취될 것인가? 하나님은 새로운 메시아를 통해서 과연 새로운 출애굽의 역사를 시작하실 것인가?

이러한 꿈과 소망, 그리고 열망 속에서 유대 광야에 세례 요한이 등장하여 사람들을 회개시켜서 다가오는 새 시대를 준비시키려고 하였다. 그는 이사야서로부터 관련 메시지를 뽑아서 유대 공동체를 향하여 이렇게 선포하였다. "회개하라 하나님의 나라가 가까웠느니라"(마 3:2).

세례 요한이 유대 광야에 등장하였으며 더 나아가서 비범한 방식으로 태어났다는 점은 매우 의미심장하다. 당시 이스라엘 사람들은 하나님의 선지자가 광야로부터 나타나며 매우 비범한 과정을 거쳐서 태어나거나 또는 자신의 특별한 임무를 보여주는 비범한 표식을 가지고 있을 것이라고 생각했다. 예를 들어 전투에 대해서 아무런 경험이 없는 소년 다윗은 골리앗을 무찔렀으며 모세는 갈대 바구니 속에서 발견되어 죽음으로부터 구원받았다. 세례 요한도 그렇다. 그는 오랫동안 아이를 낳지 못하다가 드디어 많은 나이에도 불구하고 비범한 과정을 거쳐 선지자를 낳은 여인으로부터 태어났으며, 바로 그 선지자가 이제 광야 사막으로부터 등장하였다.

세례 요한은 이렇게 극적인 방법으로 나타났기 때문에 자연히 이스라엘 사람들의 관심이 그에게 쏠리게 되었다. 그가 과연 메시아인가? 그가 과연 이스라엘을 로마의 억압에서 구원해 내서 예루살렘의 영광을 회복시킬 자인가? 하지만 당시 이스라엘 사람들이 기대했던 것은 모세와 다윗을 결합시킨 정도의 정치적인 메시아였다.

하지만 세례 요한은 자신에 대해서 분명한 인식을 갖고 있었다. 그는 이사야 선지자가 예언한 바와 같이(사 40:1-11) 메시아의 길을 준비하도록 예비된 선구자로 자신의 역할을 이해했다. 그래서 그는 새로운 출애굽에 어울리는 참된 회개를 이스라엘에게 주문하였다. 그리고는 다음과 같은 말로 앞으로 오실 자를 가리켰다. "나는 너희로 회개케 하기 위하여 물로 세례를 주거니와 내 뒤에 오시는 이는 나보다 능력이 많으시니 나는 그의 신을 들기도 감당치 못하겠노라 그는 성령과 불로 너희에게 세례를 주실 것이요"(마 3:11). 사도 요한은 세례 요한을 가리켜서 "하나님께로서 보내심을 받은 사람"이라고 묘사하였다. "저가 증거하러 왔으니 곧 빛에 대하여 증거하고 모든 사람으로 자기를 인하여 믿게 하려 함이라 그는 이 빛이 아니요 이 빛에 대하여 증거하러 온 자라"(요 1:6-8). 그렇게 세례 요한은 이 빛에 대하여 증거하였다. "보라 세상 죄를 지고 가는 하나님의 어린양이로다"(요 1:29). 당시 유대인들은 새로운 모세나 새로운 다윗 왕과 같은 정치적인 메시아를 기다렸다. 하지만 세례 요한은 그리스도를 하나님의 어린양으로 지명하면서 이미 이사야 선지자가 자신의 예언서 53장에서 묘사했던 여호와 하나님의 종에 관한 비전을 선포하였다. 이렇게 세례 요한은 예수를 유월절의 어린양, 즉 새로운 영적 구세주로 직시했던 것이다.

　세례 요한이 우리를 향한 대림절의 목소리로 들려질 수 있는 중요한 이유는, 그가 하나님께서 우리 삶 속에서 우리 자신에 관하여 말씀하실 때 사용하시는 메시지를 그대로 우리에게 전해주고 있기 때문이다. 그는 자신의 말 뿐만 아니라 삶의 방식을 통해서 사람들에게 회개와 개종을 위한 결단을 촉구하였다. 그래서 우리도 비록 겉으로 보기에는 불쾌하지만 자신의 삶의 모범을 통해서 우리가 마땅히 해결해야 할 악한 습관이나 욕망에 대해서 지적하는 세례 요한과 같은 사람이 우리 주변에는 없는지 살펴보아야 한다. 하나님께서는 우리의 죄악을 결정적으로 해결하기 전까지는 결코 우리 속으로 꿰뚫고 들어오려 하지 않으실 것이다. 회개는 그리스도인들이 그렇게 좋아하는 오락거리가 아니다. 우리는 악한 욕망과 습관들, 그리고 태도들을 하나님께 가져가려고 하기 보다는 오히려 숨기기를 좋아한다. 그럴싸한 선행과 예배 참석 혹은 교회 행사 속에 그런 죄악을 숨기면서 계속 회개를 미루려고만 한다. 그래서 지금이야말로 그러한 관계들과 위선, 분노와 질투심, 혹은 인종차별과 성차별적인 태도들, 그리고 불의에 대한 공모들을 다뤄야 할 때이다. 그리고 하나님께서 여러분의 삶 속에 보내신 현대판 세례 요한으로 하여금 회개와 개종을 위한 결단을 촉구하게 하라.

둘째로 세례 요한은 하나님께서 우리의 삶을 휘저으시며 이를 위해서 사용하시기 편한 유형의 사람의 모범이다. 그의 인생에서 유일한 목표가 있다면 그것은 하나님을 섬기는 것이다. 그는 자기 자신을 위한 것은 아무것도 구하지 않았다. 그는 하나님의 명령을 감당하기 위해서 명성과 부귀, 그리고 가족을 모두 멀리하였다. 그는 자신을 위해서는 아무것도 생각지 않았으며 자신이 가진 모든 것을 그리스도를 가리키는 데 헌신하였다. 우리는 그가 헤로디아의 딸이 청했던 교활한 요청 때문에 비참하게 죽었던 내용에 대해서는 잘 알고 있지만(마 14:1-12), 그를 올바로 이해하거나 혹은 그가 느꼈던 고통을 이해하는 데는 자꾸만 실패하곤 한다. 그의 삶과 확신, 그의 우선순위, 그리고 그의 죽음 이 모든 것들은 우리로 하여금 우리 스스로를 심각하게 바라보도록 촉구한다. 우리는 하나님이 쓰시기에 어떠한 종류의 그릇인가? 혹시 우리의 야망과 꿈이 세속적인 성공에 대한 열망으로 뒤얽혀 있어서 하나님께서 우리 안으로 침투해 들어오시지 못하며 또 그리스도의 사랑과 소망으로 다른 사람들을 일깨우는 데 우리를 전혀 사용하시지 못하는 것은 아닌가?

셋째로 세례 요한은 "우리가 무엇을 하오리이까?"라고 물었던 군중들의 질문에 답한 대답을 통해서 우리가 어떻게 대림절을 준비해야 하는지의 실마리를 제공한다. 그의 대답은 간단하고 솔직하다. "옷 두 벌 있는 자는 옷 없는 자에게 나눠줄 것이요 먹을 것이 있는 자도 그렇게 할 것이니라"(눅 3:10-11). 그의 대답은 한마디로 자기를 내어주는 사랑에 대한 요청이다. 하나님께서 우리의 삶 속으로 꿰뚫고 들어오시기 전에 먼저 우리는 궁핍에 처한 사람을 찾아보고 그들에게 헌신적인 사랑을 베풀어야 할 것이다. 남에게 베푸는 물질에 대해서는 인색하면서도 어떻게 감히 하나님께서 자신에게 영적인 복을 쏟아 부어주실 것을 기대할 수 있겠는가? 세속적인 것에 붙잡히면, 우리를 통해서 흘러가고 또다시 우리에게로 되돌아오는 하나님의 사랑의 물줄기는 막히고 만다. 아마도 이번 대림절 기간 중에 우리의 삶 속에서 느껴질 하나님의 임재의 강도는, 우리보다 덜 행복해 보이는 하나님의 백성을 우리가 얼마나 정성껏 사랑하려고 했는지의 정도에 비례할 것이다.

마지막으로 세례 요한은 우리가 그리스도와 맺어야 하는 관계를 잘 보여준다. 그의 인생의 목표는 오직 그리스도만을 높이는 것이었다. 그는 마음 중심에서 이렇게 부르짖었다. "그는 흥하여야 하겠고 나는 쇠하여야 하리라"(요 3:30). 우리는 자신이 왜 그러한 삶을 살아가는지에 대해서 스스로에게 질문해야 한다. 우리의 관용과 자선을 통해서 사람들은 혹시 우리 자신의 사랑과 아량만 주목하고 있는 것은 아닌가? 또는 대림절에 기억하는 위대한 인물들처럼 당신의 생명을 스스로 내어주심으로 세상을 구원하신 유월절의 어린양이자 둘째 아담이신 예수 그리스도에 대한 믿음과 신뢰를 고취시키기 위해서 그렇게 자비를 베풀고 있는가?

만일 하나님께서 우리의 삶 속으로 들어오셔서 그의 구원하시고 치유하시는 능력으로 우리를 어루만져주시기를 기대하는 삶을 살고자 한다면, 이에 대한 좋은 안내자로서 우리는 세례 요한 뿐만 아니라 예수의 어머니인 마리아에 대해서도 살펴보는 것이 좋다.

2) 마리아: 대림절의 목소리

이사야와 세례 요한, 그리고 마리아 이들 모두는 메시아의 도래에 대한 기대감이라는 한 가지 공통점을 가지고 있다. 하지만 대림절에 주목해야 할 세 인물 중에서 예수에 대한 마리아의 관계는 특별히 중요하다. 메시아를 잉태한 것도, 그리고 그 메시아가 자라고 결국 태어난 곳이 바로 그녀의 태였기 때문이다. 이런 이유 때문에 엘리사벳이 구원사역에서 마리아가 차지하는 역할에 대하여 찬사를 보냈던 것은 이해할 만하다. "여자 중에 네가 복이 있으며 네 태중의 아이도 복이 있도다"(눅 1:42).

하지만 우리는 마리아에 관하여 그녀의 인격이나 삶, 혹은 가족에 대해서 거의 아는 바가 별로 없다. 우리가 아는 것이라고는 그저 메시아를 세상에 태어나게 한 그녀의 역할로 볼 때 그녀는 매우 진실된 사람이며 영적으로 깊게 헌신된 인물이라는 정도이다. 또 그녀는 "요셉이라 하는 사람과 정혼한 처녀"였으며, "주께로부터 은혜를 받은 자"이며, "아들을 낳을 것이고 그 이름을 예수라 부를" 여자였다(눅 1:26-31).

이런 몇 가지 사실로부터 우리는 마리아는 이스라엘의 소망을 생생하게 품고 있던 여인이었음을 알 수 있다. 당시에 메시아에 대한 기대감이 계속 무르익었으며 마리아 주변의 많은 사람들이 이 소망에 관하여 이야기를 했다고 하더라도, 이 소망을 무시하거나 대수롭지 않게 여길 수도 있었을 것이다. 무엇보다도 그녀는 정혼한 여인으로서 앞으로의 자신의 인생에 대해서 생각하고 계획해야 할 것들이 많았을 것이다. 하지만 매우 경건한 여인이었던 마리아는 이스라엘을 위한 새 시대에 관한 소망을 결코 무시할 수 없었다.

그 다음 우리는 또 마리아에게서 기꺼이 희생을 감당하려는 한 여인의 모습을 볼 수 있다. 천사가 나타나서 "보라 네가 수태하여 아들을 낳으리라"(눅 1:31)고 선포할 당시 마리아는 이미 요셉과 정혼한 상태였다. 그 당시 마리아와 천사 가브리엘 사이에 무슨 대화가 오갔는지는 알 수 없다. 다만 천사의 발표가 있은 후에 마리아는 이렇게 대답했을 뿐이다. "주의 계집종이오니 말씀대로 내게 이루어지이다"(눅 1:38). 그녀는 결코 "그럼 제 체면은 뭐가 됩니까?"라거나 "다른 사람을 택해 주세요. 저는 앞으로 해야 할 일이 계획되어 있습니다"라고 반항하지 않았다. 그녀는 아무런 언쟁이나 저항도 없이, 아무런 조건도 없이 그대로 하나님의 뜻에 순종하였다. 이스라엘의 소망에 대한 그녀의 헌신은 너무나도 강렬하여 자신의 인생 속에서 하나님의 뜻을 이루기 위하여 자기 자신의 계획과 야망을 기꺼이 모두 내려놓을 수 있었다.

이러한 자질 이외에 마리아는 메시아의 임무를 아주 세심하게 이해하고 있었다. '마리아의 찬가'(Magnificat, 눅 1:46-56)로 알려진 마리아의 노래는 여러 시편의 기도문을 통해서 이어져오는 이스라엘의 소망을 잘 담아내고 있다. 마리아는 아브라함에게 주어졌던 하나님의 약속이 자신에게서 성취되고 있음을 알았다. 또 하나님께서 이스라엘을 위하여 새 일을 행하시려고 지금 역사하고 계심도 알았다. 하나님은 가난한 자와 압제당하는 자, 그리고 짓밟힌 자들 편에 계시다는 것과 하나님의 구원이 임박했다는 것도 잘 알고 있었다. 예수 안에서 시작된 혁명은 악한 권세를 무너뜨리고 종국에는 온 세상의 악을 모두 제거하고 새로운 피조물, 즉 새 하늘과 새 땅을 가져오는 혁명이었다. 그리고 대략 13세 정도로 간주되는 동정녀 마리아는 지금 무슨 일이 일어나고 있는지를 잘 이해하고 있었을 뿐만 아니라 새로운 시작의 서막에 직접 참여하기까지 하였다. 그래서 그녀는 온 세상의 구세주인 메시아, 즉 하나님께서 만물을 자기와 화목시키는 사역을 성취할 온전한 한 사람을 출산하였다.

 마리아는 참으로 주목할 만한 여인으로서 대림절 기간 중에 우리가 마땅히 닮으려고 노력해야 할 모범이다. 그래서 이런 질문을 던져볼 필요가 있다. "우리의 대림절의 경건훈련에 관하여 과연 마리아는 우리에게 무엇을 가르치고 있는가?" 마리아는 다음과 같은 교훈을 우리에게 가르치고 있다. 만일 우리가 하나님의 방문을 기다리며 하나님께서 우리의 삶 속으로 꿰뚫고 들어오시기를 기다린다면, 마땅히 우리는 하나님께서 우리에게 요청하시는 것을 이행할 준비가 되어 있어야 한다는 것이다. 하나님은 마리아에게도 그리하셨던 것처럼 우리에게도 때로는 희생을 각오할 것을 요구할 수도 있다. 때로 하나님께서는 우리 삶에 들어오사 인생의 만족과 안락을 모두 무너뜨리실 때도 있다. 또 주변의 친구들이 결코 이해할 수 없는 것을 요구하시거나 가족들이 반대하는 것을 요구하실 때도 있다. 대부분의 사람들이 무시하는 누군가를 도우라고 요구하시거나 아니면 우리의 시간이나 돈을 이를 필요로 하는 가족이나 기관이나 단체에 건네줄 것을 요구하실 수도 있다. 그 때 여러분은 어떻게 반응하겠는가? "하나님! 다른 것은 뭐든지 다 하겠지만 이것만큼은…"이라고 거절하겠는가? 아니면 마리아처럼 "주의 말씀대로 저에게 이루어지이다"라고 순종하겠는가? 하나님께서 우리의 삶 속에 들어오셔서 새로운 영적 각성의 능력으로 우리를 어루만져주시기를 정말로 원한다면, 우리는 당연히 마리아의 순종처럼 아무런 이의가 없이 하나님의 뜻을 전적으로 이행하려는 자세가 필요하다.

대림절의 영성과 관련하여 마리아는 대림절의 묵상에 관해서도 좋은 교훈을 제시하고 있다. 이 책의 서문에서 나는 교회력을 따라가는 영적인 훈련은 단순히 예수의 생애를 재구성하는 것 그 이상이라는 점을 강조하였다. 그리고 교회력의 모든 과정은 파스칼의 신비, 즉 예수 그리스도의 생명으로의 죽음과 부활을 따라가며 그리스도 안에서 우리는 새롭게 거듭났으며 심지어 온 우주 만물까지도 마지막 때에 새것이 되리라는 종말론적인 약속에 뿌리를 두고 있다(고후 5:17). 마리아는 아주 의미심장한 방식으로 이 구원에 직접 참여하였기 때문에 우리로 하여금 이 구원을 계속 묵상하도록 교훈하는 것이다. 성육신이 없었더라면 속죄도 없었을 것이기 때문에 결국 마리아가 없었더라면 구원도 없었을는지도 모른다. 하나님께서 우리를 자신의 형상으로 회복하시고 우리를 새롭게 만드시려고 우리 중 하나같이 되셨다. 그리고 이 구원의 과정에 한 여인의 역할이 필요했다. 왜냐하면 오직 한 여인의 태를 통해서만이 하나님은 자신의 피조물의 살과 피를 전달받을 수 있기 때문이다. 그렇다고 마리아가 하나님과 함께 공동의 구원자의 자리에 오를 수 있다는 뜻은 아니다. 하나님은 마리아를 통해서가 아니라 그리스도를 통해서 세상과 화목하셨기 때문이다. 하지만 구원의 과정에 마리아의 역할은 꼭 필요한 것이었으며, 따라서 마리아에 대한 우리의 무관심한 태도는 그녀가 다음과 같이 찬송했던 것을 고려하여 수정되어야 할 것이다. "보라 이제 후로는 만세에 나를 복이 있다 일컬으리로다"(눅 1:48).

초대교회 교부들은 구원에서 마리아가 차지하는 위치를 아주 중요하게 생각하였다. 그들은 세상을 구원하시는 그리스도의 속죄 사역을 전혀 위축시키지 않으면서도, 성경이 그녀에게 부여하는 위치에 그대로 마리아를 포함시켰다. 2세기의 신학자이자 저술가인 이레니우스는 마리아에 대해서 이렇게 서술하고 있다.

주께서는 자신의 피조물 속으로 직접 찾아오시고 또 자신이 직접 창조한 피조물 안에서 태어나셔서 예전에 선악의 나무와 관련하여 불순종으로 말미암아 일어났던 것을 역전시키고 새롭게 회복하셨다. 그리고 (가브리엘) 천사가 한 남자(요셉)와 정혼한 동정녀 마리아에게 복된 소식을 가져다 줄 때, 이미 한 남자(아담)와 정혼한 동정녀 하와를 악한 유혹에 빠뜨렸던 유혹의 권세는 무너지고 말았다. 하와는 하나님에게서 벗어나고자 한 천사의 말에 넘어가서 결국 그분의 말씀을 어겼지만, 마리아는 천사가 전하는 말 속에서 복된 소식을 그대로 받아들이고 그분의 말씀에 순종함으로써 하나님을 낳게 되었다. 앞의 여인은 유혹에 빠져 하나님의 말씀에 불순종하고 결국은 타락하고 말았지만, 뒤의 여인은 말씀을 듣고 하나님께 순종하였다. 그리함으로써 동정녀 마리아는 동정녀 하와를 위한 변호인이 될 수 있었다. 한 동정녀의 행위 때문에 인류가 죽음에 처하게 되었으나, 인류는 다시 또 다른 동정녀에 의해서 구조되었고, 결국 이전의 동정녀의 불순종은 정확히 또 다른 동정녀의 순종으로 상쇄되었다. 그래서 최초의 사람의 죄는 독생자가 받은 징벌 덕분에 용서되었고, 아담을 무너뜨린 뱀의 지혜는 (예수 위에 앉은) 비둘기의 단순함에 의해서 정복당했으며, 아담에게서 비롯되어 우리를 죽음으로 인도하는 사슬도 부서지고 말았다.[2)]

3. 대림절 중의 영적인 순례 여행

지난 수세기 동안에 교회의 예전은 특별히 대림절을 지내는 성도들에게 영적인 유익을 줄 수 있는 영성 훈련에 관한 규례를 발전시켜 왔다. 특히 주일 예배와 매일 성경 읽기 규례 두 가지는 대림절 기간 중에 그리스도의 신비를 경험할 수 있도록 성도들의 순례 여정을 안내할 의도로 고안되었다. 성경 구절을 택함에 있어서도 우리 신앙의 선조들은 우리 개개인의 삶 속에 찾아오시는 그리스도의 임재와 베들레헴에 육체의 몸을 입고 오신 그리스도의 초림, 그리고 역사의 마지막에 찾아오시는 그리스도의 재림이라는 그리스도의 세 가지 도래를 특별히 강조하는 구절들을 선택하였다. 그리스도의 찾아오심에 집중하는 예배와 성경 읽기는 기본적으로는 대림절 초반에는 재림에 관계된 것으로부터 시작하여 점차 초림으로 집중되지만, 그 모든 과정에서 성도들은 그리스도와의 개인적인 결정적 만남의 사건으로 부름 받는다. 그래서 대림절의 예전과 개별적으로 매일 성경을 읽는 과정을 통해서 대림절의 영성을 바람직하게 고양시키려고 할 때, 이 순례 기간을 어떻게 보내야 하는지에 대해서 미리 생각해 보는 것은 매우 유익할 것이다.

1) 그리스도의 재림에 대한 묵상

대림절의 영성은 성도들의 순례 여정이 일차적으로 그리스도의 재림을 기대하도록 하는 데 집중된다. 역사의 마지막 순간이 되면, 그리스도의 사역이 궁극적으로 완성되고, 사탄의 권세가 영원히 결박당하며 이 땅은 이사야 선지자(사 65장)와 사도 요한(계 20-22장)이 바라보았던 황금기로 회복될 것이다. 그런데 장차 있을 온 세상의 회복에 대한 이러한 소망은 우리의 대림절의 묵상과 무슨 상관이 있는가?

첫째로 하나님의 영광 아래서 장차 회복될 세상에 대한 소망은 악마는 결코 영원하지 않다는 확신을 가져다준다. 살인과 음모, 폭력, 전쟁과 같은 기사가 가득한 신문만을 접하면, 세상에 대한 우리의 생각은 그저 부정적일 수밖에 없을 것이다. 또 말기 환자가 가득한 병원이나 정신 착란에 빠진 환자들이 가득한 정신병동, 또는 법을 위반한 흉악한 범죄자들이 가득한 감옥만을 방문한다면, 우리는 세상을 이런 비극적인 관점에서 바라볼 수밖에 없을 것이다. 또 가난한 사람들과 굶어 죽는 사람들, 혹은 인간성을 말살하는 정치 경제적인 체제 아래서 억압당하는 사람들 속에서만 생활한다면 세상에 대한 우리의 관점은 비관적일 수밖에 없을 것이다.

하지만 재림이 분명히 선언하는 것은 이 세상의 악은 곧 끝장난다는 사실이다. 하나님께서 그리스도 안에서 악의 권세를 향하여 결정적인 타격을 가하였기 때문에, 이 세상의 악은 최종 심판을 받아 하나님의 심판의 불에 태워 없어질 것이다. 하나님께서는 이 악한 권세들을 무너뜨리고 역사와 우리의 삶을 지배하려는 그들의 권세를 빼앗아버리셨다(골 2:15).

둘째로 그리스도의 재림에 대한 소망은 역사 속에서의 최종적인 단어는 바로 하나님의 승리와 하나님 나라의 통치, 그리고 하나님의 선이 영원히 다스린다는 사실을 보여준다. 바로 여기에 대림절의 영성과 묵상이 자리하고 있다. 믿음으로 말미암아 우리에게는 악은 결국 심판을 받아 멸망당할 것이며 모든 만물이 새롭게 되리라는 약속이 주어졌다. 그리고 신문을 보든 병원이나 정신병동을 방문하고 또 감옥을 바라볼 때 우리가 늘 기억하기를 원하는 것이 바로 이 비전이다. 그래서 그리스도인의 소망은 삶에 대해서 낙관적일 수밖에 없다. 그 낙관주의는 그리스도 안에 뿌리내리고 있으며 교회의 예배 안에서 계속해서 경축되는 것이다.

이러한 소망은 대림절의 성경 읽기를 통해서 우리 안에서 계속 되새겨질 뿐만 아니라 다음과 같은 성만찬의 기도 속에서도 늘 되풀이 된다. "하나님 아버지! 주께서는 세상을 이처럼 사랑하사 때가 차매 독생자 구세주를 이 땅에 보내셨나이다. 주님은 성령으로 잉태되시고 동정녀 마리아에게 나시어 우리 가운데 사셨으나 죄는 하나도 없으시나이다. 가난한 자들에게 구원의 복된 소식을 선포하시고 갇힌 자들에게는 자유를 슬픔 가운데 있는 자들에게는 기쁨을 선포하셨나이다. 주님의 목적을 성취하기 위하여 그는 자신을 죽음에 내어주시고 무덤에서 다시 부활하사 죽음을 정복하시고 모든 만물을 새롭게 하셨나이다."[3] 이 기도문 속에는 우리가 살아갈 소망과 삶에 대한 우리의 태도를 결정짓는 소망, 그리고 우리로 하여금 질병과 실망, 무너진 꿈, 그리고 죽음의 공포가 가득한 고통스러운 시간을 극복하도록 해줄 소망이 담겨 있다.

2) 그리스도를 향한 열망에 대한 묵상

대림절의 영성은 2천년 전의 그리스도의 실제적인 탄생만을 묵상하는 시기가 아니다. 기독교 전통에 의하면 교회는 성탄절 전까지는 성탄절 캐럴을 부르지 않도록 했다. 그 이유는 대림절은 예수께서 말구유에 태어나신 것을 축하하는 시기가 아니라 구세주의 오심을 열망하는 시기이기 때문이다. 이 시기에 대한 교회의 적절한 감각은 "곧 오소서, 임마누엘"(찬 104장)이라는 찬송가의 탄원 속에 잘 녹아 있다.[4)]

대림절은 구원을 열망하는 시기이기 때문에, 교회는 이 시기 동안 성도들이 과연 무엇으로부터 구원받아야 할 필요가 있는지를 확인하고 또 그것을 찾도록 안내하는 데 집중하는 것이 바람직하다. 지금 여러분을 사로잡고 있는 권세는 무엇이든지 살펴보라! 종이 한 장을 준비해서 그 맨 위에는 "나를 사로잡고 있는 권세들"이라고 적어보라. 그 다음에는 생각나는 것들이나 또는 자유하기를 원하는 모든 것들을 쭉 적어 목록을 만들어 보라. 여기에는 나쁜 습관들이나 바람직하지 않은 인간관계들, 숨 막히고 보상도 없는 일들, 또는 나쁜 기질이나 시기, 질투, 혹은 부정직과 같은 악이나 또는 평강과 절제, 혹은 자비와 같은 정신으로 살아가는 것을 가로막는 방해물 등등이 있을 것이다. 그것이 무엇이든, 죄인을 자유케 하러 오신 그리스도께 이 모든 것들을 기도 가운데 위임하고 우리 삶 속으로 찾아오시는 분께 이 문제를 친히 담당해 달라고 간구하라.

그런데 여기에서 중요한 점이 하나 더 있다. 이런 문제들을 진심으로 그리스도께 위탁하였다면 그 다음 결정은 내면으로부터 우러나와야 한다는 것이다. 이 점을 명심해야 한다. 우리의 심각한 문제 중의 하나는 우리 인간성 내면에서 들리는 목소리를 전혀 의지하지 않고 그저 지성적으로만 결정하려든다는 점이다. 물론 우리의 결정에 지성도 어느 정도 개입해야 하겠지만, 때로 불면의 밤과 깊은 근심의 순간을 보내야만 하는 고통이 없이 주로 이성에 근거하여 내린 결정은 사람들의 박수갈채 속에서 또는 상당히 지적이고 용납할 만해 보이는 합리화 속에서 조용히 사라질 뿐이다. 그러나 근본 문제를 개선하려면 먼저 기도 가운데 그리스도 안에서 찾아오시는 하나님께 여러분의 내면을 어루만져 주시고 또 여러분을 사로잡고 있는 권세로부터 해방되기를 원하는 간절하고도 심각한 열망이 일어나도록 해 달라고 기도하고 간구하라. 바로 그렇게 될 때 비로소 그리스도는 여러분의 심령 속에서 새롭게 태어나실 것이다.

3) 우리의 삶 속에 찾아오시는 그리스도에 대한 묵상

대림절의 영성에서 우리는 또한 그리스도께서 우리의 심령에 탄생하시는 것에 대하여 묵상하라는 요청을 받게 된다. 이와 관련해서 다뤄볼 주제는 악한 권세 아래 살았던 예전의 삶으로부터 돌아서서 성령의 능력 안에서 살아가는 새로운 삶으로 전환하는 생명의 회심(the conversion of life)이다. 진정한 회심은 이쪽 삶에서 저쪽 삶으로 바꾸는 것이다. 그리스도는 우리더러 그에게 귀의하여 그를 우리 삶의 패턴으로 정하고, 우리의 삶과 죽음이 그리스도 안에서의 삶과 죽음이 되게 하라고 명령하신다. 이런 삶은 우리가 완전히 그에게 복종하여 그의 파스칼의 신비를 따라서, 그리고 그가 우리에게 보여주신 본을 따라서 살아갈 때 비로소 달성될 수 있다.

대림절은 우리의 믿음을 어디에 근거해야 하며 우리의 삶을 어떻게 살아가야 하는지에 대해서 다시금 반성해보는 시기이다. 그리스도에 대한 믿음은 한 순간의 행위가 아니라 전 존재의 지속적인 상태이며 매순간마다 그리스도 안에 계속 머물러야 하는 상태를 말한다. 또 그 믿음은 매일 자신을 위한 삶으로부터 매일 돌아서서 그리스도를 닮으라고 우리를 계속해서 부르시는 성령의 권능에 따라 살아가는 삶으로 계속 전환하는 것이다.

매우 거친 삶을 살았던 일부 사람들은 예전의 삶의 방식과 새로운 삶의 방식 사이의 대조가 매우 극적이고 생생하다는 것을 느낄 수 있었다. 예를 들어 사도 바울의 경우에 극적인 회심은 매우 전향적인 것이었다. 하지만 대부분의 경우에 그리스도와의 연합으로의 전향이나 그가 우리에게 닮으라고 초대하는 삶의 방식은 이보다는 더 온화하거나 그렇게 파격적이지 않다. 그래서 기독교 가정에서 자라나거나 믿음으로 양육을 받은 우리 대부분은 회심의 순간을 정확하게 지적하기가 쉽지 않다. 하지만 우리가 격렬하고도 거대한 격변과도 같은 경험을 통해서 믿음에 이르렀는가, 아니면 모태 신앙으로 양육 받아 그리스도께로 이르렀는가 하는 문제는 그리 중요하지 않다. 대림절 기간 중에 정작 중요한 것은, 우리의 현재 믿음과 삶의 상태를 제대로 평가하고 부름 받은 소망을 따라 계속 삶을 살아가기 위하여 새롭게 헌신하는 것이다.

4. 결론

대림절은 우리로 하여금 예수 그리스도를 통한 하나님과 우리의 관계의 근본을 올바로 정립할 것을 요구한다. 나는 정말로 그리스도를 믿고 있는가? 소망과 신뢰를 분명 그분께 두고 있는가? 나는 과연 악의 권세로부터 세상을 구원하러 오신 분의 눈으로 미래를 바라보고 있는가? 내 안에 그분의 형상이 빚어지며, 내 개인의 삶과 내 가정, 그리고 내 직업 속에 그분이 내주하시기를 열망하는가? 대답은 결코 쉽지 않다. 이 질문들은 깊은 묵상과 고민을 요구하며, 무엇보다도 지속적으로 유지되는 헌신을 요구한다.

하지만 영적인 삶이 점차로 식어지고 그리스도가 우리에게서 점점 멀어져간다면, 우리는 각자의 영성 훈련에 더욱 주의를 기울여야 하며 하나님께서 우리의 삶 속에 다시금 새로운 생명으로 임하시기를 열망해야 한다. 그렇게 될 때 우리는 대림절 영성의 참된 의미를 새롭게 경험할 것이다.

[표-3] 대림절 영성의 개요

주제	영적인 강조점
대림절의 의미는?	객관적인 차원에서 메시아에 대한 이스라엘의 열망이다. 주관적인 차원에서 하나님의 영이 우리 안에 새롭게 임하실 것에 대한 열망이다.
이사야서가 대림절 기간에 자주 읽혀지는 이유는?	이스라엘 사람들은 이사야의 메시지를 통해서 메시아의 도래(초림)와 아울러 역사의 마지막에 있을 메시아의 종말론적인 통치를 준비할 수 있었기 때문이다.
이사야는 우리에게 어떤 종류의 영성 모델을 제시하는가?	이사야 선지자는 하나님의 거룩성을 강조한다. 그는 자신이 죄인임을 직시하였으며 이를 계기로 하나님은 그의 삶 속에 개입해 들어오셨다. 이것이 바로 대림절의 리듬이다.
이스라엘과 우리에게 던지는 이사야서의 일반적인 메시지는 무엇인가?	우리 삶 속에서 구원의 역사를 이루기 위하여 하나님의 뜻을 받들라! 하나님은 이스라엘과 우리를 구원할 능력을 갖고 계시다. 하나님은 이스라엘과 온 세상을 온전히 회복하실 것이다.
이스라엘과 우리에게 전하는 이사야서의 특별한 메시지는 무엇인가?	너희 예배는 죽었다. 회개하고 하나님께로 돌아오라. 하나님께서는 구원자를 보내주실 것이다.
이사야서의 메시지는 대림절의 예배와 영성에 어떻게 적용될 수 있는가?	하나님께서 우리의 삶 속에 꿰뚫고 들어오시기를 간구하라. 하나님께서 우리의 삶과 역사 속으로 임재해 들어오실 기대와 소망을 안고 살아가라.
세례 요한은 대림절의 영성과 관련하여 어떤 이미지를 제시하는가?	세례 요한에게 있어서 인생의 한 가지 목표는 예수를 오시는 메시아로 소개하는 것이었다. 그의 생활 방식은 자신을 내어주는 사랑에 집중했다.
예수의 어머니 마리아는 대림절의 영성과 관련하여 어떤 이미지를 제시하는가?	그녀는 하나님께서 명하시는 것이라면 즉시로 이행할 준비가 되어 있었다. 마리아의 모범을 따라서 우리도 하나님의 말씀을 받아들이는 그릇이 되어야 한다. 우리의 기도는 "말씀대로 내게 이루어지이다"(눅 1:38)라는 그녀의 고백에서 비롯되어야 한다.
대림절의 영성을 빛어내는 세 가지 그리스도의 임재 사건은?	그리스도께서 우리 각자의 삶 속에 새롭게 임하실 것에 대한 열망. 인류의 구세주로서 베들레헴에 태어나심. 역사의 마지막 순간에 그가 세상을 구원하시며 새 하늘과 새 땅에 자신의 통치를 확립하실 것에 대한 기대와 소망

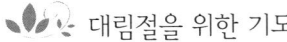 대림절을 위한 기도

은혜로우신 하나님! 회개를 선포하도록 선지자들과 사도들을 보내셔서 우리의 구원을 준비하게 하심을 감사드립니다. 우리에게 은혜를 베푸셔서 우리 죄를 용서하시며 그들의 경고에 귀기울이게 하소서. 그리하여 지금도 사시며 성부와 성령과 함께 만유를 통치하시는 한 분 하나님이시며 이제도 계시고 영원히 계시며 다시 오실 우리 구세주 예수 그리스도를 기쁨 가운데 맞이하게 하소서. 아멘.

『공동기도서』(The Book of Common Prayer)에서

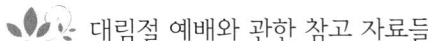 숙고를 위한 질문들

1. 역사상 우리의 세대와 오늘날의 교회의 상태는 이사야 선지자의 시대와 당시 이스라엘의 영적인 혼수상태와 어떻게 비교될 수 있을까?
2. 이사야서의 메시지는 오늘날 우리에게 어떻게 적용될 수 있을까?
3. 이사야 선지자와 세례 요한, 그리고 예수의 어머니 마리아 중에서 오늘날 우리의 대림절의 영성을 잘 보여주는 인물은 누구이며 어떻게 묘사하고 있는가?
4. 하나님께서 여러분의 삶 속에 침투해 들어오셔야 할 필요가 있는 부분은 어디인가?

대림절 예배와 관한 참고 자료들

아래의 예배와 설교 자료들은 로버트 웨버가 편집한 『기독교 예배 총람』(The Complete Library of Christian Worship, Peabody, MA: Hendrickson, 1994) 중에 5권, 『교회력의 예배』(The Service of the Christian Year), 107-53에서 얻을 수 있다.

- 대림절 예배를 위한 설교 본문
- 대림절의 초와 촛불
- 교창
- 대림절 예배시의 전통적인 개회기도문
- 대림절 예배를 위한 기도문들
- 대림절 찬송가
- 대림절에 확인할 신앙의 확증
- 대림절 성만찬 기도문
- 대림절 축도
- 대림절 예배에 활용되는 예술들
- 대림절 예배 시안

성탄절

그리스도께서 우리 가운데 태어나신 시기

그리스도께서 사람의 아들이 되심으로 우리도 하나님의 자녀가 될 수 있게 되었다. 그는 우리에게 찾아오실 만큼 그렇게 자신을 낮추어브신 적이 없으셨다. 또 우리 중에 그 누구라도 자기 스스로의 공로로 그에게 나아갈 수 있었던 사람은 한 사람도 없었다.

레오 대제(A. D. 400-461)

우리 대부분은 과거 어린 시절로 거슬러 올라가서 기억에 남아 있는 성탄절 한두 개 정도는 쉽게 떠올릴 수 있을 것이다. 내 어린 시절 가장 기억에 남는 두 성탄절은 서로가 극명하게 대조된다.

나는 어린 시절 (현재 콩고 공화국이 된) 벨기에령 콩고의 정글에서 자라났다. 그 때 당시 가장 기억에 남는 성탄절 추억은, 가장 가까운 읍에서도 무려 150마일이나 떨어진 아프리카의 아름다운 밀림 깊숙이 내 부모가 머무르고 있던 선교기지(mission station)인 미툴루(Mitulu)에서 있었던 경축 행사였다. 그 선교기지의 세 면은 정글로 둘러싸여 있었고 나머지 한 면으로는 여전히 식인종이 살고 있다는 산으로 향하고 있었다. 그 산의 거친 바위 사이로는 야생 덤불들과 꽃들이 우거져 있었고, 산들바람이 불어올라가는 수풀 사이로는, 광대하고도 아름답게 펼쳐진 아프리카 밀림 숲을 산꼭대기에서 바라보기 위해서 수세기 동안 여행객들이 올라가느라고 저절로 만들어진 작은 오솔길이 이어져 있었다.

이런 곳에서 생활하는 아프리카 그리스도인들에게 성탄절은 매우 특별한 날이었다. 그것은 이 날에 선물을 서로 교환하거나 성탄목을 장식하기 때문이 아니라, 이 날에 그들은 그리스도의 성육신을 아주 특별한 방식으로 축하하고 기뻐하기 때문이었다. 성탄절 이른 아침에 마을 사람들은 산기슭에 모여서 오솔길을 올라가면서 여러 색상의 들꽃을 딴 다음, 크리스마스 캐럴을 부르면서 천천히 마을로 내려온다. 이러한 성탄절 의식은 이들이 우리가 살고 있는 진흙 집에 모여서 방금 산에서 가져온 꽃을 선교기지 주변에 꽂아 놓고, 하나님의 아들의 탄생에 관한 찬송을 부르면서 절정에 달한다. 지금도 나는 그 때의 성탄절에 담긴 신비와 즐거움, 그리고 그 모든 평안을 회상하는 일이 너무 즐겁다.

내가 추억하는 두 번째 성탄절은 안식년을 맞이한 선교사들을 위하여 뉴저지의 벤트너(Ventnor, New Jersey)에 마련된 한 선교관에서 보냈던 성탄절이다. 당시 나는 일곱 살이었다. 성탄절 아침에 우리 모두는 여러 선물들이 수북이 싸인 크리스마스트리 주변에 모였다. 선물이 그렇게 싸여 있는 모습을 처음 본 나로서는 그 선물들을 나눌 때까지 도저히 가만히 기다리고만 있을 수 없었다. 하지만 아빠는 먼저 성탄절의 말씀을 읽고 기도해야 한다고 주의를 주셨다. 하지만 아무 소리도 들리지 않았고 "아멘"이란 소리가 끝나자마자 나는 선물을 한 번도 받아보지 못한 사람처럼 그 선물 꾸러미 속으로 뛰어들었다.

이러한 두 가지 경험을 떠올려보면 아프리카에서 경험했던 첫 번째 성탄절은 성탄절에 깃들어 있는 신비감으로 내 마음속에 자리하고 있다. 당시 우리는 완전히 이해하기 어려운 그 어떤 것을 경축하고 찬양했던 것이다. 하지만 자연의 신비에 대해서 좀더 태고적인 관계를 맺고 있었던 아프리카의 그리스도인들은 성탄절을 좀더 의미 있게 경축함에 있어서 시적이고 상징적인 제스처를 택했다. 그들이 성탄절을 경축하는 모습은 오랜 세월이 흐른 뒤에도 내 마음에 깊이 각인되어 있으며 지금까지도 마음에 큰 감동을 준다.

그 다음 미국에서 경험했던 두 번째 경험은 압도적인 풍성함과 아울러 그 전에 받아보지 못했던 많은 선물들을 받는다는 행복감으로 마음에 깊이 각인되어 있다. 그런데 그 경험을 지금 추억하다보면 성탄절의 말씀을 읽는 것과 선물의 풍요로움 사이의 대조, 즉 신성하고 거룩한 것과 인간적이고 이 세상적인 것 사이의 대조 속으로 끌려가는 내 모습을 발견하게 된다. 그리고 이 두 번째 기억 역시 아주 신비로운 방식으로 그리스도 안에서의 하나님의 성육신, 즉 하나님께서 인간의 모습으로 임재하신다는 진리를 말해 주고 있다.

이러한 두 가지 이미지, 즉 성탄절의 신비와 성육신은 성탄절 기간 중의 영적인 순례의 핵심으로 자리하고 있다. 이 두 가지를 좀더 자세히 살펴보자!

1. 성탄절의 신비를 경험하기

성탄절의 신비의 의미를 이해함에 있어서 초대교회 당시 성탄절과 관련된 중요한 행사였던 성탄절 전야 예배를 살펴보는 것보다 더 좋은 방법은 없는 것 같다. 나는 전야 예배에 항상 참석했던 것은 아니지만 내가 처음 경험했던 성탄절 전야 예배의 감동은 아직도 내 기억 속에 생생하게 남아 있다. 잠시 뒤에 그 예배에 대해서 이야기하겠지만 그 전에 먼저 내가 성탄절을 축하하는 오래된 방식에 대해서 언급하고 싶다.

성탄절을 경축하는 고대의 방식에 대해서 내가 좀더 잘 이해하기 전까지는, 성탄절에 대한 내 자신의 경험들을 떠올리고는 싶지만 실은 그것이 그렇게 영적으로 도전적이지 못하다는 점을 인정해야 할 것 같다. 내가 자라났던 교회에서 성탄절과 관련된 중요한 행사로는 어린이들의 화려한 행렬과 함께 성탄절과 관련된 찬양이 이어지는 촛불 예배가 있었다. 하지만 이 예배는 성탄절 전의 주일날 밤에 진행되었고 당시 우리는 대림절을 지키지 않았다. 그래서 이 촛불 예배는 세상의 삶과 별반 다르지 않고 평범한 일상적인 삶 속에서 진행되었다. 그러다보니 성탄절 역시 사람들에게 그 어떤 특별한 의미를 전해 주지도 않았다. 독신으로 있을 때나 결혼을 한 이후 아이들이 태어나기 전까지 성탄절 전야 행사는 그저 재미있고 깔끔한 파티 정도에 불과했다. 이후에 아이들이 자라면서 그 행사는 아이들을 진정시키고 선물을 준비한 산타가 등장하도록 준비하는 야간 행사일 뿐이었다. 성탄절 아침은 내가 예전에 벤트너에서 경험했던 것처럼 성탄절 말씀을 읽고 선물 포장을 풀고 가족들과 친구들이랑 근사하게 식사를 나누는 것뿐이었다. 그런 성탄절은 하나님의 은혜의 풍성함을 말하지만 성탄절의 신비는 여전히 부족했다.

1) 성탄절의 의미

초대교회 교부들에 따르면 성탄절은 아낌없는 내어줌 그 이상이다. 성탄절 예배는 특별하고도 거룩한 의미를 담고 있다. 특별하고도 거룩한 의미를 담고 있는 성탄절 전야 예배는 무엇보다도 성육신 사건에서 일어난 구원의 신비를 가리킨다. 이 전야 예배에서 선포되는 말과 인지할 수 있는 표지들을 통해서 우리는 인간 실존의 궁극적인 의미를 제시하는 하나님의 신비를 말하고 구현하는 셈이다. 즉 마음으로부터 이 예배를 드리는 가운데 우리가 듣고 말하고 연출하는 것들을 통해서 하나님은 성탄절의 영적인 의미로 우리의 영성을 만들어 가시는 것이다. 이 예배에서 우리는 베들레헴에 태어나셨던 그리스도를 경축할 뿐만 아니라 십자가에 못박히셨고 부활하셨으며 이제 우리 안에 다시금 태어나시는 그리스도도 함께 경축한다. 우리가 성탄절의 의미를 향하여 마음과 정신의 문을 활짝 열면 이 예배는 예배가 궁극적으로 지시하는 실체 속으로 우리를 인도한다.

성탄절 전야 예배의 거룩한 속성에 관하여 간결하면서도 가장 강력하게 증거하는 교부는 바로 로마의 주교 레오(A. D. 440)일 것이다. 그는 성탄절을 그저 한 편의 감동적인 이야기가 아니라 우리의 구원을 향한 출발점이라고 여겼다. 성탄절은 이미 그 속에 심오하게 깃들어 있는 부활절 사건으로서의 파스칼의 신비를 가리킨다. 그래서 레오는 성탄절을 "그리스도의 탄생일에 대한 성례전(sacrament)"이라 간주하였으며 말씀이 육신이 되신 주님의 탄생을 그저 후에 되새기는 과거의 사건(past event)으로서가 아니라 눈앞에서 실제로 바라보는 현재의 실체(present reality)로 받아들이라고 권면하였다.[1] 성탄절 전야 예배에 대한 이러한 관점을 염두에 두면서 이제 고대 성탄절 전야 예배의 내용을 고찰하되 신앙의 선조들은 역사상 발생하였으며 이제 우리 안에서 그대로 재현되는 구원의 신비를 어떻게 경축하였는지를 살펴보자.

처음 성탄절 전야 예배에 참석했을 당시, 나는 성탄절을 경축하는 일반적인 방식에서 벗어나서 가장 중요한 구원 사건을 몸소 체험하는 방식으로 경축한다는 사실을 전혀 깨닫지 못했다. 그저 또 다른 촛불 예배, 좀더 아름답고 아마도 좀더 예전적인 예배일 뿐 질적으로 전혀 다른 예배일 것으로는 전혀 예상하지 못했다.

2) 성탄절 전야 예배

동방교회와 서방교회 양쪽의 예전 전통에서는 성도가 교회 예배당 안으로 들어서는 순간 그는 지상을 떠나서 천상의 영역으로 들어가는 것이라는 믿음을 간직하고 있다. 처음 성탄절 전야 예배를 참석하기 위하여 예배당 안으로 들어선 다음 나에게 건네진 작은 초를 꼭 움켜쥐고 본당의 약간 컴컴한 곳에 자리를 정하고 앉는 순간, 나는 이전의 예배와 다른 무엇이 이 자리를 감싸고 있음을 느꼈다. 자리에 앉자마자 나는 그곳의 십자가와 성찬상, 강단, 세례반, 그리고 약간 아치 형태로 하늘을 향하고 있는 건물 천정 모습 속에서 교회가 계속 선포해오고 있는 신비의 그림자를 감지할 수 있었다. 그리고 내 뒤로는 예배를 준비하고 있는 성가대와 복사들, 그리고 사제들이 조심스레 오가는 발자국 소리들이 들려왔다. 나는 눈을 감고서 호기심 어린 기대감을 가지고 예배가 시작되기를 기다렸다. 드디어 모두가 일어났고 우리 모두가 몸을 돌이켜 뒤돌아보았을 때 그곳 어두컴컴한 그림자 속에는 예배를 인도하는 무리들이 앞으로 나오려고 서 있는 모습이 눈에 들어왔다.

촛불 하나가 점화되고 희미한 불빛이 사제들의 머리 위로, 그리고 앞에 서 있는 찬양대 몇 몇과 복사들의 어깨 사이로 흘러나오면서 예배당 앞으로 희미하게 퍼졌다. 그 다음 선명하게 공기를 가르면서 뇌리에 깊이 각인되는 한 목소리가 들려 왔다. "우리 주 예수 그리스도 안에 참 빛과 평화가 넘치도다." 그러자 온 회중이 "주께 감사할지어다"라고 하며 노래로 화답하였다. 이어서 오르간 연주에 맞추어 모두가 부르는 아래의 대림절 찬송이 예배당 안을 가득 메웠다.

> 곧 오소서 임마누엘,
> 오 구하소서 이스라엘,
> 그 포로생활 고달파 메시아 기다립니다.
> 기뻐하라! 기뻐하라! 임마누엘
> 곧 오시리라. 오 이스라엘.[2]

그리스도께서 오시기를 간절히 간구하는 이 찬송을 함께 부르는 동안 사제와 복사, 그리고 성가대가 앞으로 나아왔다. 예배당 중앙을 가로질러서 앞으로 나아오는 동안 이들은 좌석 맨 끝에 앉아 있는 사람들의 초에 불을 붙여주었고 이들은 이어서 옆과 앞에 앉은 사람들의 초에 불을 붙여주었다. 회중이 마지막 소절을 부를 즈음에 예배 인도자가 앞자리에 도착하게 되었다. 그 다음 트럼펫 연주와 성도들의 찬양 그리고 오르간 연주가 천상의 화음으로 그 자리를 가득 메웠다.

> 곧 오소서 다윗의 왕,
> 천국문 활짝 여시사
> 순례길 안전하게 하시며
> 고난을 씻어주소서.[3]

이어서 인도자는 우리를 똑바로 바라보면서 강렬하고도 맑은 목소리로 이렇게 선포하였다.

우리가 우리를 전파하는 것이 아니라 오직 그리스도 예수의 주 되신 것과 또 예수를 위하여 우리가 너희의 종 된 것을 전파함이라 어두운데서 빛이 비취리라 하시던 그 하나님께서 예수 그리스도의 얼굴에 있는 하나님의 영광을 아는 빛을 우리 마음에 비취셨느니라(고후 4:5-6).

그 다음 인도자는 다 함께 기도하자고 요청하면서 다음과 같은 기도로 소리 높여 기도하면서 하늘의 하나님께 나아갔다. "이 거룩한 밤이 참된 빛으로 밝히 빛나게 하시는 하나님! 간절히 간구하옵기는 이 땅에 비추인 주님의 밝은 빛의 신비를 우리가 아는 바와 같이 이제 하늘에 계신 그분을 또한 온전히 기뻐하게 하소서. 그곳에서 성부와 성령과 함께 영광 중에 영원히 살며 통치하게 하옵소서. 아멘!"[4]

우리는 계속 서 있는 채로 "성부의 사랑하시는 독생자"라는 찬송으로 함께 이 기도에 응답하였다.[5] 이어서 다음 구절들로부터 하나님의 말씀을 낭독하는 것을 들었으며 이어서 회중은 시편 한 구절과 세 번의 알렐루야 찬송으로 응답하였다. 그 내용은 하나님께서 자기 백성을 위로하시며 구원을 준비할 것을 요청하신다(사 40:1-11)는 것과 때가 차매 하나님께서 영원히 통치하실 한 아들을 이 땅에 보내셨다(히 1:1-12)는 것, 그리고 말씀이 육신이 되었으며 우리는 하나님의 영광을 보았다(요 1:1-18)는 것이었다.

그 다음 성탄절의 의미에 관한 설교가 이어졌다. 이어서 신앙고백을 낭독한 다음 기도가 이어졌고 평화의 인사를 서로 교환하고 또 찬송을 불렀다. 그 다음에는 성만찬을 나누는 순서였다. 회중석에서 일어나서 떡과 포도주를 받기 위해서 성찬상 앞으로 나아가는 중에 나는 믿음의 본질 그 자체 속으로, 즉 내 심령 속에 다시 태어나시는 그리스도의 신비 속으로 나를 초청하는 행위에 참여하는 중이라는 사실이 떠올랐다. 이 예배는 한 편의 위대한 이야기에 대한 지적인 회상이 아니라, 베들레헴에 태어나셨던 아기 예수와의 거룩한 만남의 사건이다. 지금 나는 내 삶과 세상 속의 악한 권세를 쳐부수기 위해서 자신의 생명을 내어

줄 운명을 안고 태어난 아기 예수와 만나려는 중이다. 손을 내밀어 생명의 떡을 받고 입을 열어 구원의 컵을 받아 마시는 동안 성도들은 "주여 기억하소서! 당신 나라 임하실 때"라는 감동적인 테제 찬송을 계속 불렀다. 말구유와 십자가가 서로 만나고 바로 그 신비로운 순간 나는 우리 죄를 용서하시며 상처난 삶을 치유하시고 새 소망으로 우리를 부르시는 하나님의 은혜에 접촉하게 되었다. 그 다음 나는 새로워진 이해 속에서 온 회중과 함께 다음의 폐회 기도를 주님께 드렸다.

> 전능하시며 영원히 살아 계신 하나님!
> 당신의 아들 우리 주 예수 그리스도의 가장 고귀한 몸과 피로
> 우리에게 영적인 양식을 내려주심을 감사하나이다.
> 이 거룩한 신비를 통해서 우리는 주님의 몸에 연합한 살아 있는 지체이며
> 장차 영원한 나라를 이어받을 상속자라는 확신을 주심을 감사하나이다.
> 이제 간구하옵기는 주께서 맡기신 사명을 이루도록 우리를 보내주옵소서.
> 우리 주 그리스도의 신실한 증인으로서 주님을 사랑하고 섬기게 하옵소서.
> 성부와 성자 그리고 성령 삼위 하나님께
> 영광과 존귀와 찬양을 이제로부터 영원토록 돌리옵나이다. 아멘![6]

3) 성탄절 전야 예배의 주제들

성도의 영성을 형성하는 이 위대한 예배의 주제는 무엇인가? 첫째로 성탄절 전야 예배가 밤에 진행된다는 점이 매우 의미심장하다. 고대 교회에서 밤은 잠자는 시간이기도 하지만 묵상 기도를 위한 시간이기도 하였다. 고대 그리스도인들은 밤을 파루시아(그리스도의 재림)를 기대하는 시간으로 간주하였다. 즉 악한 권세를 무너뜨리고 온 세상에 자신의 나라를 세우기 위해서 다시 오실 그리스도를 기다리는 시간으로 여겼던 것이다. 기독교 신학에서도 밤은 항상 특별한 의미를 지닌 것으로 여겨져 왔다. 이스라엘의 출애굽 사건과 주님의 성만찬 제정, 예수께서 죽는 순간에 온 세상이 어두워졌던 일, 새벽 미명의 부활, 그리고

한밤중의 예수의 탄생에서 보듯이 위대한 구원 사건들은 밤에 일어났다.

둘째로 성탄절 전야 예배에서 촛불을 켜는 것은 중요한 신학적 의미를 지니고 있다. 캄캄한 중에 켜지는 촛불은 세상에 빛으로 오시는 그리스도를 상징한다. 사도 요한이 강조하는 바 "빛이 어두움에 비취되 어두움이 깨닫지 못하더라"(요 1:5)라고 하였는데, 이 빛은 예수이며 "참 빛으로 세상에 와서 각 사람에게 비취는 빛"(요 1:9)이시다.

빛과 어둠의 대조를 통해서 이미 충분히 암시되긴 하였지만 전야 예배가 강조하는 셋째 주제는 대림절의 기대가 드디어 성취되었다는 것이다. 성경 낭독과 기도를 통해서 예배 참여자들은 대림절의 열망이 드디어 성취되었다는 인식을 갖게 된다. 초대교회가 선포했던 케리그마와 마찬가지로 이 예배 역시 하나님의 때가 다 찼으며 오랫동안 갈망해 온 이스라엘의 기다림이 끝나고 메시아가 도래하였다는 것을 선포한다.

대림절을 지키는 과정의 연장선상에서 성탄절을 준비하도록 함으로써 성도들은 성탄절을 영적인 기대감 속에서 기다릴 뿐만 아니라 더욱 뜻 깊게 보낼 수 있는 것이다. 그렇게 함으로써 성탄절은 이 세상과 우리 심령에 그리스도께서 새롭게 태어나실 뿐만 아니라 새로운 사람으로 변화 받아서 장차 그리스도께서 다시 오시리라는 기대 속에서 살아가는 성도로 더욱 깊게 헌신하도록 그리스도께서 우리를 부르시는 것을 경험하는 뜻 깊은 기회가 될 수 있다.

이러한 헌신으로의 초대는 성탄절 전야 예배의 넷째 주제인 '놀라운 맞바꿈'(the wonderful exchange)과의 만남으로 한층 심화된다. 고대 교회는 성육신 사건에서 발생하는 맞바꿈에 대해서 감탄하였다. 시간 이전부터 존재하셨던 분이 시간과 공간, 그리고 역사의 속박 속으로 들어오셨다. 그리고 하나님께서 우리 중 하나와 같이 되심으로 이제 우리가 그분과 함께 거할 수 있게 되었다.

성육신 사건에서 일어난 놀라운 맞바꿈 속에서 우리는 신앙의 영성에 절대적으로 중요한 문제와 마주하게 된다. 왜냐하면 이 사건 속에서 우리는 헤아릴 수 없는 신앙의 신비, 즉 우리 자신의 구원의 신비와 아울러 우리가 그리스도와 연합하며 그리스도를 통해서 결국은 하나님과 연합하게 되는 신비를 성찰하게 되기 때문이다.

2. 성탄절의 영성

성탄절 영성의 중심에는 악한 권세를 멸하고 온 우주 만물과 피조계를 하나님의 원래 계획 속으로 회복하기 위하여 하나님께서 친히 사람이 되셨다는 신비가 자리하고 있다. 그래서 대림절의 기대가 성취되는 성탄절은 온 우주 만물을 원래대로 회복하는 사역이 시작되었음을 보여준다.

일부 현대 신학자들은 성육신을 단순한 신화로 치부하려고 한다. 이들은 주장하기를 성육신은 마땅히 해체되어야 할 마지막 기독교 신화 중의 하나일 뿐이라는 것이다. 우리 인류는 16세기에 이르러서 떡과 포도주에서 그리스도께서 임재하신다는 신화로부터 스스로 벗어나버렸다. 또 18세기와 19세기에는 하나님의 말씀으로서의 성경에 대한 신화를 넘어서버렸다. 그렇게 볼 때 교회는 성만찬과 성경에 대한 초자연적인 관점이 없이도 잘 지내오는 것 같다. 이들은 계속해서 하나님께서 실제로 사람이 되셨다는 견해 역시 비신화화해야 한다고 주장한다.

하지만 초대교회는 온 우주의 창조주이며 섭리주이신 이스라엘의 거룩하신 자, 그리고 영원한 빛 가운데 살아계신 하나님께서 친히 동정녀의 몸을 빌어 태어나심으로써 사람이 되셨다는 것을 참된 역사적 사실로 믿었다. 이레니우스가 기록한 바와 같이 그분은 "자신이 직접 붙들고 있는 피조 세계를 빌어" 태어나셨으며[7] 혹은 비잔틴 교회의 전통에서 불려지는 성탄절 찬송이 선포하는 바 "처녀가 본질상 초월하신 분을 낳은 것"으로 묘사된다.[8]

초대교회 교부들은 하나님께서 인간이 되셨다는 역설을 되풀이하기를 좋아했다. 왜냐하면 하나님께서 사람이 되셨다는 신비 속에서 바로 우주의 역설이 풀리기 때문이다. 고대의 한 기도문은 다음과 같이 간구하고 있다. "오늘 손바닥으로 모든 만물을 붙들고 계신 분이 동정녀에게서 태어나셨도다. 그 본성을 전혀 만져볼 수 없는 분이 친히 아기의 몸으로 포대기에 감싸여 있으며, 태초에 하늘을 펼치셨던 하나님께서 이제 친히 구유에 누워계시도다. 광야에서 자기 백성들에게 만나를 내려 먹이셨던 분이 젖을 먹는다. 교회의 신랑이 동방박사들을 인도하며 동정녀의 아들은 그들로부터 선물을 받는다. 오! 그리스도여 우리는 주님의 탄생을 경배하나이다."[9]

나지아누스의 성 그레고리는 A. D. 379년에 전한 한 설교에서 다음과 같이 선포하였다. "오늘 선포되는 신비는 참으로 놀랍습니다. 하나님께서 사람이 되심으로 인간의 본성은 전혀 새로워졌습니다. 그분은 과거의 본성을 그대로 지니면서도 이제 이전과는 다른 분이 되셨습니다."[10] 초대교회 성도들에게 성육신은 인간으로 태어나는 신들에 관한 헬라의 이야기들과 비슷한 어떤 신화적인 개념도 아니며, 또 헬라의 철학적인 사상으로부터 도출해 낼 수 있는 어떤 지성적인 개념도 아니었다. 이들에게 있어서 성육신은 그들의 영성에 필수불가결한 살아있는 실체였다. 그렇다면 성육신은 구체적으로 우리의 영성과 무슨 관련이 있는가?

먼저 성경적 및 역사적 전통에 의하면 성육신은 우리의 영성의 출발점을 제공한다. 이 명제가 의미하는 바를 이해하기 위해서 먼저 성육신 그 자체의 의미를 좀더 자세히 살펴보자. 성육신 자체의 의미는, 하나님과 인간의 연합을 먼저는 하나님 쪽에서부터, 그리고 그 다음에는 인간 편에서 바라보는 역설 속에서 발견된다. 요약하자면, 하나님은 인간이 하나님과 연합되도록 하기 위해서 인간과 연합하셨다. 그래서 성육신은 우리와 무관한 어떤 것이 아니라 우리의 영성과 뗄 수 없는 관계를 맺고 있다. 성육신은 하나님을 인간에게로 연합시킬 뿐만 아니라 인간을 하나님에게로 연합시키기 때문이다.

1) 성육신의 영성: 인간과 연합한 하나님

성육하신 말씀을 깊이 묵상하는 데서부터 영성이 시작된다는 것이 바로 요한복음의 주제이기도 하다. 우리 모두에게는 이해할 수 없는 하나님의 자기 비하의 신비를 끊임없이 묵상하라는 명령이 주어졌다. 사도 요한은 이렇게 기록하고 있다. "말씀이 육신이 되어 우리 가운데 거하시매 우리가 그 영광을 보니 아버지의 독생자의 영광이요 은혜와 진리가 충만하더라"(요 1:14). 하나님의 자기 비하의 핵심에는 하나님의 어린양 안에서 자신을 보이신 하나님의 영광이 자리하고 있다.

이스라엘의 역사 속에서 볼 때 하나님의 영광의 현시는 항상 하나님의 임재와 밀접하게 관련되어 왔다. 그런데 하나님의 영광은 항상 멀리서 바라볼 수 있을 뿐이었다. 낮의 구름 기둥과 밤의 불기둥처럼(출 13:21-22) 혹은 이스라엘이 시내산에서 하나님과 언약을 맺을 때 목격했던 영광스러운 하나님의 신현의 경우에 이스라엘은 다만 멀리서 바라볼 뿐이었다. "우뢰와 번개와 빽빽한 구름이 산 위에 있고 나팔소리가 심히 크니 진중 모든 백성이 다 떨더라…. 시내 산에 연기가 자욱하니 여호와께서 불 가운데서 거기 강림하심이라"(출 19:16,18). 에스겔 선지자도 하나님의 영광을 목격하였는데, 그는 그 모습을 다음과 같은 강렬한 이미지로 표현하였다. "그 모양이 남보석 같고 그 보좌의 형상 위에 한 형상이 있어 사람의 모양 같더라 내가 본즉 그 허리 이상의 모양은 단 쇠 같아서 그 속과 주위가 불 같고 그 허리 이하의 모양도 불 같아서 사면으로 광채가 나며 그 사면 광채의 모양은 비 오는 날 구름에 있는 무지개 같으니 이는 여호와의 영광의 형상의 모양이라 내가 보고 곧 엎드리어 그 말씀하시는 자의 음성을 들으니라"(겔 1:26-28).

모세와 이스라엘 백성들, 그리고 선지자들이 목격할 때에도 하나님의 영광은 찬란하고도 눈부신 빛 속에 감추어져 있었다. 그런데 우리는 베들레헴에 태어난 한 아기의 얼굴 속에서 바로 그 동일한 영광을 목격하게 된다. 왜냐하면 그 하나님의 영광이 이제 성육신하신 예수 그리스도 안에서 온전히 임재하고 있기 때문이다. 그래서 12월 24일 성탄절 전야 예배에서는 입례찬송 시 다음과 같이 찬양한다. "여러분은 이제 주께서 찾아오셨음을 알게 될 것이며, 아침에 여러분은 그의 영광을 보리로다."[11] 하나님은 인간을 하나님과 연합시키려고 스스로 인간과 연합하셨다는 것이 바로 성육신의 핵심이다. 성육신 안에서 인간의 본성, 즉 우리의 본성과 우리가 그리스도와 함께 공유하는 본성이 결정적으로 하나님과 연합되었다.

하나님과 인간의 연합이 우리의 영성과 무슨 상관이 있는지를 이해하기 위해서는 이 연합을 좀더 커다란 우주적 차원에서 바라볼 필요가 있다. 죄 때문에 인간은 스스로의 자유의지의 선택에 의하여 하나님으로부터 분리되었다. 첫째 아담이 타락함으로 그는 모든 인류를 하나님과의 절교 상태로 끌어들였으나, 우리는 이 관계를 다시금 회복할 힘이 전혀 없다. 이 죄를 얼마나 뉘우치든, 혹은 얼마나 선하고 얼마나 도덕적이며 정직하든 관계없이 그 누구라도 하나님과의 관계를 회복하거나 하나님과의 친교로 사람들을 인도할 수 없다. 하나님과의 바람직한 관계를 파기한 쪽이 인간이기 때문에 그 관계를 회복할 책임도 인간에게 있다. 하지만 그 관계를 회복할 능력을 가진 자는 한 사람도 없기 때문에, 하나님께서 직접 사람이 되심으로 그 관계를 회복해 주신 것이다. 하나님과 인간 사이의 관계의 회복의 문제는 하나님의 본성이 인간의 본성과 연합한 성육신 안에서 비로소 해결되었다. 인간 스스로의 힘으로는 결코 하나님께 다가갈 수 없기 때문에 인간 스스로 달성할 수 없는 것을 하나님께서 인간을 향하여 자신을 낮추심으로써 직접 성취하셨다. 바로 성육신 사건에서 인간과 하나님과의 연합의 실체가 드러난 것이다. 아마도 이런 이유 때문에 그리스도께서 태어나실 때 하늘의 수많은 천군 천사들은 하나님을 찬양하며 이렇게 노래했던 것이다. "지극히 높은 곳에서는 하나님께 영광이요"(눅 2:14).

그래서 인간과의 관계를 주도적으로 이끌어 가시는 하나님이 배제된다면 영성도 사라질 수밖에 없다. 이렇게 회복된 관계의 기원은 성탄절에 우리가 경축하는 결정적인 사건으로서 예수 그리스도 안에서 하나님께서 우리와 함께 하신 복음으로 거슬러 올라간다. 그런데 성도의 영성과 관련해서 우리는 성육신으로부터 또 다른 측면을 살펴볼 수 있다. 즉 인간 편에서도 하나님과 연합하는 쪽을 선택해야 하는 필요성이 상존한다는 점이다.

2) 성육신의 영성: 하나님과 연합한 인간

성육신 사건을 하나님 쪽에서 살펴보면 실은 인간과의 연합을 주도하시는 분이 바로 하나님이심을 알 수 있다. 하나님께서 먼저 우리를 찾아오셨으며, 우리와의 관계를 주도하시는 분도 하나님이시다. 성육신은 이 진리를 가장 극명하게 보여주는 사건이다.

성육신 사건의 또 다른 쪽에는 인간이 하나님께 반응해야 한다는 진리가 자리하고 있다. 성육신 사건에서 우리 인간의 본성과 의지를 함께 공유하는 예수는 하나님과 연합되는 쪽을 선택하였다. 고대의 단성론(monothelite, 예수가 인간의 의지는 갖지 않았고 신적인 의지만 가졌다고 주장하는 이단-역자주)에 관한 논쟁의 중심에는 다음과 같은 질문들이 자리하고 있었다. 예수는 인간의 의지를 가지고 있었는가? 이 질문에 대해서 교회는 '예' 라고 대답했다. 예수는 하나님과 연합하기로 결심하였으며, 자신의 삶을 통해서 그를 향한 성부 하나님의 의지에 전적으로 순종하기로 결심하였다. 인간 편에서 볼 때 예수는 물론 로봇도 아니었으며, 불굴의 결정론으로 무장한 삶을 살아간 기계 같은 인간도 아니었다. 그의 인간적인 의지는 우리의 의지만큼이나 실제적인 것이었고, 바로 그 의지를 통해서 올바른 선택을 내려야만 했다. 그래서 예수는 온전한 인간성 속에서 하나님의 의지와 전적으로 연합하는 쪽을 선택했던 것이다. 한 사람으로서 하나님과의 연합의 과제를 달성한 것이다. 그는 하나님과 온전히 연합한 유일한 사람이며 바로 그 일을 우리 모두를 위해서 이루셨던 것이다.

바로 여기에 성도의 영성의 또 다른 측면이 자리하고 있다. 예수께서도 지상에서의 삶을 통해서 하나님과 연합하는 쪽을 선택하기로 결정하셨던 것처럼, 우리 역시 우리의 의지를 예수의 의지와 연합하며 그 안에서 성부 하나님과 연합하라는 명령을 받았다.

하나님을 향한 영성의 이러한 측면을 좀더 커다란 틀로 살펴볼 필요가 있다. 범죄 때문에 아담의 본성이 하나님과 불화하게 되었다. 그런데 아담은 의지적으로 하나님께 반항하는 쪽을 선택하였기 때문에 아담의 의지도 하나님과 분리되고 말았다. 하지만 성육신 사건에서 둘째 아담인 그리스도는 우리의 본성과 의지를 모두 고치셨다. 그리고 그리스도는 이 일을 우리와 같은 인간의 자리에서 이루셨기 때문에, 그와 동일한 인간성을 공유하는 우리는 이제 예수 그리스도를 통해서 하나님과의 연합 속에서 살아갈 잠재력을 얻게 되었다.

그렇다면 우리는 하나님과의 연합을 어떻게 성취할 수 있을까? 성육신 사건은 하나님과의 연합은 전적으로 하나님의 은혜로만이 가능함을 선포한다. 우리는 다만 은혜로 말미암아 하나님께 받아들여지며 그리스도와 연합한다.

그리스도의 삶과 십자가의 죽음, 그리고 부활의 빈 무덤이 그러하듯이 성육신 역시 하나님의 은혜로 말미암은 사건이다. 이런 사건들 속에 부어진 하나님의 은혜 덕분에 이제 하나님으로부터의 소외의 문제를 극복할 가능성이 비로소 우리에게 주어진 것이다. 이제 우리는 예수 그리스도 안에서 살아감으로써 이 은혜를 선택하고 주장하며 그 은혜 속으로 들어가는 것이다.

다음 단계에서 대두되는 문제는 '우리는 어떻게 이 은혜 속으로 들어갈 수 있는가?' 하는 것이다. 의지는 무엇을 해야 하는가? 성경적인 관점에서 볼 때 의지는 그리스도께로 개종해야 하며, 첫째 아담을 따라 형성된 옛 사람을 벗어버려야 하며, 새 아담을 따라 지음 받는 새 사람을 입어야 한다. 그래서 사도 바울은 다음과 같이 기록하고 있다. "그러므로 땅에 있는 지체를 죽이라 곧 음란과 부정과 사욕과 악한 정욕과 탐심이니 탐심은 우상 숭배니라….새 사람을 입으라 이는 자기를 창조하신 자의 형상을 좇아 지식에까지 새롭게 하심을 받는 자니라….그러므로 너희는 하나님의 택하신 거룩하고 사랑하신 자처럼 긍휼과 자비와 겸손과 온유와 오래 참음을 옷 입으라"(골 3:5,10,12). 이렇게 삶 속에서 그리스도를 닮아가는 변화는 성령의 역사이며 세례 안에서 그리스도와 연합하는 우리의 정체성의 변화를 통해서 잘 표현된다.

사도 바울은 성육신의 영성을 이렇게 묘사한다. 그 삶이 "그리스도와 함께 하나님 안에 감추어진"(골 3:3) 사람은 이제 "창조하신 자의 형상"(골 3:10)을 좇아 새로워진다. 그래서 이후의 삶은 그리스도 안에서 영생을 누리는 삶이며 성령에 의하여 그리스도를 통하여 하나님과 연합한 것이 진정 무슨 의미인지를 증거하는 삶을 살아가게 된다.

회심과 세례는 성도와 예수 그리스도와의 연합을 나타낸다. 또 세례는 그 자체로 복음을 선포하는 동시에 하나님의 은혜를 표현한다. 처음 3세기 동안에 교회는 세례를 회심 과정의 최고 정점으로 이해하였다. 그러다가 콘스탄틴 대제 이후 성인 세례는 유아 세례로 바뀌었다. 사막의 교부들은 유아 세례를 가리켜서 심령의 간구를 향하여 은밀하게 부어지는 하나님의 감추어진 은혜로 간주하였다. 물론 성인 세례에도 적용될 수 있는 세례에 대한 아름다운 이미지는 성도와 그리스도와의 연합에서 찾아볼 수 있는 인간적인 측면과 신적인 측면 모두를 잘 보여준다. 인간과 하나님 사이의 완벽한 연합은 성육신 사건을 통해서 성취되었다. 또 인류를 위하여 발생한 그리스도의 죽음과 부활 사건 안에서 예수는 원래의 성육신의 의도를 결국 성취하셨다. 그리고 그에 연합한 우리는 세례의 영성 안에서 그리스도의 인성과 연합한 삶을 살아가며 그를 통해서 우리는 하나님과의 친교를 나눈다.

고대 기독교 전통에서 활동했던 영성 작가들은 성도가 하나님과의 연합의 과정에서 겪게 되는 과정을 의지의 회심과 정욕으로부터의 자유, 그리고 그리스도의 온전한 사랑의 획득의 세 단계로 구분하였다. 첫째 단계인 의지의 회심은 회개에 근거한 것이다. 회개는 우리의 악한 상태 즉 첫째 아담과 연합한 상태로부터 전환하는 행위이다. 그런데 고대 기독교 전통에서 회개는 죄악으로부터 전환하는 단 한 번의 행위가 아니라, 매일 매순간마다 죄로부터 벗어나서 하나님과의 연합 속에서 살아가는 삶을 지향하는 것으로 간주하였다. 즉 회개는 세례 때의 맹세로 계속 되돌아가는 것이다. 그런데 성육신의 영성과 동일한 것으로 확인된 성탄절의 영성은 이러한 회개가 가능하도록 해준다. 왜냐하면 성육신 안에서 하나님은 우리 중 하나와 같이 되셨으며, 그리스도는 우리의 본성과 의지를 취한 다음 그 본성 속에서도 결코 악을 택하지 않은 삶을 사셨기 때문이다. 이렇게 그리스도께서 악을 정복하셨기 때문에 이제 그처럼 인성을 지닌 우리도 우리 자신의 삶 속에서 악한 권세를 대항하는 쪽을 선택할 수 있게 되었다. 성육신의 은혜 덕분에 우리는 그리스도 안에서 새로운 삶으로 전환할 수 있게 되었으며, 이 은혜 덕분에 우리는 고침 받을 수 있는 것이다.

그 다음 두 번째 정욕으로부터 자유하는 단계는 우리가 하나님께 고침받기 위한 선행 조건이다. 4세기경에 벌어진 성육신에 관한 격렬한 논쟁 속에서 교회로 하여금 올바른 결론에 도달하도록 안내했던 원칙은 "오직 하나님께서 떠맡은 것만이 고침 받을 수 있다"는 것이었다. 만일 성육신 사건에서 그리스도께서 인간의 본성만을 떠맡고 의지는 배제했더라면 결국 고침 받는 것도 인간의 본성에 제한되었을 것이다. 하지만 그리스도는 인간의 모든 것을 떠맡았기 때문에 그리스도의 인성의 의지와의 연합 속에서 우리 인성의 의지 역시 고침 받을 수 있다. 또 그리스도는 성육신 사건을 계기로 우리를 정욕으로부터 자유케 하시며 첫째 아담의 속박으로부터 자유케 하셨다. 그래서 계속되는 회개 안에서 그리스도께 돌아가는 자는 누구든지 정욕과 육체의 욕망과 악한 열망으로부터 계속 자유로울 수 있다. 우리가 어떤 것으로부터 돌아설 때 우리는 또 다른 새로운 것을 향하게 된다. 즉 회개한 성도는 그리스도 안에서 새로운 삶을 바라보게 된다. 즉 예전의 습관과 삶의 방식을 버리고 새로운 습관과 새로운 삶의 방식을 받아들인다. 그래서 새로운 사람이 되는 것이다. 새로 태어났으며 그리스도 안에서 새로운 피조물이 된 것이다(고후 5:17). 우리는 이제 "성령을 좇아 행하며, 더 이상 육체의 욕심을 이루지 않는다. 다만 성령의 열매는 사랑과 희락과 화평과 오래 참음과 자비와 양선과 충성과 온유와 절제"와 같은 거룩한 성품들 뿐이다(갈 5:16, 22-23).

옛 사람으로부터 새 사람으로 전환됨으로써 성도는 계속해서 영적인 진보의 세 번째 단계로서 하나님과의 친교 안에서 구현되는 온전한 사랑을 획득하는 자리로 나아가게 된다. 그리스도는 자신의 인성을 하나님과 연합시키셨기 때문에 그리스도와 연합하는 우리의 인성 역시 기도와 성령의 역사를 통해서 하나님과 연합될 수 있다.

하나님과의 연합을 가져오는 기도는 간청과 요구를 담은 적극적인 기도와는 사뭇 다르다. 그 기도는 관상적인 기도로서 하나님을 향하여 활짝 열린 마음으로 드리는 기도이다. 마음의 기도 안에서 우리는 장차 임할 세상을 깊이 묵상하며 우리가 사는 삶의 자리에 그 세상이 이뤄지도록 은혜를 공급해 달라고 간구한다. 그렇게 함으로써 성도는 "위엣 것을 생각하고 땅엣 것을 생각하지 말라"(골 3:2)는 사도 바울의 권면을 따르는 것이다. 마음(혹은 심령, heart)은 전인격의 중심이 자리하는 곳이다. 이 마음이 하나님의 임재를 향하여 열려 있을 때, 고대 교부들이 가르친 것처럼, 장차 임할 세상의 복락을 붙잡는 성도는 점차로 그리스도의 형상을 닮아가게 될 것이다.

사막 교부들은 이런 기도를 가리켜서 '예수 기도'(the Jesus Prayer)라 불렀는데, 이 기도에서 주님의 이름을 자주 반복하는 것을 가장 핵심적인 요소로 여겼다. 필로칼리아(*Philocalia*, 4-15세기의 금욕주의적이고 신비적인 글들을 모은 것으로 예수 기도를 일반적인 용어로 다루고 있다-역자주)에는 어떻게 기도하는지에 관한 질문을 받았던 아봇 마카리우스(Abbot Macarius)의 답변이 다음과 같이 기록되어 있다. "말을 많이 하느라 시간을 낭비할 필요가 없다. 다만 두 팔을 벌리고서 '주여! 당신이 원하시는 대로 그리고 당신의 지혜대로 내게 자비를 베푸소서' 라고 기도하라. 만일 고난으로 인하여 괴로움 가운데 있다면 '주여! 나를 구하소서!' 라고 기도하라. 그분은 당신에게 필요한 최선이 무엇인지를 잘 알고 계시기 때문에 분명 당신에게 자비를 베푸실 것이다."[12]

이 기도 방법은 "하나님의 아들 구주 예수 그리스도시여. 이 죄인에게 자비를 베푸소서"라는 간구로 계속되며, 그 기도가 심장의 고동소리와 함께 계속되는 중에 그리스도 안에서 맛보는 고요한 안식에 다다를 때까지 계속 이어진다.

우리의 모든 삶은 기도의 삶, 즉 지속적으로 하나님께로 돌아서서 살아 계신 하나님을 믿고 신뢰하며 의지하는 삶이어야 한다. 이렇게 삶의 모든 영역을 아우르면서 계속되는 예수 기도는 하나님과의 친교가 지속될 수 있도록 해준다. 만일 당신이 이 기도를 따라해 본 적이 없다면 꼭 시도해 보기를 권하고 싶다. 아침에 일어났을 때나 운전하는 중에, 또는 집이나 휴양지에서 개인적으로 여가 시간을 보낼 때 혹은 밤에 침대에 누웠을 때에라도 다음 기도를 반복적으로 드려보라. "하나님의 아들 구주 예수여! 이 죄인에게 자비를 베푸소서." 이 기도는 예전에 수도사들만이 배타적으로 드렸던 것이긴 하지만, 19세기에 익명의 저자가 기록한 『순례자의 길』(The Way of the Pilgrim)은 하나님의 임재 앞에서, 그리고 예수 그리스도 안에서 계시된 하나님의 영광을 위하여 살기로 헌신한 성도의 삶에 어떤 유익을 끼칠 수 있는지를 잘 보여준다.

마지막으로 기도를 통해서 회복된 하나님과의 연합은 사랑의 열매로 결실을 맺는다. 진정한 사랑은 다만 성령의 은사이다. 초대교회가 가르치듯이 성육신의 사랑 속에는 "하나님의 본성으로 말미암는 생명"이 깃들어 있다. 그리고 그 사랑 안에서 성육신 사건은 우리에게 효력을 발휘하며 성탄절에 하나님께서 베푸시는 은혜의 선물을 통해서 우리는 하나님이 어떤 분인지를 참으로, 그리고 효과적으로 깨닫게 된다. 또한 이 은혜의 선물은 우리가 회개의 길을 따라가며 정욕으로부터 벗어나서 참된 사랑을 획득하는 가운데 얻게 된다. 사랑을 통해서 하나님과 근본적으로 연합했다는 참된 증거는, 예수 그리스도께서도 자신을 내어주면서 보여주었듯이, 성도 역시 자기 이웃을 사랑함으로서 분명히 드러난다. 성탄절에 우리에게 찾아오시는 분은 정치적인 권력을 통해서 지상의 왕국을 통치하시려고 이 땅에 오신 것이 아니기 때문이다. 오히려 그는 인간을 섬기고 많은 사람의 희생물로서 자신의 생명을 내어주기 위해서 오셨다.

바람직한 영성에 대한 이러한 이해는 성탄절 전야 예배 때 우리가 함께 경축하는 구원의 신비가 되시는 그리스도 안에서 성육신하신 하나님에 대한 성경적 및 역사적 관점에 기초하고 있다. 그래서 성육신적 영성의 차원을 무시하는 신학은, 고대의 영성과도 접촉점을 잃어버릴 뿐만 아니라 기독교의 근본적인 특성마저도 잃어버리고 말 것이다. 또 그런 신학은 동정녀의 몸에서 우리 중 하나와 같이 되셨으며 유대 땅 베들레헴에서 태어나신 하나님께서 우리에게 베푸시는 치유의 만남을 이해하고 그 만남 속에서 살도록 돕는 데 아무런 도움이 되지 못한다.

3. 성육신의 영성에 따른 삶

앞에서 언급한 바와 같이 성육신은 형이상학의 영역에 속하여 무미건조한 어떤 지적인 개념이 아니라, 생생히 살아 있는 실제로서 우리의 영성을 올바로 세우며 우리를 그리스도 안에서 새로운 피조물이 되도록 인도하는 능력을 지니고 있다.

1) 성육신의 영성에 대한 사도 바울의 이해

사도 바울은 성육신이 가져다주는 실제적인 영적 파급 효과를 잘 이해하였으며 이를 빌립보 교회의 상황에 효과적으로 적용하였다. 그래서 그의 사례를 살펴보면 성육신이 어떻게 우리의 삶에 영향을 미치는지에 대해서 잘 이해할 수 있다.

사도 바울이 빌립보 교회에게 서신을 보낼 당시 그가 염두에 두었던 중요한 관심사는 분열의 문제였다. 당시 빌립보 교회 안에는 두 여성도가 주도하는 최소한 두 개의 분파가 있었다. "내가 유오디아를 권하고 순두게를 권하노니 주 안에서 같은 마음을 품으라"(빌 4:2). 여기에서 사도 바울은 분열을 멈추고 그리스도의 몸 안에서 서로 화합할 것을 권면하고 있다. 하지만 이러한 권면의 의미는 좀더 커다란 문맥 속에서 살펴보아야 한다. 전체 문맥을 이 자리에서는 자세히 설명할 수 없기 때문에 다만 사도 바울의 이러한 권면은 2장에 기록된 찬송을 통해서 표현된 성육신의 관점에서 접근해야 한다는 것만 언급하고자 한다. 그는 이 찬송을 다음과 같은 구절로 시작한다. "각각 자기 일을 돌아볼 뿐더러 또한 각각 다른 사람들의 일을 돌아보아 나의 기쁨을 충만케 하라"(빌 2:4). 그런 다음에 다음 찬송이 이어진다.

> 너희 안에 이 마음을 품으라 곧 그리스도 예수의 마음이니 그는 근본 하나님의 본체시나 하나님과 동등됨을 취할 것으로 여기지 아니하시고 오히려 자기를 비어 종의 형체를 가져 사람들과 같이 되었고 사람의 모양으로 나타나셨으매 자기를 낮추시고 죽기까지 복종하셨으니 곧 십자가에 죽으심이라 이러므로 하나님이 그를 지극히 높여 모든 이름 위에 뛰어난 이름을 주사 하늘에 있는 자들과 땅에 있는 자들과 땅 아래 있는 자들로 모든 무릎을 예수의 이름에 꿇게 하시고 모든 입으로 예수 그리스도를 주라 시인하여 하나님 아버지께 영광을 돌리게 하셨느니라(빌 2:5-11).

여기에서 사도 바울이 빌립보 교회에게나 우리에게 말하고자 하는 것은 이런 것이다. "그리스도 안에 있다는 의미는 다른 사람의 입장에 서서 성육신적인 방식으로 살아가라는 뜻이다." 사실 성육신적인 삶이란 이행하기 어려운 명령이다. 1세기 당시의 유오디아와 순두게에게나 또는 21세기를 살아가는 우리에게나 똑같이 어려운 요구이다. 이런 요구에 대해서 당연히 여러 변명을 늘어놓을 수 있다. "그렇다면 내 입장은 어쩌란 말인가?", "나는 그저 사람들이 밟고 지나가는 현관의 매트에 불과하다는 말인가?" 하지만 사도 바울의 메시지는 분명하다. "자신의 입장만을 생각하려들지 말라. 그리스도처럼 항상 다른 사람의 유익을 먼저 생각하라." 이것이 바로 성육신의 영성이며, 이것이 바로 성탄절이 우리에게 요구하는 삶의 방식이다.

2) 성육신 영성의 모범을 제시하는 성탄절

성탄절 동안에 읽도록 배정된 성경 본문들의 주제는 성도의 삶 속에서 성육신이 계속되도록 유도하는 데 강조점을 두고 있다. 얼핏 보기에 성탄절 직후 3일간을 위하여 지정된 본문들의 등장인물들은 스데반과 사도 요한, 그리고 유아학살 사건과 관계된 유아들로 성탄절기와는 사뭇 거리가 있어 보인다. 하지만 이들에게서 우리는 겸비의 세 가지 사례들, 즉 자신의 평안 이전에 다른 사람에 대한 관심을 우선하였던 사람들의 모습을 찾아볼 수 있다. 교회사의 첫 번째 순교자인 스데반은 공의회 앞에 끌려가서 신성모독을 가르쳤다는 거짓된 고소로 공의회 앞에 끌려가게 되었을 때 자신을 변호하려들지 않았다(행 6:13). 그 대신 그는 자기 마음속에 불타오르는 그리스도의 메시지를 선포하였고(행 7장), 결국 많은 사람들이 보는 앞에서 돌에 맞아 죽었는데 여기에 관련되었던 사울은 나중에 선교사 바울로 회심하게 된다(행 7:58).

우리가 타인을 위한 삶을 살기 위하여 부름 받았다는 것은 사도 요한의 기록에서도 분명히 나타난다. 그의 인생의 목표는 스스로를 위하는 것이 아니라 예수께서 맡기신 사명을 수종드는 것이었다. 그는 사람들을 "육신이 되어 우리 가운데 거하시는" 말씀으로 인도하는 데 최선을 다하였다. 그래서 우리는 사도 요한의 영광이 아니라 "아버지의 독생자의 영광"을 바라볼 수 있게 되었다(요 1:14).

성육신의 영성에 관한 주제는 유아 학살 사건에서도 찾아볼 수 있다. 헤롯에게 학살당한 유아들은 그 길을 의식적으로 선택한 것은 아니었지만 그들은 복음을 위하여 죄 없는 목숨을 희생하였으며 교회를 위한 순교자들의 원형이 되었다(마 2:16-18).

3) 성탄절의 외침: 겸손한 삶

성육신과 그 성육신이 요청하는 성육신적인 영성의 관점에서 볼 때 성탄절을 겸손이라는 덕목을 깊이 묵상하고 그에 따라 행동하기로 결단하는 계기로 삼는 것이 바람직할 것 같다. 성육신의 겸손함을 실제 삶 속에서 어떻게 구현할 것인지에 대해서 질문하기 전에 먼저 그 반대 입장에 대해서 잠깐 살펴볼 필요가 있다.

겸손의 반대는 교만이다. 교만할 때 우리는 하나님보다는 우리 자신을 우선하게 되며, 자신의 재능과 능력, 통찰, 성취, 외모, 그리고 사회적인 지위 등등의 모든 공로를 자신에게로 돌린다. 그러는 가운데 우리는 철저하게 다른 사람들에게 빚을 진 자라는 사실도 인정하기를 거부하며, 하나님의 은혜나 복된 출생, 특혜를 누린 교육이나 타인이 우리에게 베풀어준 배려들을 인정하기를 거부한다. 그 결과 우리는 현재 누리고 있는 특권을 획득하거나 확보하는 데 도움을 준 사람들에게 감사하는 일에 실패하고 만다. 또 교만은 위선을 낳는다. 즉 실제로는 가지고 있지 않은 미덕을 가지고 있는 체하는 것이다. 교만은 또 거짓된 겸손을 낳으며, 때로는 스스로에 대해서는 변명하면서도 남을 판단하는 재판관과 같은 태도를 초래한다. 교만은 거만하게 허풍을 떠는 말투에서나, 진실을 과장하고 자신에 대한 관심을 유발하는 행위, 능력과 지혜, 경험, 혹은 거짓된 영향력을 주장하는 데서 나타난다. 교만은 또 과장된 행동과 분노, 토라짐, 혹은 원하는 것을 얻기 위한 조작으로 이어지기도 한다. 또 다른 사람들을 권력이나 돈, 호화스러운 환경, 혹은 물질적인 재물로 억압하거나 압도하려들며 항상 아첨과 찬사를 찾는다.

겸손의 또 다른 반대는 오만(혹은 거만, arrogance)이다. 오만한 사람들은 다른 사람들이 자신의 소원과 계획에 맞추어줄 것을 고집한다. 또 자신의 리더십을 인정해 주기를 요구하며, 억압적이고 논쟁적이며 완고하고 고집 센 방식으로 행동하려고 든다. 오만은 또한 윗사람에게는 아첨하고 아랫사람은 무시하는 행동을 초래한다. 이런 부류의 사람은 인종이나 가족, 또는 개성 같은 것들을 뽐내는가 하면, 자신의 지위와 교육 배경, 기술, 혹은 소유물을 과시하기를 좋아한다.

앞서 언급한 교만이나 오만함을 염두에 두면서 기도하는 가운데 나는 의외로 여러 번 그 속에서 내 자신의 모습을 발견하곤 한다. 그와 동시에 그리스도에 대한 헌신은, 그리스도 안에서 내가 그와 함께 공유하는 인성과 인간의 의지와 연합하도록 부르신다는 것을 깨닫게 되었다. 그리스도께서 인간이 되심으로 이제 나는 그와 같은 자가 되었으며 내 안에 새로운 피조물에 어울리는 덕목들을 갖출 수 있게 되었다. 그러한 덕목들 중에 특히 성탄절기 동안에 표현해야 할 덕목이 바로 겸손이다. 하나님은 우리를 그리스도 안으로 들어가게 하시면서 그와 동시에 이 절기의 정신 속으로 부르셔서 우리로 하여금 그리스도께서 보여주신 겸손을 따라 살도록 하신다.

겸손은 교만과 허영, 그리고 오만함을 모두 포기할 것을 요구한다. 그 대신에 그리스도로 옷을 입고 "아무 일에든지 다툼이나 허영으로 하지 말고 오직 겸손한 마음으로 각각 자기보다 남을 낫게 여겨야" 한다(빌 2:3). 예수께 나아온 우리는 그로부터 이런 명령을 듣는다. "나는 마음이 온유하고 겸손하니 나의 멍에를 메고 내게 배우라 그러면 너희 마음이 쉼을 얻으리라"(마 11:29). 왜냐하면 "하나님은 교만한 자를 물리치시고 겸손한 자에게 은혜를 주시기" 때문이다(약 4:6).

하나님은 우리가 교만을 버리고 겸손의 옷을 입으라고 말씀하신다. 몇 해 전 나는 대학 건물에서 야간 관리인으로 일하면서 학업을 이수하고 있는 한 학생과 점심을 먹었다. 늘 그러하듯이 나는 그의 배경이 궁금했다. 그런데 참으로 놀랍게도 그는 공학 석사 학위를 받았으며 한때는 꽤 번창하는 사업장을 운영하기도 하였다. 그러다가 이를 팔아치우고 그 다음에는 아주 성공적인 보험 중개인으로 활동하기도 하였다. 호기심어린 마음에 내가 물어 보았다. "그러면 존은 지금 왜 이렇게 고생하나요?" 그는 대답했다. "저는 겸손을 배우고 싶기 때문입니다. 그래서 앞으로 선교지에서 주님을 섬기고 싶습니다." 초대교회 교부들은 굴욕과 수치를 감당함으로써 직접 겸손을 배우라고 종종 권면하곤 하였다.

성 베르나르드(St. Bernard)는 "굴욕(humiliation)을 겸손(humility)으로 변화시키는 자가 진정 겸손한 자이다"라고 말했던 것으로 알려져 있다. 비굴하다고 느끼는 한 우리는 완전히 겸손한 것이 아니다. 겸손을 선택하는 것은 결국 그 겸손으로 열매 맺힐 하나님의 은혜를 선택하는 것이다.

그런데 겸손에는 위대한 가치가 깃들어 있지만, 우리를 자만하게 만들 정도의 덕목은 아니다. 겸손은 무엇보다도 악마를 물리칠 수 있는 가장 강력한 무기이다. 우리 스스로는 악마를 물리칠 수 없다. 다만 겸손만이 악을 물리칠 능력의 원천이다. 그 이유는 겸손은 하나님 앞에서 우리 자신을 철저하게 포기하도록 만들기 때문이다. 우리의 신뢰의 근거가 우리 자신이 아니라 하나님에게서 찾을 수 있기 때문에, 결국 겸손은 우리로 하여금 위대한 일을 감당할 수 있는 능력과 용기를 공급해 준다. 그래서 겸손은 모든 것을 가능하게 만들며, 우리 안에 사랑이 충만하게 하며, 남의 결점보다는 내 자신의 결점을 직시하도록 도와준다.

겸손을 획득한다는 것은 그 자체로 은혜이며 하나님의 선물이다. 이러한 은혜의 원천이신 그리스도 안으로 들어갈 때 우리는 그와 연합하며 그 안에서 겸손을 선택해야 한다. 또 겸손의 은혜를 하나님께 구해야 하며 우리의 삶 속에서 때가 되면 마땅히 겸비의 길을 받아들여야 한다. 다른 사람들의 결점에 마음을 둘 것이 아니라 자신의 실상을 있는 그대로 직시해야 하며, 자신의 선행에 대한 찬사를 구하지 말아야 한다.

마지막으로 초대교회 교부들의 가르침에 따르면, 겸손은 모든 덕목들의 근간이며 각자의 삶 속에서 마땅히 구현해야 하는 참된 온유함의 정신으로 우리 안에서 작용한다고 한다. 성육신의 영성에 따라서 우리의 삶이 빚어지도록 자신을 내어놓을 때, 자신을 내어주신 하나님의 아들은 우리의 말과 행위를 통해서 세상을 비추게 될 것이다.

4. 결론

성탄절 절기는 우리의 개인적이고 공동체적인 영성을 어떻게 빚어낼까? 말로는 매우 간단해 보인다. 예수와 연합하여 성육신적인 삶을 살아가는 것이 그 비결이다. 하지만 하나님과 연합한 삶이나 성육신적인 삶, 곧 성육신하신 하나님 예수 그리스도와 연합하기 위해서는 무엇보다도 자기를 비우는 것이 요구된다. 성탄절의 영성을 위해서는, 하나님 안에서 살아가는 삶은 무엇보다도 예수 그리스도와 연합함으로 말미암은 은혜라는 점을 인식해야 하며 우리 각자의 삶을 그의 삶 속으로 가져와야 한다. 이러한 신비는 고대의 성탄절 전야 예배에서도 표현되었던 것이며, 지속적인 회개와 기도 가운데 찾아오시는 하나님과 자신의 정체성을 깊은 묵상 속에서 일치하는 가운데 계속되며, 다른 사람들과 함께 겸손 가운데 살아가는 삶을 통해서 표출된다. 성탄절은 바로 이러한 유형의 성육신의 영성을 요구하는데, 이 영성은 그리스도 안에서 온전히 성취되었으며, 우리에게는 은사로 주어졌고, 이제 우리가 그 삶을 선택함으로써 우리를 통해서 삶으로 구현된다. 그래서 성탄절은 베들레헴에 태어나셨던 예수께서 우리의 삶 속에서 새롭게 태어나시는 시기이다.

[표-4] 성탄절 영성의 개요

주제	영적인 강조점
성탄절의 의미는?	"말씀이 육신이 되신 주님의 탄생을 기억하라. 되새기는 과거의 사건이 아니라 대면하여 응시하는 현재의 실체로서의 탄생을 생각하라"(레오, A. D. 440).
성탄절 전야 예배는?	구경하는 것이 아니라 성육신 사건에 직접 참여하는 것이다. 하나님의 위대한 구원의 행위가 일어나는 시기는 밤이다. 촛불은 어두운 세상에 그리스도의 빛이 비추는 것을 상징한다. 그리스도께서는 재림을 기대하는 삶을 살 것을 요구하신다.
성탄절의 영성은?	하나님께서 사람이 되신 신비이며, 하나님과 연합한 인간을 통해서 하나님께서 어둠의 권세를 정복하셨다는 신비이다.
성육신의 영성은?	하나님과 연합한 인간의 신비이다. 예수께서 하나님과 연합하셨기 때문에 우리 역시 세례로 상징되는 것처럼 믿음 안에서 그와 연합함으로써 하나님과 연합하였다.

하나님과의 연합으로 나아가기 위한 고대의 지침은?	1단계. 회심과 지속적인 회개 2단계. 첫째 아담으로 말미암은 정욕으로부터의 자유 3단계. 지속적인 기도
성육신의 영성에 따른 삶을 어떻게 살 수 있는가?	성육신의 영성에 따른 삶은 자기를 비우는 삶이다.
성탄절기 동안에 경축하는 성육신의 영성을 보여주는 세 가지 사례는?	스데반의 순교 세례 요한의 참수 헤롯에게 학살당하는 유아들
성육신의 영성을 구현하기 위하여 취해야 할 삶의 자세는?	겸손 굴욕 감내 온유의 추구

 성탄절 기도

전능하신 하나님! 주께서는 우리의 죄를 용서하기 위하여 독생자를 보내주셨으며 동정녀의 몸에서 나게 하셨나이다. 은혜로 말미암아 주 안에서 거듭나 주님의 자녀된 저희가 주님의 성령으로 매일 새로워지게 하소서. 성부와 성령과 함께 이제로부터 영원히 존귀와 영광을 받기에 합당하신 주 예수 그리스도의 이름으로 기도하옵나이다. 아멘.

『공동기도서』(The Book of Common Prayer)에서

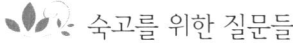 숙고를 위한 질문들

1. 당신의 삶 속에서 그리스도의 탄생은 매일 일어나는 실제인가?
2. 예수의 성육신과 죽음, 그리고 부활 사이의 점들을 어떻게 연결할 수 있는가?
3. 하나님께서 인간의 본성과 연합하심으로, 그리고 우리가 그리스도와 연합함으로써 성령의 역사로 우리 역시 성부 하나님과 연합되었다는 의미를 이해함에 있어서 당신은 어떤 표현과 이미지를 사용하는가?
4. 당신은 성육신적인 영성의 실체를 삶 속에서 어떻게 구현하는가?
5. 스데반과 세례 요한, 그리고 헤롯에게 학살당한 유아들이 성탄절기 동안에 성육신의 영성에 대한 사례로 제시되는 것에 대해서 어떻게 생각하는가?
6. 성육신적인 영성을 경험하기 위해서 굴욕과 겸비를 기꺼이 받아들이겠는가? 그것은 실제로 어떠할까?

성탄절 예배와 설교에 관한 참고 자료들

아래의 자료와 관련하여 로버트 웨버가 편집한 『기독교 예배 총람』(*The Complete Library of Christian Worship*, Peabody, MA: Hendrickson, 1994) 중에 5권, 『교회력의 예배』(*The Service of the Christian Year*)의 157-208을 보라.

- 성탄절 예배에 대한 안내
- 성탄절 예배 계획을 위한 자료들
- 성탄절 예배를 위한 예술 자료들
- 성탄절 예배 시연

주현절

그리스도를 구현하는 시기

별들이 밤하늘을 비추는 동안 동방박사들은 이방 땅을 여행하고 땅은 어두운 방에서 그 땅의 주인을 맞이하였다. 세상의 구원과 인류의 탄생을 경축하는 동안, 주께 드릴 예물을 준비하지 않은 자는 하나도 없을 것이며 감사하지 않는 자는 하나도 없으리라. 이제는 더 이상 "너는 흙이니 흙으로 돌아갈 것이니라"고 하지 못하리라. 오히려 이제 여러분은 하늘과 연합하였으니 장차 하늘로 들려 올라가리라. 바질 대제(A. D. 330-379)

우리 대부분은 비범한 사건, 즉 새로운 통찰이나 계시, 혹은 현현(manifestation)으로 우리에게 다가온 특별한 사건을 한두 번 정도 겪어본 경험이 있을 것이다. 이런 사건들은 우리에게 일상 너머의 세계를 힐끗 보여주며 지루한 일상생활 너머에 자리하고 있는 실체를 볼 수 있도록 안내해 주는데, 주현절이 바로 그러한 사건이다.

성경에서 '나타나다'(*epiphany*)라는 단어는 사도 바울에 의해서 세 번 사용되고 있다. 그 중 두 번은 그리스도의 재림에 관하여 언급할 때 등장한다. "복스러운 소망과 우리의 크신 하나님 구주 예수 그리스도의 영광이 나타나심(*epiphanian*)을 기다리게 하셨으니"(딛 2:13; cf. 살후 2:8). 또 마지막 한 번은 다음과 같이 그리스도의 초림을 언급할 때 사용된다. "하나님이 우리를 구원하사 거룩하신 부르심으로 부르심은 우리의 행위대로 하심이 아니요 오직 자기 뜻과 영원한 때 전부터 그리스도 예수 안에서 우리에게 주신 은혜대로 하심이라 이제는 우리 구주 그리스도 예수의 나타나심으로(*epiphaneias*) 말미암아 나타났으니 저는 사망을 폐하시고 복음으로써 생명과 썩지 아니할 것을 드러내신지라"(딤후 1:9-10).

초대교회 당시 주현절은 원래 그리스도의 탄생을 경축하는 절기였다. 하지만 태양의 탄생을 경축하는 이교도의 축제를 대체하기 위하여 그리스도의 탄생일이 12월 25일로 옮겨진 이후, 주현절은 온 세상의 구세주이신 하나님의 아들로 나타나신 예수를 기념하는 절기로 자리매김하였다. 그런데 동방교회에서 주현절은 예수께서 세례를 받으셨음을 경축하는 날이었지만, 서방교회에서는 동방박사들의 방문과 예수의 세례, 그리고 가나 혼인 잔치에서의 이적이라는 세 가지 위대한 사건을 통해서 예수가 자신을 드러내셨음을 경축하는 날로 지켜졌다.

오늘날 주현절은 성탄절 주기의 마지막에 위치하면서 이 기간의 특성을 규정짓는 대망과 성취의 위대한 리듬을 매듭지어 준다. 또 주현절은 그리스도께서 자신을 세상에 드러내시기 시작하셨음을 지시하기도 하는데, 이러한 그리스도의 사역은 1세기 당시에 일어났던 일일 뿐만 아니라 성도들이 교회력이라는 파스칼 신비를 따라서 순례를 계속 이어가는 동안에 교회 안에서 그리고 우리 안에서 계속 일어나는 일이기도 하다.

1. 주현절 예배

교회력에서 성탄절은 주현절 전야인 1월 5일 이전까지이다. 하지만 오늘날의 시민력에서 12월 25일 이후 성탄절은 깡그리 잊혀져버린다. 새해가 시작되면 이미 우리는 성탄절을 뒤로한 채 앞을 향하여 달려간다. 불행히도 바로 이런 이유 때문에 주현절과 그 주현절이 우리의 영적인 순례 과정에 미칠 수 있는 영향력에 대해서 온전한 관심을 쏟지 못하고 있다. 주현절은 세 명의 동방박사에 관한 흥미로운 이야기 이상의 의미를 담고 있다. 왜냐하면 이 절기를 올바로 준수함으로써 우리는 우리 자신의 영성을 직접 구현하는 경험을 할 수 있기 때문이다.

1) 세 명의 동방박사들

서방교회에서 주현절인 1월 6일은 아기 예수께 황금과 유향과 몰약을 선물로 가져왔던 세 명의 동방박사들을 기념하는 날로 여겨져 왔다. 이들에 관한 이야기가 오늘날 21세기를 살아가는 우리의 영적인 순례에 어떤 가치를 제공해 줄 수 있는지에 관하여 당연히 질문을 던져볼 만하다. 주현절의 핵심을 관통하면서 우리를 향한 그 의미의 진수를 맛보고자 한다면, 당연히 동방박사들에 관한 성경의 이야기를 그저 가만히 듣는 데 머물러서는 안 되고, 일종의 묵상의 방식을 통해서 이 이야기가 자리하고 있는 전체 예배에 참여해야 한다. 왜냐하면 구원의 신비를 펼쳐가는 이 이야기는 주현절과 사순절 중간에서 성도들로 하여금 영적인 체험을 할 수 있도록 돕는 역할을 하기 때문이다. 주현절 이전의 성탄절 영성이 성육신이라는 지배적인 주제를 중심으로 구성되는 것과 마찬가지로, 이제 주현절의 영성도 세상의 구세주로 나타나신 그리스도라는 포괄적인 주제를 중심으로 이루어져 있다. 또 성육신의 영성은 우리가 그리스도와 연합함으로써 우리 안에서 지속되는 것과 마찬가지로, 주현절의 주인이신 그리스도의 나타나심은 주현절의 영성을 실천하는 우리를 통해서 우리의 삶 속에서 계속 이어진다. 그래서 주현절의 순례가 시작되는 가장 바람직한 시점은 주현절 예배 그 순간부터이다.

본인이 주현절 예배를 처음 참석했을 당시 그 예배에 대해서 무엇을 기대했었는지 분명치 않다. 비예전적인 전통 속에서 자라왔던 까닭에 나는 주현절(Epiphany)이라는 단어의 의미를 잘 몰랐다. 그래서 사전에서 그 의미를 찾아본 결과 "특히 신적인 존재의 나타남이나 현현"을 뜻한다는 것을 알게 되었다.

또 이 단어는 고대 사회에서 특별한 의미를 가지고 있다는 것도 알게 되었다. 고대 사회에서 이 단어는 특히 통치자의 등장을 묘사할 때에도 사용되었던 것이다. 성경책이 수집되고 초대교회가 활동하던 문화권은 위풍당당한 행렬 가운데 나타나거나 방문하는 통치자의 모습을 함께 경축하던 문화였다. 당시에는 왕이나 통치자가 특정 도시를 방문하는 일은 항상 잔치와 축제 분위기로 떠들썩하고 화려한 행사였다. 이런 이유로 주현절 예배 역시 예수님의 현현으로서의 주현절을 경축하는 화려한 행사일 것으로 추측하였다. 하지만 정작 그 예배에는 그리 많은 사람들이 참석하지 않았으며 또 기대했던 만큼의 화려한 방식으로 예식이 진행되는 것도 아니어서 조금은 실망스러웠다. (하지만 최근에 교회들이 성도의 영적인 삶을 위한 주현절의 중요성을 점차로 강조하는 추세이기 때문에 이 점 역시 조금씩 바뀌고 있다.) 그럼에도 불구하고 그 예배의 내용이나 또는 주현절 영성의 형성을 위하여 나에게 던지는 주현절 예배의 영적 자극에 대해서는 매우 만족스러웠다. 그것을 여러분에게 소개하고자 한다.

주현절 예배가 시작되고 다 함께 서서 다음의 찬송을 부르는 가운데 나는 점차로 구원의 신비의 드라마를 펼쳐가는 과정에서 이 예배가 제시하는 의미와 그 예배가 차지하는 자리 속으로 점점 빨려 들어가게 되었다.

> 이토록 밝게 빛나는 이 별은 어떤 별일까요?
> 대낮보다 더 찬란히 빛나는 별을 보세요.
> 왕이 오셨음을 알리려고 저렇게 반짝이네요.
> 이방인들에게 찾아오셨다고 저렇게 반짝이네요.[1]

이어서 사제가 다음과 같이 기도를 시작하자 내가 왜 이 자리에 참여하는지에 대한 의미가 갑자기 내 심령을 울렸다. "별을 이끄셔서 주님의 독생자를 이 땅 사람들에게 분명히 보여주셨던 하나님! 이제 믿음 안에서 주님을 알고 있는 우리 모두를 주님의 임재 앞으로 인도하여 주소서. 그리하여 얼굴과 얼굴을 마주 대하고 주님의 영광을 보게 하소서. 이제도 사시며 주님과 성령 하나님과 함께 이제로부터 영원토록 통치하시는 우리 주 예수 그리스도의 이름으로 기도합니다. 아멘."[2)]

그날 밤에 나를 인도할 그 별은 바로 주현절의 예배 그 자체였다. 내 손을 붙잡고 이미 성탄절에 만났던 분, 곧 구유에 계신 분께 나아가 무릎을 꿇고 믿음 안에서 그분을 하나님의 아들로 고백할 수 있도록 이끌었던 것은 바로 그 별, 그 예배였다. 하지만 이 만남의 목적은 좀더 깊은 신비 속으로 들어가서 내 안에서뿐만 아니라 온 세상에 나타나신 아기 예수를 얼굴과 얼굴을 마주 대하고 대면하는 것이었다. 그래서 나는 다른 성도들과 함께 이렇게 기도하였다. "오 주님! 내 마음과 정신을 주님께로 열어주사 주님의 임재 안에 거하여 주님의 영광을 바라보게 하소서."

그 다음 우리는 성경 말씀을 듣기 위하여 자리에 앉았다. 그날도 그러했지만 모든 주현절 예배를 위한 성경 구절은 다음과 같이 동일하다. 이사야 60장 1-6절과 9절, 시편 72편, 에베소서 3장 1-12절, 그리고 동방박사에 관한 이야기를 담고 있는 마태복음 2장 1-12절이 이때 읽혀진다. 이 순서를 따라서 읽다보면 그날 예배의 기도와도 서로 부합하면서 "얼굴과 얼굴을 마주하여 주님의 영광을 보게 하소서"라는 기도의 약속을 분명히 확인하게 된다. 본문의 의미에 관하여 짤막한 설명들이 필요한 경우에는, 과거 한때 거룩한 산 위에 희미한 징조로 나타났던 하나님의 영광이 이제 그리스도 안에서 그리고 그를 통하여 이 땅의 모든 사람들에게 인격적인 임재 가운데 직접 만날 수 있는 하나님의 영광으로 나타났음을 강조하는 것이 바람직하다.

이러한 성경 본문들은 선지자들의 예언의 성취를 담고 있다. 예언의 내용은 한때 하나님의 희미한 영광이 이제는 온 세상이 분명히 볼 수 있도록 나타나리라는 것이다. 그래서 주현절은 예언의 전환점을 제공한다. 성육신하신 하나님의 영광이 이제 이스라엘 너머에 온 세상 사람들을 대표하는 동방박사들에게 나타났다는 것이다. 그리고 이들로부터 하나님의 현현하신 영광은 교회를 통하여 온 세상으로 뻗어갈 것이다.

주현절에 맞게 선별된 성경 구절들은 마치 옆으로 누운 모래시계와 비슷하다. 모래시계의 왼쪽은 하나님의 나타나심을 선포한 이사야 선지자와 시편 기자의 예언을 담고 있다. 그리고 마태복음 본문은 모래시계의 잘록한 목 부분에 해당하며 약속의 성취를 나타낸다. 그리고 모래시계의 오른쪽은 온 세상에 그리스도를 나타내도록 초대받은 교회의 사역을 묘사하고 있는 에베소서 본문을 나타낸다. 하나님의 영광이 이 땅에 임하였으며 결국은 온 우주로 뻗어갈 것이다. 이것이 바로 주현절이 선포하는 메시지이며 이 외침은 우리의 심령을 사로잡고 희망을 부여하는 메시지이다. 왜냐하면 그 메시지 속에서 우리는 하나님의 영광이 빛나는 얼굴을 마주 대할 수 있기 때문이다. 이러한 본문들에 대한 간략한 설명을 통해서 성도들은 주현절이 선포하는 실체를 더욱 잘 이해하는 데 도움을 얻을 수 있다.

사복음서 기자들 중에서 오직 마태만이 전하고 있는 동방박사에 관한 복음서의 이야기를 살펴보자. 이 이야기는 복음서를 기록함에 있어서 마태가 염두에 두고 있는 목적과도 부합한다. 마태가 제시하려는 전체적인 주제는, 구약의 예언이 예수 그리스도 안에서 성취되었으며 온 세상에 그의 나라가 세워졌다는 것이다. 동방박사들에 관한 이야기는 그리스도의 빛이 온 세상을 비출 것이라는 약속이 드디어 성취되었음을 보여준다. 왜냐하면 동방박사들은 이스라엘 밖의 열방들 중에 그리스도를 자신들의 왕으로 경배하기 위하여 찾아오는 자들을 대표하기 때문이다.

마태복음의 핵심주제와도 긴밀하게 관련된 이러한 주현절의 주제들은 실은 초대교회 공동체 안에서도 상당히 불화를 가져올 수 있는 주제였다. 심지어는 제자들조차도 그리스도의 오심이 다만 이스라엘에게만 해당되는 것이 아니라 온 세상을 향한 것이라는 사실을 인정하기를 어려워했다(행 10:1-11:18). 마태가 복음서를 저술하여 이를 유대 공동체에 제시했을 당시 그는 이 점을 염두에 두고 있었다. 그리스도는 유대인들의 예언의 성취로서만 이 땅에 오신 것이 아니라 유대인들만이 아닌 온 세상의 구세주로서 오셨다는 사실이다. 이 메시지는 유대인들의 배타적인 입장에 정면으로 배치되는 것이었기 때문에 그렇게 쉽게 받아들여지지 못했다.

하지만 주현절에 읽는 구약성경 본문들은 하나님의 영광이 온 세상에 나타나셨으며 이 땅의 모든 열방들에게 여호와의 영광이 임하였다는 파격적인 개념을 분명히 지지하고 있다. 한때 이스라엘만이 배타적으로 소유하였던 것이 이제는 온 세상에 이방인을 포함하여 모든 사람들의 것이 되었다. 그래서 이사야 선지자는 이렇게 선포하고 있다.

> 일어나라 빛을 발하라 이는 네 빛이 이르렀고 여호와의 영광이 네 위에 임하였음이니라 보라 어두움이 땅을 덮을 것이며 캄캄함이 만민을 가리우려니와 오직 여호와께서 네 위에 임하실 것이며 그 영광이 네 위에 나타나리니 열방은 네 빛으로, 열왕은 비취는 네 광명으로 나아오리라(사 60:1-3).

시편 72편의 메시지 역시 온 세상을 향한 그리스도의 우주적 구원을 천명하고 있다. "다시스와 섬의 왕들이 공세를 바치며 스바와 시바 왕들이 예물을 드리리로다 만왕이 그 앞에 부복하며 열방이 다 그를 섬기리로다"(시 72:10-11).

구약 성경에는 미래의 예언이 선포되고 있으며 마태복음에서 그 예언들이 그리스도 안에서 성취되었음을 묘사하고 있다면, 서신서들은 온 열방이 어떻게 온 세상의 빛되신 그리스도의 복음을 전해 듣게 될 것인지를 언급하고 있다. "모든 성도 중에 지극히 작은 자보다 더 작은 나에게 이 은혜를 주신 것은 측량할 수 없는 그리스도의 풍성을 이방인에게 전하게 하시고 영원부터 만물을 창조하신 하나님 속에 감추었던 비밀의 경륜이 어떠한 것을 드러내게 하려 하심이라 이는 이제 교회로 말미암아 하늘에서 정사와 권세들에게 하나님의 각종 지혜를 알게 하려 하심이니"(엡 3:8-10).

교회는 세상을 향한 그리스도의 표지로서 이 세상에 계속해서 그리스도를 나타내고 드러내는 매체이다. 교회는 일차적으로 어떤 건물이나 관구 혹은 교단도 아니라 사람들의 모임이다. 내가 교회이며 여러분 자신이 곧 교회이다.

이러한 성경 구절들과 이에 대한 해설을 듣는 중에, 나는 주현절의 그리스도의 현현이 바로 그 예배 중에 그 자리에서 나에게 일어나고 있음을 깨달았다. 즉 그리스도 안에 나타난 하나님의 영광을 얼굴과 얼굴을 마주 대하고 바라보고 있었던 것이다. 이러한 현현과 임재는 2천년 전 과거에 일어난 과거 사건이 아니라 함께 모인 그리스도의 몸 안에서 이제 다시 이루어진 현현이며 내 안에서의 하나님의 임재 그 자체였다. 그 현현을 계기로 어둠에서 빛으로 부름 받은 나는 또다시 어둠을 향하여 그리스도를 현현시켜야만 하는 것이다. 나는 그러한 요청에 반응해야 했으며, 주현절의 신비가 아기 예수가 눕혀진 구유 밖을 넘어서 내가 살아가는 일상의 모든 삶의 영역 속으로 뻗어가는 중심 역할을 감당하도록 나를 헌신해야 했다.

　신앙고백과 기도, 묵상, 그리고 성찬식을 진행하는 동안에 이러한 주현절의 요구가 계속 나에게 다가오면서 나는 주현절의 영성을 향한 요청에 대해서 계속 투쟁하고 있는 내 자신을 발견하게 되었다. 즉 마음 한 구석에서 나는 주현절 예배를 일종의 구경할 만한 연극 정도로 취급하려고 했던 것이다. "성육신은 나를 위한 것이지만 주현절은 다른 사람에게나 해당되겠지. 그것은 목사님이나 복음 전도자, 혹은 선교사님들에게나 해당될 거야. 주현절의 영성으로 부름 받은 것은 그들뿐이고, 하나님은 내가 그리스도를 현현할 것을 요구하시지는 않을 거야."

　이것이 바로 우리 모두가 늘 경험하는 긴장이 아닌가? 매일의 삶 속에서 그리스도의 증인이 되라는 위임명령 때문에 우리는 늘 갈등하고 우리 대부분은 그런 요청을 묵살해버리거나 또는 등잔 밑에 우리의 빛을 숨겨두고 싶어 한다. 하지만 교회와 그리스도의 몸된 모든 성도들에게 부여된 임무는 결코 부인할 수 없는 것이다. 우리는 그의 몸이며 우리가 곧 교회이다. 그리고 교회는 하나님께서 부여하신 임무, 즉 우리 모두가 참여해야 하는 임무를 향하여 나아가는 일종의 움직이다. 이 점에 대해서는 앞으로 더 살펴볼 것이다.

2. 주현절 이후

1월 6일에 드려지는 주현절 예배는 성도의 심령에 주현절의 핵심을 제시하면서 주현절 영성을 실행할 것을 강력하게 요청한다. 그러면 주현절 이후의 성도의 삶과 경험은 영적으로 더욱 풍성해지면서, 주현절에 함께 경축하는 또 다른 두 가지 위대한 신비, 즉 예수의 세례와 가나에서의 혼인 잔치 이적을 통해서 계속적으로 영적인 도전을 성도들에게 제시한다.

1) 예수의 세례

주현절 이후 첫째 주일에 경축하는 예수의 세례 사건은 우리 자신의 영성에 대해서도 매우 중요한 의미를 제공한다. 왜냐하면 이 사건은 성도들을 영성의 근간이 되는 파스칼 신비 속으로 한 단계 더 깊숙이 인도해주기 때문이다. 예수의 세례가 제시하는 주제는 구원이 모든 사람에게로 확대되었으며, 죄는 이제 궁극적인 심판에 놓여 있다는 것과, 예수가 바로 그 모든 죄를 제거하시는 하나님의 어린양이자, 메시아 왕으로 기름부음 받은 자이며, 하나님의 아들이심을 선포하는 것이다. 이런 이유로 고대 기독교인들은 주님이 세례 받은 사건을 아주 중요한 축제이자 그리스도의 가장 중요한 현현 사건으로 경축하였다. 실제로 주님의 세례 사건은 그리스도의 생애 중에 일어났던 다른 그 어떤 사건보다 더 빈번하게 고대 이콘(Icon)에서 중요한 소재로 주목을 받았다.

그럼에도 불구하고 오늘날 대부분의 그리스도인들에게 있어서 주님의 수세(受洗)에 대한 경축은 그저 그리스도의 삶 속에서 일어났던 독특한 과거 사건에 대한 회고를 넘어서서 인격적인 결단을 이끌어내지 못하고 무심하게 지나가버리기 십상이다. 그러나 하나님은 주님의 세례와 관련해서 우리가 그저 수동적인 입장을 취하지 말고 우리 자신의 영성을 위하여 제공하는 이 사건 속에 담긴 풍성한 의미를 우리의 영적인 순례 과정 속에서 모두 회복하시기를 원하신다. 왜냐하면 예수께서 세례를 받으신 사건은 예수 자신에게 일어났던 사건인 동시에 계속해서 우리에게도 일어나는 사건이기 때문이다. 그래서 이 사건은 우리의 영성을 규정지으며 우리의 변화될 미래의 모습을 향한 원동력을 제공한다.

예수의 생애 중에 일어났던 다른 모든 사건들과 마찬가지로 주께서 세례 받으신 사건에는 우리 자신의 영성을 위한 강력한 통찰을 표현하는 여러 이미지들이 가득 들어 있다. 그 중에 가장 대표적인 이미지는 요단강이다.

초대교회 교부들은 요단강을 우리 자신의 세례의 원형으로 간주하였다. 홍해와 마찬가지로 요단강은 이스라엘의 삶의 여정에서 중요한 통과의례를 상징한다. 출애굽한 이스라엘 사람들은 하나님께서 약속하신 땅으로 들어가기까지 광야를 방황하다가 요단강을 건너 가나안 땅으로 들어갔다. 그래서 요단강은 통과의례를 상징하는 강으로서 타락에서 구원으로의 이동을 암시하고 있다.

요단강에서 세례 요한이 베푼 세례는 예수의 인생에서 특별한 전환점을 제공한다. 세례를 계기로 예수는 자신의 정체가 드러나지 않았던 시대로부터 이제 세상의 죄를 해결하기 위하여 이 땅에 오신 하나님의 아들로서 자신을 분명히 나타내는 시대로 전환되는 것이다. 그래서 오늘날 예수의 세례를 경축할 때 우리는 예수가 받으셨던 세례를 경축할 뿐만 아니라 우리에게 해당되는 세례의 의미도 함께 경축한다.

예수의 세례를 경축할 때 그것이 실제로 무엇을 의미하는지에 관하여 온전히 이해하려면, 그에 앞서 먼저 세례가 예수에게는 무엇을 의미했으며 그 다음에 오늘을 사는 우리에게는 무엇을 의미하는지를 단계적으로 살펴보아야 한다. 첫째로 예수는 자신이 대신하여 죽으려는 사람들의 죄를 인하여 세례를 받으셨다. 그래서 세례와 십자가는 서로 연결되는데, 세례의 실제적인 의미는 파스칼의 신비 속에서 찾아볼 수 있다. 예수의 세례에 대한 이러한 해석은 세례 요한 당시의 청중들에게도 매우 놀랄 만한 계시였을 다음과 같은 선언 속에서도 분명하게 확증되고 있다. "보라 세상 죄를 지고 가는 하나님의 어린양이로다"(요 1:29). 이러한 선언 속에서 세례 요한은 자신이 직접 체험했던 실체를 좀더 분명히 밝히고 있다. 예수께서 세례를 받으러 세례 요한에게 다가왔을 때 요한 자신은 이미 몇 가지 사실을 잘 알고 있었다. 당시 세례 요한은 자신보다 더 위대하고 중요한 누군가가 찾아오리라는 것을 미리 예상하고 있었으며(마 3:11-12), 이사야 선지자의 예언을 근거로 성령이 그 메시아에게로 내려와 그 위에 머무를 것도 알고 있었다(사 11:1-2; 요 1:32-33). 이런 이유로, 그리고 예수의 세례에 내포된 상징적인 의미 때문에 세례 요한은 예수를 가리켜서 "하나님의 아들"이라고 확신을 가지고 선포할 수 있었다(요 1:34).

세례와 십자가가 어떻게 서로 연결되는지에 대한 세례 요한의 통찰이나 우리의 이해의 열쇠는 '어린양'이라는 단어 속에서도 찾아볼 수 있다. 유대인의 한 사람이었던 세례 요한은 분명 유대교의 종교적 관점에서 어린양이라는 단어에 담긴 의미를 잘 이해하고 있었다. 하나님의 어린양이신 예수는 출애굽기 12장에 언급된 유월절 어린양을 상기시킨다. 유월절 잔칫날에 매년 희생 제물로 바쳐지는 이 어린양은 속죄의 기능을 담고 있었다. 그런데 예수는 온 세상의 죄를 대속하기 위하여 이 땅에 오신 하나님의 어린양이다. 그래서 세례 받은 이는 이제 온 세상의 죄를 대속하려고 죽을 자로서 세례 받는 것이다. 당시 이런 사실을 숙지하고 있던 세례 요한은 이사야 53장 7절에 묘사되고 있는 여호와의 고난 받는 종에 대해서도 잘 알고 있었을 것이다. "그가 곤욕을 당하여 괴로울 때에도 그 입을 열지 아니하였음이여 마치 도수장으로 끌려가는 어린양과 털 깎는 자 앞에 잠잠한 양같이 그 입을 열지 아니하였도다"(사 53:7).

이런 의미를 담고 있는 어린양이 바로 이사야 53장 4절 이하에서 우리의 죄를 대신 짊어지고 고난당하는 하나님의 어린양이며, 출애굽기 12장 33절 이하를 기독교적인 관점에서 해석할 때 인류의 죄를 대속하려고 피 흘리는 유월절의 어린양이기도 하다. 그래서 복음서 기자인 사도 요한에 따르면, 세례 요한은 자신의 사역을 통해서 예수는 "사랑하는 아들"(마 3:17)일 뿐만 아니라 "우리의 유월절 양"이신 그리스도로 나타나셨음을 제대로 선포했던 것이다.

둘째로 만일 예수가 대속의 목적으로 대신 죽으려는 사람들을 위하여 세례를 받았다면, 필연적으로 우리는 예수의 세례가 오늘 나에게 무슨 의미를 던지는지에 대해서 질문해 보아야 한다. 요단강에서 일어났던 예수의 세례 사건을 경축하는 이 예배는 오늘 나에게 무슨 파급효과를 던지고 있는가?

주현절의 예배는 그저 가만히 구경할 만한 사건으로 끝나버려서는 결코 안 된다. 주현절은 우리가 먼 거리에서 무관심하게 지켜보는 연극이나 드라마가 결코 아니다. 결코 그럴 수 없다. 오히려 이 예배는 일종의 배우로서 직접 그 드라마에 참여할 것을 요구하며, 그 예배의 말과 행위 속에서 발생하는 것들이 모두 우리 마음과 심령 속에서 그대로 재현될 것을 요구한다. 그렇다면 오늘 우리는 어떻게 예수의 세례 사건 속으로 들어갈 수 있을까? 4세기에 활동했던 동방교회 교부였던 니사의 그레고리는 이런 질문에 대해서 이렇게 대답하였다. "광야 사막, 다시 말해서 죄로부터 돌아서라. 그리고 요단강을 건너서 서둘러 그리스도를 따라가라. 기쁨의 열매를 맺는 땅을 향하여 어서 서두르라. 약속대로 젖과 꿀이 흐르는 시냇물로 나아가라. 그동안 머물렀던 여리고성을 무너뜨리라. 든든히 서 있도록 내버려두지 말라. 전에 있었던 이 모든 것들은 바로 우리를 위한 그림자들이다. 이 모든 것들은 이제 우리가 나타내야 할 실체들의 예표들이다."[3]

먼저 예수께서는 모든 악을 멸하려고 세례를 받으셨기에 그의 세례를 경축하는 것은 우리 역시 모든 흑암의 세력으로부터 떠나야 할 것을 요청하는 의미를 갖는다. 그래서 예수의 세례의 의미를 오늘 우리의 삶 속에서 성취하고자 한다면 우리는 그 예배를 우리 자신을 스스로 점검해 보는 계기로 삼아야 한다. 오늘 우리는 이 세상의 정사와 권세들과 계속 투쟁하는 중이며, 이 악한 권세들은 계속해서 우리의 관심을 흐트러뜨리며 우리의 헌신을 무너뜨리려고 계속 역사하고 있다. 하지만 그리스도는 우리를 위해서, 그리고 우리의 죄를 위하여 세례를 받으셨기 때문에, 십자가에서 성취된 그의 세례는 오늘 우리를 제어하려고 기승을 부리는 흑암의 악한 권세들을 멸하는 결정적인 계기로 작용할 수 있다.

하지만 둘째로 명심할 것은 악을 무너뜨리는 것은 그리스도께서 우리를 위하여 이루신 사역의 한쪽 절반에 불과하다는 사실이다. 예수는 죄를 멸할 목적 뿐만 아니라 우리 성도들, 즉 자기 백성들과 온 세상을 다시금 회복하기 위해서도 세례를 받고 십자가에 죽으셨다. 그래서 그리스도 안에 거하는 것은 곧 새로운 피조물이 되는 것이다(고후 5:17). 그리스도 안에 거함으로써 우리는 다시금 새롭게 창조된 질서의 시작을 알리는 새로운 공동체 속으로 들어가는 것이다. 그래서 예수의 세례는 다시금 새로운 존재가 되는 과정을 향하여 우리 자신을 새롭게 헌신하는 계기이기도 하다. 그러면 옛 사람을 벗어버리고 그리스도의 형상 안에서 새로운 존재로 나타나기 위하여 우리는 어떤 선택을 해야 하는가?

마지막으로 언급할 점은 세례 받을 때 그리스도께서 성령을 받으셨던 것처럼, 그리고 성부 하나님께서 예수에게 부과하신 사명을 감당할 능력을 공급하기 위하여 성령께서 그에게 임하셨던 것처럼, 주현절에 기념하는 예수의 세례에 대한 경축을 계기로 우리 역시 예수를 새롭게 이해하며 세례 요한처럼 우리도 예수를 가리켜서 "보라 세상 죄를 지고 가는 하나님의 어린양이로다"라고 선포할 능력을 공급해 주는 성령께서 우리 위에 다시금 새롭게 임하시는 계기가 되어야 한다. 그리하여 이런 메시지를 우리가 마음 중심에서 고백하며 우리의 입술과 삶으로 표현할 때, 예수의 세례 사건은 더 이상 우리의 경험과 무관한 과거 사건으로 머무르지 않고 생생하게 살아 있는 주현절의 영성 안에서 꽃피울 수 있을 것이다. 왜냐하면 이전에 예수 위에 임하여 "이는 내 사랑하는 아들이요"(마 3:17)라고 선언했던 성령은 이제 또다시 우리 위에 임하여 우리를 하나님의 자녀로, 그리스도께서 위하여 세례를 받으셨던 자기 백성들의 공동체의 한 지체로 기름 부어 주시기 때문이다.

2) 가나에서의 혼인 잔치

주현절 이후에 경축하는 또 다른 중요한 사건이 바로 가나의 혼인 잔치 사건으로서(요 2:1-11), 이때 그리스도께서 자신의 영광을 나타내신 것을 기념하여 오늘날 교회력의 세 번째 해 중에서 주현절 이후 두 번째 주일날 기념하도록 지정되어 있다. 가나의 혼인 잔치는 그리스도의 생애 동안 일어난 다른 사건들과 마찬가지로 전체 흐름에서 고립된 삽화가 아니라 파스칼의 신비에서 발견되는 궁극적인 의미와 긴밀하게 연결되어 있다. 이 사건에서 하나님의 영광은 지극히 높은 곳에서 아래로 내려와서 혼인 잔치처럼 일상적인 사건 속에서 나타났다. 이 잔치가 오늘날 우리의 영성을 위해서 무슨 의미를 던지는지를 알고자 한다면, 먼저 이 잔치가 예수에게 무슨 의미를 지녔으며 그 다음 우리의 삶 속에서 그 의미를 어떻게 경험할 수 있는지에 대해서 질문해 보아야 한다.

첫째로 이 잔치가 예수에게 무엇을 뜻했는지에 관한 우선적인 의미를 푸는 열쇠는 "내 때가 아직 이르지 못하였나이다"(요 2:4)라는 난해하면서도 논쟁적인 말 속에서 찾아볼 수 있다. 사도 요한이 즐겨 쓰는 시기에 관한 이러한 표현은 그의 복음서에서 종종 발견된다.

> "저희가 예수를 잡고자 하나 손을 대는 자가 없으니 이는 그의 때가 아직 이르지 아니하였음이러라"(요 7:30; 8:20 참고).
> "인자의 영광을 얻을 때가 왔도다"(요 12:23).
> "지금 내 마음이 민망하니 무슨 말을 하리요 아버지여 나를 구원하여 이 때를 면하게 하여 주옵소서 그러나 내가 이를 위하여 이 때에 왔나이다 아버지여 아버지의 이름을 영광스럽게 하옵소서 하시니 이에 하늘에서 소리가 나서 가로되 내가 이미 영광스럽게 하였고 또다시 영광스럽게 하리라"(요 12:27-28).
> "유월절 전에 예수께서 자기가 세상을 떠나 아버지께로 돌아가실 때가 이른 줄 아시고 세상에 있는 자기 사람들을 사랑하시되 끝까지 사랑하시니라"(요 13:1).
> "아버지여 때가 이르렀사오니 아들을 영화롭게 하사 아들로 아버지를 영화롭게 하게 하옵소서"(요 17:1).

이상의 구절에서 '때'라는 단어는 예수의 죽음, 즉 파스칼의 신비와 긴밀하게 관련되어 있다. 그렇다면 예수는 왜 이 단어를 가나의 혼인 잔치 때 사용하셨을까?

대부분의 학자들은 이 질문에 대한 대답은 그 본문 자체보다는 요한복음의 전체 문맥 속에서 찾아볼 수 있다는 점에 대체적으로 동의하고 있다. 복음서 전체는 예수의 영광이 점진적으로 선명하게 드러나는 맥락에서 접근할 수 있다. 이런 관점은 성경 본문으로부터 시작하여 "말씀이 육신이 되어 우리 가운데 거하시매 우리가 그의 영광을 보았도다"(요 1:14)라는 초대교회의 신앙문답에서도 나타난다. 하나님이 계시하시는 궁극적인 영광은 온 세상의 구원을 위하여 십자가에 못박혀 죽으시고 부활하신 그리스도 안에서 나타났으며, 이것이 바로 요한이 자신의 복음서에서 점진적으로 펼쳐 보이는 메시지의 핵심이다. 가나의 혼인잔치는 파스칼의 신비 안에서 나타난 하나님의 영광의 궁극적인 계시를 향하여 점차적으로 발전하는 기나긴 연결고리에 속한 여러 사건들 중의 하나이다. 그래서 그리스도 안에서 충만하게 드러나는 하나님의 영광의 때는 아직 도래하지 않았지만, 예수께서 물로 포도주를 만드는 순간에 그의 영광을 미리 알리는 신호탄이 울린 것이다. 그래서 사도 요한은 이 기적을 가리켜서 다음과 같이 묘사하고 있다. "예수께서 이 처음 표적을 갈릴리 가나에서 행하여 그 영광을 나타내시매 제자들이 그를 믿으니라"(요 2:11).

이처럼 이 사건에는 매우 심오한 예전적이고 영적인 의미들이 담겨 있던 까닭에 초대교회 교부들은 이 이야기에 담긴 풍부한 상징들에 대해서 설명하기를 좋아하였다. 물은 세례와 아울러 성도의 삶 속에 찾아온 영적 변화를 상징할 뿐만 아니라 예수의 고난과 죽음의 잔을 상징하기도 한다. 그리고 이 물은 또 포도주의 상징 속에서 구현되는 그리스도의 임재를 보여주는 성례전의 표지이기도 하며, 이 잔치는 모든 열방이 어린양의 혼인 잔치에 함께 모이는 역사의 마지막 날에 벌어질 메시아의 잔치에 대한 모형이기도 하다.

고대 교부들은 가나의 혼인 잔치 사건 속에서 그리스도의 십자가와 부활, 교회, 그리고 역사의 마지막 날에 있을 새 창조 안에서 벌어질 영생의 모든 신비들의 씨앗을 발견하였다. 그리고 그런 상호 관계 안에서 이 사건은 우리에게 적용되는 참된 의미도 제시한다. 이 사건은 그리스도 안에서의 삶의 궁극적인 의미를 제시할 뿐만 아니라, 옛 것을 새롭게 만드는 패턴 속에 자리하고 있는 영성의 진원지로 우리를 안내한다. 예수께서 물을 포도주로 변화시키셨던 것처럼 그는 또 우리의 삶을 취하셔서 하나님의 영광을 드러내는 새로운 포도주로 변화시킬 수 있다. 그래서 우리가 이 사건을 경축하면서 계속해서 고민해 보아야 할 질문은, 물을 포도주로 변화시키셨던 분께서 우리의 삶이 어둠의 권세로부터 벗어나서 새로운 목표와 열망을 향하여, 즉 하나님 나라의 목표와 그리스도 안에 거하는 새 사람의 목표를 향하여 우리 삶을 변화시켜주시도록 우리는 과연 얼마나 철저히 이것을 열망하는가 하는 것이다. 하나님은 우리를 자신의 영광을 드러내고 나타내는 현현의 도구로 삼으시기를 원하신다. 하지만 하나님께서 우리를 그렇게 자신의 영광의 도구로 삼으시려면 먼저 우리가 그의 성령과 연합하여 아무런 조건이나 구분됨이 없이 우리의 삶을 완전히 그에게 의탁할 때만이 가능하다.

3. 주현절기 이후의 주제

전체 주현절기 동안에 강조할 주제는 그리스도를 통하여 나타난 하나님의 영광이다. 유대인들에게 다소 멀게 느껴졌던 하나님의 영광은 이제 볼 수 있고 만질 수 있으며 걷고 느끼며 접촉이 가능한 사람들 중의 한 지체로 나타나셨다. 그리스도의 탄생으로 비로소 계시되었고 동방박사들에게도 알려진 이 하나님의 영광은 그 이전까지는 대부분의 사람들에게는 주로 감추어져 있다가 예수께서 세례 받으시면서 강력하고도 분명하게 드러났으며 이제 가나의 혼인 잔치 사건을 통해서 서서히 알려지게 되었다. 이 영광은 파스칼의 신비에서 그 모든 권세를 가장 분명하게 드러낼 것이며 또다시 그리스도의 재림 사건에서 최종적으로 드러날 것이다. 그 때가 되기 전에 가나의 혼인 잔치와 그리스도의 임박한 죽음의 사이에 하나님의 영광은 계속해서 점진적으로 그리고 서서히 드러나게 될 것이다. 교회력에서 주현절 이후부터 사순절 이전-일반 절기(혹은 비절기 기간, ordinary time)로 알려진 기간-까지는 그리스도 안에서 나타난 하나님의 영광의 점진적인 현시를 경축하는 가운데 역사 속에서, 그리고 우리 안에 현시된 그리스도를 따라서 우리의 영적인 순례 여행을 진행하도록 안내한다. 그래서 그리스도 안에 나타난 하나님의 영광에 관한 주현절 이후의 핵심 주제들로는, 제자를 부르신 것과 그들에 대한 연단, 자신의 능력을 보이심, 자기 백성들에게 배척 받으심, 그리고 주현절 이후 마지막 주간에 기념하는 변화산 사건이 포함된다.

1) 제자들을 부르심

제자들을 부르고 자기 주변에 일단의 사람들을 모으는 일은 어쩌면 예수께서 해야 할 지극히 자연스러운 일처럼 보인다. 이 일은 실제적인 동시에 매우 중요한 신학적 의미를 담고 있는 행동이기도 하다. 당시 예수는 자신의 생애 속에 드러난 하나님의 영광을 증거하고 나타낼 표지로 행동할 일단의 사람들을 불러 모았다. 왜냐하면 바로 이들 안에서, 그리고 이들을 통해서 하나님의 영광이 계속해서 온 세상에 밝히 드러나야 하기 때문이다. 그래서 같은 맥락에서 주현절 이후 기간 중에도 그리스도는 예배를 통해서 계속해서 우리가 당신의 제자가 되어 당신을 뒤따르면서 오늘의 삶의 현장에 하나님의 영광을 나타낼 것을 요청하신다.

복음서 기자들이 전하는 제자들을 부르시는 이야기 속에는 제자도에 관한 매우 심오한 통찰 몇 가지가 들어 있다. 이 통찰들은 오늘날 우리 자신의 영성의 의미를 이해하는 데 많은 도움이 된다. 첫째로 제자로의 부름은 서로가 서로를 발견하는 계기가 된다. 사도 요한은 한때 세례 요한의 제자였던 안드레와 베드로가 부름 받는 사건을 서로 연결시키고 있다(요 1:35-42). 자기 자신을 위해서는 아무것도 구하지 않았던 세례 요한은 자신의 제자들에게 예수를 "하나님의 어린양"이라고 소개하고 나서 자기 제자들을 쉽게 포기하였다. 또 그 즉시로 예수를 따르게 된 안드레는 자기 형제 시몬 베드로를 만나서 "우리가 메시아를 만났다"고 말해 주었다(요 1:41). 세례 요한과 마찬가지로 주현절의 예배 역시 예수를 가리키면서 우리에게 "보라 하나님의 어린양이로다"라고 선포한다. 또 우리 역시 안드레처럼 그 선언에 대하여 즉시로 반응하여 예수를 따르면서 마음에 분명한 확신을 가지고 "내가 메시아를 만났다"라고 고백하라는 요청을 받게 된다. 이러한 응답이 없이는 예수를 따르는 우리의 영적인 순례는 결코 시작될 수 없다.

예수를 따르는 영적인 순례가 일단 시작되면, 예수는 우리의 모든 것을 기대하신다. 예수께서 그들을 부르실 당시 야고보와 요한은 부친 세베대와 함께 배에서 그물을 손질하고 있었다. 그런데 마태의 기록에 따르면 "그들은 즉시로 배와 부친을 버려두고 예수를 좇았다"(마 4:22)고 하였다. 제자도는 즉각적이고도 파격적인 삶의 변화를 요구한다. 처음부터 예수의 제자들은 충성을 바칠 대상과 직업, 그리고 전체 삶에 대한 급진적인 재조정 과정을 겪었다. 그 이유는 하나님의 영광의 현현이 그들에게 일어났기 때문이다. 예수로부터 부름을 받았을 때 그들은 그 음성이 바로 그토록 오랫동안 갈망하고 기다려왔던 것의 성취라는 사실을 마음속으로부터 알 수 있었다. 오늘날에도 주현절의 예배는 계속해서 우리의 삶을 향한 그리스도의 명령을 선포하면서 우리를 그러한 제자도의 헌신 속으로 초대하고 있다.

기독교의 제자도는 그저 지적인 인식의 차원으로 결코 전락될 수 없다. 그 제자도는 립 서비스나 예배 참석 그 이상을 요구한다. 한 마디로 행동으로의 초대이다. 왜냐하면 예수께서도 자신의 제자들에게 이렇게 말씀하셨기 때문이다. "이에 예수께서 제자들에게 이르시되 아무든지 나를 따라 오려거든 자기를 부인하고 자기 십자가를 지고 나를 좇을 것이니라 누구든지 제 목숨을 구원코자 하면 잃을 것이요 누구든지 나를 위하여 제 목숨을 잃으면 찾으리라"(마 16:24-25). 참된 영성이란 우리 안에서 그리고 우리를 통하여 그리스도께서 사시는 것이다. 그리스도 안에 나타난 하나님의 영광의 현현은 이제 그의 제자들에게서 계속 나타나야 한다. 그래서 예수께서 1세기에 자기 제자들을 모으셨던 것과 마찬가지로 이제 21세기에도 그 제자들은 계속 모아져야 한다. 따라서 우리는 하나님께서 부르신 사도들의 공동체의 연장선상에 서 있다. 그들과 마찬가지로 우리도 우리의 삶을 차지하고 있는 세속의 그물을 내버리고 그리스도를 최우선으로 삼아야 한다. 그러면 그리스도를 최우선에 놓고 그만을 철저히 순종하고 따른다는 것은 무슨 의미인가? 복음서 기자들은 예수의 가르침, 즉 예수의 통치를 우리의 삶 속에 현현하라는 가르침을 소개하면서 참된 영성의 실행적 차원을 좀 더 분명히 밝히고 있다.

2) 제자들의 훈련

예수께서 "나를 따라 오라"고 말씀하시는 것만으로는 충분하지 않다. 예수 안에 나타난 하나님의 영광을 계속해서 구현하라는 요청에 제자들이 응답하여 예수께로 모인 다음에 이들은 반드시 훈련의 시간을 거쳐야만 한다. 복음서 기자들 중에 특히 마태와 누가는 제자로의 부름에서부터 이제 산상수훈의 가르침을 통한 훈련으로 독자들의 관심을 이동시키고 있다. 이 산상수훈의 설교는 지금도 주현절 예배 이후에 성도들의 영성 속에서 계속 이어져야 하는 메시지를 담고 있다.

첫째로 팔복의 가르침에서 예수는 당시 제자들과 우리들에게 세속적으로 통용되는 평범한 비전을 뒤집어 바꾸라고 가르치고 있다. 온순한 것보다는 오히려 호전적인 것이 좋다거나 박해를 받는 것보다는 오히려 남을 지배하는 편이 더 낫다는 것이 바로 세상에서 통용되는 평범한 가르침이다. 하지만 예수의 가르침에 따르면 가난한 자와 억압받는 자, 짓밟힌 자, 약한 자, 그리고 박해받는 자들이 하나님의 나라에서는 특별한 지위를 차지하고 있다는 것이다. 왜냐하면 이들은 고난 받는 것이 무슨 뜻인지를 알고 있기 때문이다. 복음은 부자와 권세 잡은 자들의 편이 아니라 약하고 비천한 자들의 편이기 때문에 그리스도인의 삶의 대헌장과도 같은 이 가르침에서 예수는 자기 제자들이 심령이 가난하고 온유하며 청결한 자가 되고 화평케 하는 자가 될 것을 요구하고 있다. 오늘 우리가 사는 이 시대에는 하나님의 혁명적인 현현이 요구되는 시대이다. 저개발국가들에 비해서 더 많은 자원을 소비하며, 자발적인 복종보다는 권력과 특권을 더욱 중시하는 서구 사회에 살고 있는 우리와 같은 많은 그리스도인들에게 팔복은 이해하기가 매우 어려운 가르침이다. 이런 세상에서 예수는 우리가 주현절의 영성을 올바로 구현하고자 한다면, 우리의 가치를 점검하는 가운데 화려한 삶을 부인하고 자신의 삶을 비천한 자의 관점에서 재조명해 보며 가난한 자들과 억압받는 자들에게 다가가 그들 편에 서서 그들을 도와줄 것을 요구하신다.

그 다음 예수는 제자들더러 청빈한 삶을 선택함으로써 이 세상에 빛과 소금이 되라고 가르치신다(마 5:13-16). 그들은 자신의 삶으로 하나님의 영광을 구현하여 흑암의 권세에 사로잡힌 자들을 빛으로 인도하고 또 온 세상을 밝히는 빛이 되어 온 세상으로 하여금 창조자이자 주님과 원래의 교제를 회복하도록 길잡이 역할을 감당해야 한다. 그래서 예수의 제자들은 "세상의 소금"이자 "세상의 빛"이다(마 5:13-14). 제자들의 사명이나 오늘 우리의 사명 역시 하나님 나라의 가치에 의해서 새롭게 변화되어야 한다. 그리할 때 비로소 우리는 다른 이들을 빛으로 인도할 수 있다. 그런 이유로 예수께서도 자기 제자들에게 이렇게 교훈하셨다. "이같이 너희 빛을 사람 앞에 비춰게 하여 저희로 너희 착한 행실을 보고 하늘에 계신 너희 아버지께 영광을 돌리게 하라"(마 5:16).

셋째로 제자들로부터 배울 수 있는 삶에 관한 근본적인 태도는 바로 사랑의 법을 따라 살아가는 것이다. 성부 하나님으로 하여금 이 땅에 예수를 보내어서 율법에 대한 하나님의 요구에 응답할 뿐만 아니라 우리를 악의 권세로부터 해방시키기 위하여 십자가에 죽게 하시고 우리로 하여금 선을 선택할 수 있도록 한 원동력이 바로 이 사랑이었다. 예수께서는 당시 제자들과 우리에게 "하늘에 계신 너희 아버지의 온전하심과 같이 너희도 온전하라"고 말씀하신다(마 5:48). 예수께서는 당신의 삶과 죽음을 통해서 죄를 정복하시고 하나님의 무조건적인 사랑의 실체를 나타내심으로써 우리도 이러한 온전함에 도달할 수 있도록 해 놓으셨다. 그런 까닭에 예수는 제자들에게 "옛 사람에게 말한 바 ... 너희가 들었으나 나는 너희에게 이르노니"라고 말씀하시면서 철저하게 새로운 삶의 방식을 요구하실 수 있었다. 우리가 드리는 주현절 예배는 오늘날 사람들이 붙잡고 살아가는 전도된 가치관, 즉 "너희는 이러한 말을 들었노라"고 하면서 사람들을 유혹하는 가치관을 버리고 "이제 내가 너희에게 이르노니"라고 말씀하시는 예수의 새로운 가치관을 향하여 돌아설 것을 우리에게 요청한다. 또 흑인을 억압하는 백인 우월주의와 여성을 억압하는 남성 우월주의, 그리고 어린이를 학대하는 부모의 억압과 피고용인을 학대하는 고용인의 압제로부터 돌아설 것을 요구하고 있다. 그리하여 이제는 예수께서 가르치신 새로운 법을 따라서 말 그대로 역지사지(易地思之)의 정신을 따라 살아가야 한다. 이러한 새로운 법은 우리의 원수들에게까지, 또 우리를 학대하며 우리에게 해를 끼치는 자들에게까지 확대되어야 한다. 하나님께서는 우리에게 이러한 하나님의 현현의 매개체가 될 것을 요구하신다. 이웃을 사랑하며 그들의 필요에 응답하며 평화의 사도 역할을 감당하는 자들에 의하여 구현되는 사랑의 현현 역할을 감당할 것을 요구하신다.

마지막으로 이러한 종류의 사랑이야말로 단 한 가지 열망을 가지고 하나님의 나라를 섬길 수 있는 원동력이다. 그 단 한 가지 열망이란 바로 "먼저 그의 나라와 그의 의를 구하라"(마 6:33)고 말씀하신 예수의 명령을 성취하려는 열망이다. 이러한 종류의 일편단심의 목적을 달성하기 위해서는, 그 역시 헌신적인 열정을 요구하는 이 세상의 일들로부터 초연해야 한다. 그래서 예수께서도 돈을 섬기려는 욕심(마 6:19-21)이나 결국은 근심을 자초하는 미래에 대한 지나친 염려의 유혹(마 6:25-34)을 포함하여 여러 유혹들에 대해서 경고하셨다. 이 외에도 마음에도 없이 겉모습으로만 하나님을 섬기는 것에 대해서도 경고하셨다. 일편단심의 마음으로 하나님을 섬긴다는 것은 그리스도인은 결혼을 해서도 안 되고 아이를 낳거나 직업을 가져서도 안 된다는 뜻이 아니다. 그보다는 혼인을 하거나 독신으로 있든, 노동을 통해서나 여가 생활을 통해서, 또 삶으로서나 죽음으로서, 삶의 모든 영역에서 전심으로 하나님을 섬기려고 애쓰는 자세를 뜻한다. 이렇게 예수의 제자가 된다는 것은 이곳이나 저곳 혹은 어느 특정한 시간에 하나님의 영광을 나타낸다는 것이 아니라, 생각하고 말하고 행동하는 삶의 모든 영역에서 예수 안에서 드러났던 하나님의 사랑을 계속하여 나타내는 삶을 가리킨다. 이렇게 삶의 전 영역이 주인을 섬기려는 열망에 온전히 사로잡혔기 때문에 공적인 삶이든 사적인 삶이든 결국 그리스도를 섬기는 것과 무관한 것은 하나도 없는 셈이다.

우리는 그리스도께서 21세기에 세상으로부터 불러내신 주님의 제자들이다. 우리 삶 속에서 일편단심의 열정으로 나타나는 하나님을 향한 사랑과 섬김의 영성은, 1세기 당시 예수님의 제자들과 마찬가지로 오늘날에도 여전히 실행 가능한 것이다. 우리 모두는 자기만을 사랑하고 섬기는 이기심을 버리고, 스스로를 높이며 영화롭게 하려는 삶을 포기하며, 이제 자기 스스로를 내어주신 예수의 섬김을 또다시 구현함으로써 하나님을 영화롭게 하도록 하나님으로부터 부름을 받았다. 참된 영성이란 바로 이렇게 자신을 부인하려고 열망하고 노력함으로써 결국 그리스도께서 우리의 삶과 수고와 인간관계를 통해서 자신의 능력을 나타내도록 할 수 있다.

주현절의 영성은 우리가 그리스도를 따르는 것 이상으로 그에 관하여 배우며 그로 말미암아 변화받기를 원하는 것과도 관련이 있다. 더러운 귀신을 쫓아낸 일(막 1:21-28)이나 베드로의 장인을 고치신 사건(막 1:29-31), 나병을 고치신 일(막 1:40-45), 그리고 중풍병자를 고치신 사건(막 2:1-12)에 관한 여러 성경 구절들은 예수의 사역의 이러한 극적인 측면을 잘 보여준다. 또 이러한 사건들의 의미는 예수께서 온 세상을 향하여 가지고 계시는 궁극적 목적과 결코 분리되어 있지 않다. 예수는 악마의 권세를 무너뜨리며 인간과 피조계 전체의 물리적인 영역과 영적인 영역 모두에 대하여 해악을 끼치는 사탄의 권세를 말살하고자 이 땅에 오셨다. 그리고 성경의 이러한 기사들은 우리로 하여금 죄로 말미암은 악한 권세를 무너뜨리고 변화시키는 그리스도의 능력을 직접 체험할 수 있도록 의도된 것이며, 그 능력은 우리의 삶 속에 부어져서 오늘을 사는 우리를 치유할 수 있는 능력이다.

마가는 독자들이 하나님의 아름다운 피조계를 왜곡시키는 악한 권세와 그렇게 타락한 세상을 다시금 온전하게 회복하시는 예수의 더 큰 권능을 모두 직시하기를 원한다. 주현절의 이야기에 등장하는 인물들처럼 우리 역시 우리에게 베풀어 놓으신 온전하고 충만한 삶을 방해하는 육체적이고 정서적이며 영적인 상흔을 경험하였다. 우리 중에 삶의 질곡이 가져다주는 고통스런 상처로부터 자유로운 사람은 하나도 없다.

그런 고통이 어떤 사람에게는 우리의 삶을 더욱 풍요롭게 하거나 혹은 직업에 필요로 하는 전문기술을 더욱 향상시켜 줄 지식이나 기술을 습득하지 못하도록 저해하는 지적인 부분의 장애로 나타나기도 한다. 또 어떤 사람에게는 걷거나 듣고 보고 냄새를 맡으며 맛을 느끼거나 혹은 말하는 것처럼 매우 단순한 행동을 할 수 없는 신체적인 장애로 나타나기도 한다. 또 우리 중에는 부모나 자녀와 사별한 후 상실감과 같은 감정적인 상흔으로 고통을 받거나 혹은 과거에 학대를 받았다거나 이혼으로 인한 방향성의 상실로 고통스러워하는 경우도 있다. 바로 이러한 여러 종류의 문제들이 바로 마가복음의 여러 이야기들 속에서 다뤄지고 있을 뿐만 아니라, 우리를 괴롭히는 이러한 삶의 모든 문제들은 치유하시고 변화시키는 그리스도의 권능보다 결코 강하지 못하다는 사실을 분명히 보여주고 있다.

최근에 나는 미시간 호숫가에 놀러갔다가 아주 건강한 18세의 소년이 물 속에 뛰어들어 그만 목이 부러지고 급성 마비 상태가 되는 사고를 목격하게 되었다. 나나 또 함께 놀러갔던 일행도 그 소년을 잘 모르지만 그 소년과 가족 때문에 우리 모두의 마음은 참으로 크나큰 비통에 빠져들었다. 일부 사람들만이 생명이 위태로운 육체적 혹은 정서적인 고통을 겪기는 하지만 사실 우리 모두는 이런저런 처지에서 나름대로 모두 다 해방되고 싶어 하는 고난을 겪고 있다. 그러나 주현절은 그 소년이 겪는 고통과 우리 모두가 당하는 모든 고통이 결코 끝이 아니라는 사실을 분명하게 보여준다.

앞에서 살펴본 바와 같이 주현절과 관련된 성경 구절들은 하나님께서 결국 이 땅에 베푸실 하나님의 평화(shalom)에 대한 중요한 통찰을 던져준다. 그리스도께서는 십자가에 죽고 부활하심으로써 인간성을 왜곡하며 육체를 망가뜨리고 심령을 해치며 인간의 영을 짓누르는 모든 악한 권세를 무너뜨리셨다. 이렇게 그리스도께서는 창조 질서를 어지럽힌 모든 악한 권세를 이기시고 승리하셨기 때문에, 빈 무덤 앞에 서서 예수께 대적할 악한 권세나 재앙은 더 이상 존재하지 않는다. 그리고 앞의 성경 구절들이 확증하는 것처럼 그리스도께서는 마지막 날에 우리를 모든 억압과 사슬로부터 해방시키셔서 온전하게 회복시켜 주실 것이다.

주현절은 또한 온 피조계의 궁극적인 변화를 경축한다. 그리스도 안에서 찾아오신 하나님은 자신이 창조한 백성들을 회복하기 위해서만이 아니라 온 피조계를 새롭게 하기 위하여, 즉 온 세상을 "썩어질 것의 종살이로부터"(롬 8:21) 해방시키고 새롭게 변화시키기 위하여 이 땅에 오셨다. 그래서 고대 기독교는 주현절의 예배를 통해서 특히 장차 있을 피조계의 온전한 회복을 경축하였다. 고대 교회에서 사용되었던 다음과 같은 주현절의 기도문은 인간은 더 이상 악의 노예가 아니라는 사실을 선언하고 있다. "주님은 참으로 위대하시며 주님의 손길은 참으로 놀랍습니다. 그 어떤 말로도 이 놀라움을 표현할 수 없습니다.... 주 앞에 모든 권능이 두려워 떱니다. 주여 태양이 찬양하며 달은 경배드리나이다. 별들이 주께 복종하며 빛이 순종하며 폭풍도 두려워 떠나이다. 봄은 주님을 경배하며.... 주께서는 주의 백성들이 사탄에게 굴복하는 것을 차마 지켜보실 수 없어서 이 땅에 오사 우리를 구원하셨나이다.... 그래서 모든 만물이 주님의 임재 앞에서 주님을 찬양하나이다."[4]

3) 산상변모주일(the Transfiguration)

서방교회에서는 산상변모주일을 8월 6일에 지켰지만 최근에 개정된 교회력을 따르는 교회들은 사순절기가 시작되는 재의 수요일 이전 주일인 주현절 마지막 주일에 산상변모 사건을 경축한다(막 9:2-9; 눅 9:28-36 참고).

우리는 주현절과 관련된 성경 구절들을 통해서 앞에서 이미 온 세상의 궁극적이고 종말론적인 변화에 대한 암시들을 살펴보았다. 그런데 예수의 산상변모 사건에서도 마지막에 온전히 드러날 영광스럽고 강력한 하나님의 현현에 관한 풍부한 실마리들을 찾아볼 수 있다. 교회 교부들, 특히 헬라교부들은 산상변모 사건을 매우 중시하였다. 그 이유는 이들은 이 사건으로부터 예수 안에서 빛나는 하나님의 영광뿐만 아니라 주현절 영성의 본질, 즉 하나님의 임재로 말미암은 우리 자신의 존재론적인 변화의 본질을 발견했기 때문이었다.

4. 오늘을 위한 주현절의 영성

주현절의 영성에는 두 가지 측면이 있다. 즉 그리스도께서 우리 안에 자신을 나타내셨다는 것과 그리스도께서 우리를 통하여 자신을 나타내신다는 것이다. 초대교회 교부들은 베드로와 야고보, 그리고 요한에게 눈부신 빛으로 임했던 하나님의 영광을 그리스도 안에서 현현하신 하나님의 현현만큼이나 참된 비전으로 이해하였다. 이 하나님의 현현은 성령의 능력을 통하여 우리에게 허락되는 것이다. 물론 그리스도 안에서의 하나님의 현현은 우리 안에서의 예수의 현현과는 질적으로 차이가 있다. 예수는 성육신하신 하나님이며 하나님의 실제적인 임재에 참여한 유일한 인간이시다. 그래서 사도 바울은 "아버지께서는 모든 충만으로 예수 안에 거하게 하시고"라고 말한다(골 1:19). 하지만 우리 안에 현현하신 그리스도는, 그리스도 안에서 가장 완벽하게 표현된 하나님의 형상에 동참하고 일치하도록 우리를 간섭하시고 인도하시는 성령에 의하여 이뤄진다. 우리는 성령 하나님을 통하여 그리스도와의 영적인 연합 안으로 들어갈 수 있다. 이 연합 안에서 우리는 참 인간의 모본이신 그리스도와 도덕적, 지성적 그리고 사회적으로 일치를 이루게 된다. 바로 이러한 의미에서 그리스도는 우리 안에서, 바로 우리의 참 존재 안에서, 우리의 인격 안에서, 그리고 우리가 선택하는 가치를 통하여 현현하신다.

1) 우리 안에 현현하시는 그리스도

초대교회 교부들에 의하면 성도가 예수와 함께 연합하는 가장 결정적인 방법은 기도이다. 기도에는 여러 종류가 있지만 하나님과의 연합을 위해서 교부들이 강조하는 기도 형식은 바로 짤막한 기도이다. 짤막한 형식의 기도문은 성경 속에서 선택한 것으로 계속해서 반복할 수 있는 짤막한 문구로 되어 있다. 그 중에 가장 잘 알려진 짤막한 기도문은 바로 '예수 기도'(the Jesus Prayer)로서 세리의 기도를 확장시켜서 "하나님의 아들 구주 예수 그리스도시여, 이 죄인에게 자비를 베푸소서"라고 기도하는 기도문이다(눅 18:13 참고). 이 기도에 대해서는 성탄절 때 그리스도께서 우리 안에 태어나시도록 하기 위한 영적인 수련의 한 가지 방법으로서 잠깐 앞에서도 언급하였다. 우리 안에 태어나신 그리스도께서 계속해서 우리 안에 현현하시도록 하는 주현절의 수련으로서 이 기도는 계속 반복할 가치가 있다.

예수 기도의 목적은 "쉬지 말고 기도하라"는 사도 바울의 훈계를 그대로 지킴으로써 성도로 하여금 그리스도와의 연합을 이루도록 하는 것이다(살전 5:17). 물론 이 기도는 그 자체로는 언어에 불과하지만 그 목표는 이 기도가 성도의 마음과 생각 속에 계속 뿌리를 내린 영적인 기도가 되도록 하는 것이며, 그렇게 함으로써 그리스도를 통하여 하나님과 영적으로 연합을 이루도록 하는 것이다.

헤시카스트(Hesychast, 지속적인 관상 기도를 통하여 영적인 조명을 추구하였던 중세 시대의 영성가들-역자주)의 기도를 추구해온 영적 전통은 '예수 기도'(the Jesus Prayer)의 방법을 발전시켰다. 예수 기도를 다루고 있는 고전적인 책 『순례자의 길』(The Way of the Pilgrim)에서는 이 기도를 다음과 같이 설명하고 있다.

> 내면으로 예수 기도를 계속 드리는 것은 아무런 방해를 받지 않고 입술 뿐만 아니라 마음과 심령으로 계속해서 예수의 거룩한 이름을 부르는 것이며 그가 지속적으로 임재하는 모습을 마음속으로 그리면서 모든 일상생활 속에서 모든 장소에서 심지어 잠자는 동안에도 계속 그의 자비를 간구하는 것이다. 그 간구는 "주 예수 그리스도시여 저에게 자비를 베푸소서"라는 구절로 응집된다. 이러한 간구에 아주 익숙해져서 그 결과로 이 기도를 드리는 것이 마음에 큰 위안이 되며 그 기도가 참으로 간절한 필요로 인식되면 그는 더 이상 이 기도가 없이는 살 수 없을 것이며 이 기도는 그 심령 속에서 계속해서 저절로 울려나올 것이다.[5]

주현절에는 이러한 예수 기도를 통해서 그리스도와의 지속적인 연합을 경험할 수 있기를 바란다. 이 기도 방법을 실제로 사용함에 있어서, 예수 기도를 처음 시작하는 초신자들을 위하여 기록된 『보이지 않는 전쟁』(Unseen Warfare)이라는 고전의 저자가 제안한 몇 가지 규칙은 다음과 같다.

1. 당신의 현재 기도 습관을 예수 기도로 시작하고 예수 기도로 끝내라.
2. 기도에 대한 즐거움이 커질수록 기도의 횟수를 점진적으로 늘리라.
3. 이 기도를 천천히 암송하고 또 하나님 앞에 서서 직접 아뢰듯이 암송하라.
4. 시간이 날 때마다 이 기도를 반복하며 일하는 중간에나 심지어 다른 사람과 말하는 도중에라도 이 기도를 반복하라.
5. 이 기도가 단순히 입술이 아니라 마음속에서부터 우러나오는지를 확인하라.
6. 항상 완벽한 단순함과 고도의 겸손을 유지하면서 행동하며 성공의 원인을 절대로 자신에게로 돌리지 말라.
7. 이 기도를 통해서 달성하려는 목표에 대해서 어떤 시한을 정하지 말라. 다만 꾸준히 계속한다는 이 한 가지만을 결단하라. 그렇게 여러 달이 지나고 수년이 흐르다보면 효력을 암시하는 최초의 미약한 흔적이 나타나기 시작할 것이다.[6]

그리스도와의 연합을 여러분의 주현절 영성에 대한 가장 중요한 목표로 간주하라. 여러분의 심령 속에서 그리스도의 연합을 이루지 않으면, 여러분은 각자의 삶 속에서 그리스도를 결코 드러낼 수 없다는 사실을 기억하라. 나는 예수 기도의 가치를 분명하게 보증할 수 있다. 하루 일과를 마치고 잠을 청하는 중이나 또는 걷거나 차를 운전하는 중에 혹은 유혹에 직면할 때나 하루 일정 중 여기저기에 자투리 시간이 날 때면 나는 종종 이 기도를 되뇌곤 한다.

2) 우리를 통하여 현현하시는 그리스도

주현절의 영성은 우리 안의 그리스도에 대한 것 뿐만 아니라 우리를 통하여 타인에게 현현하는 그리스도에 관한 절기이기도 하다. 하나님께서 예수 그리스도 안에서 현현하셨던 것처럼 이제 그리스도께서는 교회를 통하여 이 세상에게 자신을 나타내신다. 우리는 이 세상에서 빛과 소금의 역할을 감당하는 그리스도의 몸된 교회이기 때문에 우리는 그리스도의 사랑과 구속하시는 능력을 이 세상에 계속해서 드러내는 매개체 역할을 감당해야 한다.

물론 주현절의 영성을 표현할 수 있는 방법은 여러 가지가 있다. 예를 들어서 사랑과 희락과 화평과 오래 참음과 자비와 양선과 충성과 온유와 절제와 같은 성령의 열매를 맺는 삶을 살 때 그리스도는 우리 안에서 자신을 현현하신다. 초대교회 교부들은 이러한 성령의 열매가 남을 잘 접대하는 은사로 잘 표현된다고 생각했다. 접대는 그리스도께서 현현하실 수 있는 매우 소중한 방편이기 때문에 성도들에게는 아주 특별한 은사이다. 그래서 교부들은 이 은사와 관련해서 많은 가르침들을 남겼으며 예수의 임재와 교통하는 매우 특별한 방법의 하나로 강조하였다.

교부들은 성경 속에서 하나님의 임재가 남을 잘 접대하는 행위와 얼마나 자주 관련을 맺고 나타나는지를 살펴보라고 충고한다. 눈여겨볼 전형적인 사례는 아브라함이 자기 장막 문 앞에 나타났던 세 명의 남자에게 제공하였던 접대에서 찾아볼 수 있다(창 18:1-15). 기독교의 도상학(圖像學, iconography 화상이나 조상 등을 통해서 특정 주제를 상징적으로 제시하는 방법 - 역자주)에서는 이 사건을 가리켜서 삼위 하나님께서 아브라함을 방문한 것으로 해석할 뿐만 아니라, 모든 이콘들 중에서 가장 유명한 안드레이 루블료프(Andrei Rublev)의 '삼위 하나님'이라는 이콘 작품에도 영감을 불어넣어 주었다. 아브라함이 세 명의 방문객을 잘 접대한 사건은 접대의 은사 속에서 일어나는 하나님의 임재의 상호 맞바꿈이라는 감동적인 사례를 잘 보여준다. 다시 말해서 아브라함이 이 세 사람들에게 하나님의 사랑을 보여주었다면, 그에 상응하여 이 세 남자는 아브라함과 사라에게 하나님의 임재를 나타내 보여주었다.

그리스도께서 온 세상에 자신을 나타내심을 경축하는 주현절의 예배와 영성은 교회로 하여금 접대를 통해서 다시금 그리스도를 온 세상에 나타내 보여줄 것을 요구한다. 접대를 통한 복음 전도는 이방인에게 복음을 전하고 그들을 그리스도의 심장 속으로 끌어들이는 그리스도의 현현과 마찬가지이다. 오늘 이 세상은 고독한 사람들, 즉 학생들과 미혼, 장애인, 새 이주민들, 수줍어하는 사람들, 이혼한 사람들, 노인과 약자들로 가득 차 있다. 아브라함과 사라처럼 우리도 이들에게 집과 삶을 개방하여 하나님의 사랑과 자비를 충분히 증명해 보여주는 접대를 베풀어야 한다.

접대의 영성은 서구 기독교 전통의 영성의 한 축을 대변한다. 동방 기독교의 영성은 예수의 임재를 실행하는 한 가지 방법으로서 홀로 지내는 고독을 강조한다. 하지만 서방 기독교 전통에서는 특히 근대에 들어서면서 다른 사람들을 향하여 외부로 관심을 돌리는 접대의 영성을 많이 강조해 오고 있다. 물론 균형 잡힌 영성을 위해서는 이 두 가지 영성이 모두 필요하지만, 주현절의 영성은 밖으로 나아가서 다른 사람들을 기독교 공동체 안에서 구현되고 있는 그리스도의 생명 속으로 인도할 것을 강조한다.

우리 대부분은 대체적으로 이 점을 염두에 두고 생활하는 사람들이나 가족들을 잘 알고 있다. 예를 들어 나는 외국 학생들을 상대로 구제 사역을 감당하기 위하여 의도적으로 대학에서 생활하는 어떤 교수에 대해서 잘 알고 있다. 또 스위스의 라브리에서 학생들을 상대로 펼쳐진 프란시스 쉐퍼의 사역은 수많은 사람들에게 큰 영향을 주었다. 집을 나온 아이들이나 마약 중독자들, 그리고 매춘부들을 상대로 구제 활동을 펼치는 뉴욕의 언약의 집의 구제 사역 역시 접대의 영성을 통해서 수많은 사람들을 돌보고 있다. 이런 기관들은 잘 알려진 사례들이지만 어느 한 사람이나 한 가족을 상대로 헌신적인 환대를 베푸는 일 역시 하나님보시기에는 더할 나위 없이 소중한 것이다.

여러분도 접대를 베풀고 복음을 전할 필요가 있는 한 사람이나 한 가족 혹은 한 단체를 선정함으로써 이번 주현절이 하나님의 현현을 체험하고 나타낼 특별한 계기로 만들어볼 것을 권하고 싶다. 또 이번 주현절을 앞으로 평생 동안 남을 돌보는 일에 헌신하는 계기로 삼아 보라. 이러한 요청을 이행할 수 있는 여러 가지 방법들이 있다. 먼저 낯선 사람과 친구를 사귀고 외로운 사람이나 가족을 식사에 초대하며 집에서 이웃들과의 성경 공부 모임이나 친교 모임을 시작하는 것이다.

5. 결론

지금까지 주현절과 결부된 영적인 강조점들을 살펴봄으로써 이제 우리는 영적인 삶 속에 주현절의 영성을 어떻게 구현할 것인지에 관한 유용한 통찰들을 발견하게 되었다. 주현절이 추구하는 것은 그 단어 자체가 의미하는 것에서도 분명히 드러나는 것처럼, 온 이스라엘이 오랫동안 기다려 왔으며 또 온 세상이 간절히 기다려온 구세주의 도래에 대한 성취로서 구세주이신 예수께서 이 땅에 현현하시는 것이다. 동방박사의 방문과 예수의 세례, 그리고 갈릴리 가나의 혼인 잔치 사건은 성부 하나님께서 부여하신 임무를 완수하신 분으로서의 예수의 현현을 잘 보여준다.

하나님의 영광이 예수 그리스도 안에서 현현하셨기 때문에 이제 그 연장선상에서 예수는 그의 제자들과 우리도 우리의 삶을 통해서 그리스도를 세상에 구현하는 헌신적인 제자가 됨으로써 하나님의 영광을 계속 이 땅에 드러낼 것을 명령하신다. 따라서 주현절의 영성이 우리에게 요구하는 것은 무엇보다도 기도와 접대의 은사를 통해서 그리스도께서 우리 안에서 그리고 이 세상 속에서 계속 현현하시도록 하라는 것이다. 우리의 마음을 열어주시사 하나님의 현현이 우리 안에서 나타나게 하시고 하나님의 영광스러운 현현을 우리를 통하여 이방 사람들에게까지 나타나게 하옵소서.

[표-5] 주현절 영성의 개요

주제	영적인 강조점
주현절은 무엇을 경축하는가?	예수께서 이스라엘 뿐만 아니라 온 세상에 하나님의 아들과 구세주로 자신을 나타내셨음을 경축한다.
주현절 예배의 핵심은 무엇인가?	동방박사 세 사람이 예수를 경배하기 위하여 방문한 사건을 중심으로 한다.
주현절의 영성이란 무엇인가?	그리스도께서 우리 안에서 그리고 우리를 통하여 자신을 나타내시는 것이다.
예수께서 특별히 공생애 초기에 자신의 임무를 나타내신 두 가지 사건은 무엇인가?	예수께서 세례 받으신 사건은 예수께서 하나님의 아들이자 죄를 대속하는 하나님의 어린양으로 기름부음 받았음을 선포하는 사건이다. 또 가나 혼인 잔치 사건은 파스칼의 신비 속에서 하나님의 영광을 미리 보여주는 사건이다.
주현절 이후 모든 주일 예배의 핵심 주제는 무엇인가?	주현절 이후 모든 주일 예배의 핵심 주제는 하나님의 영광이 그의 아들 안에서 나타났다는 것이다.
주현절과 관련해서 어떤 사건들이 하나님의 영광의 나타남을 경축하는가?	제자들을 부르심 제자들을 연단하심 예수의 산상변모 사건
하나님의 영광이 우리 안에 현현하는 것을 우리는 어떻게 경험할 수 있는가?	그리스도와의 연합을 통해서 우리는 그와 하나가 된다. 주현절의 영성은 성령의 능력 안에서 성도로 하여금 예수께서 하실 것을 하도록 인도한다.

그리스도께서 우리 안에 거하시는 일은 어떻게 달성될 수 있는가?	계속적인 기도를 통해
우리를 통해서 세상에 현현하시는 그리스도를 어떻게 나타낼 수 있는가?	교부들은 우리가 그리스도를 구현하는 가장 중요한 방편으로서 접대의 은사를 강조하였다.

주현절을 위한 기도

오 주님! 우리에게 은혜를 베푸사 우리 주 예수 그리스도의 소명에 즉시 응답하게 하시고 그의 구원에 관한 복된 소식을 모든 사람들에게 선포하여 우리와 이 모든 세상이 주님의 놀라운 구원의 역사의 영광을 깨닫게 하소서! 이제도 사시고 당신과 성령과 함께 영원히 다스리시는 한 분 하나님께 이제로부터 영원토록 영광을 돌리나이다. 아멘.

『공동기도서』(The Book of Common Prayer)에서

숙고를 위한 질문들

1. 주현절의 영성에 관하여 당신이 얻은 서너 가지 통찰은 무엇인가?
2. 예수께서 제자들을 부르신 사건과 연단하신 일, 그리고 변화산 사건은 당신 자신의 주현절의 영성에 관하여 당신에게 무엇을 말해 주고 있는가?
3. 당신은 누구에게 환대를 베풀어서 그리스도를 나타내겠는가?

주현절 예배와 설교를 위한 참고 자료들

아래의 자료와 관련하여 로버트 웨버가 편집한 『기독교 예배 총람』(The Complete Library of Christian Worship, Peabody, MA: Hendrickson, 1994) 중에 5권, 『교회력의 예배』(The Service of the Christian Year)의 157-206을 보라.

- 주현절 예배에 대한 소개
- 주현절 예배를 계획하기 위한 참고자료들
- 주현절 예배를 위한 예술
- 주현절 예배 사례들

2부

생명의 주기

이제 교회력의 영성의 두 번째 주기로서 생명의 주기를 살펴보고자 한다. 이 주기는 사순절을 거쳐서 고난주간과 부활절을 지나서 성령강림주일로 끝난다. 생명의 주기를 지나는 동안에 영적인 순례는 빛의 주기로부터 상당히 바뀌게 된다. 빛의 주기는 성육신을 강조하는 반면에 생명의 주기의 핵심적인 주제는 죽음과 부활이기 때문이다. 그럼에도 불구하고 두 주기 사이에는 근본적인 일치를 찾아볼 수 있다. 두 주기 모두 다 파스칼의 신비와 세상의 구원과 관련이 있기 때문이다. 또 한 쪽은 성육신을 강조한다면 다른 쪽은 죽음과 부활의 순례 속으로 들어간다. 한 쪽 주기는 나사렛 예수의 인격 안에서 우리에게 찾아오신 하나님을 강조한다면, 다른 쪽 주기는 그가 이 땅에 오신 목적으로서, 사탄의 왕국으로부터 세상을 구원하여 온 세상 사람들에게 용서와 치유를 베풀기 위하여 자신의 생명을 내어주는 희생 제사를 상기시켜 준다. 그래서 빛과 생명의 두 주기를 연속적으로 회상하다 보면 우리는 예수의 탄생과 죽음이 마치 한 벌의 옷처럼 전혀 나뉠 수 없으며 기독교의 전통적인 메시지를 왜곡하지 않고는 결코 두 가지로 나뉠 수 없다는 필연적인 사실에 직면하게 된다.

빛과 생명의 두 주기가 함께 결합되는 또 다른 방식이 하나 더 있다. 즉 두 주기 모두가 기대와 성취, 그리고 선포의 패턴을 따른다는 점이다. 대림절은 예수의 나타남을 기대하고 성탄절은 이를 성취하며 주현절은 이를 선포한다. 마찬가지로 사순절도 예수의 죽음과 부활을 기대하며 부활절은 이를 성취하며 성령강림절은 이를 선포한다. 그래서 성탄절과 부활절의 주기 속에는 영적인 진보 뿐만 아니라 역사적인 진행과정도 함께 들어 있다. 그리스도의 성육신, 그리고 죽음과 부활을 기점으로 들어가고 나오면서 순례하는 과거 하나님의 백성들의 경험을 회상하고 또 그대로 재현하다 보면, 우리 역시 기대와 성취, 그리고 선포로 나아가는 우리 자신의 영성을 발견할 수 있다. 그 과정에서 영성의 초점은 빛의 주기에서 생명의 주기로 바뀔지라도 기대와 성취, 그리고 선포의 패턴은 여전히 동일하게 유지되고 있다.

초대교회 교부들은 오래 전부터 생명의 주기의 중요성을 잘 이해하고 있었다. 이후 제5장에서 다뤄질 사순절은 파스칼 신비의 심장부와 다름없는 그리스도의 죽음과 부활 속으로 성도를 인도하려는 단 하나의 목표를 염두에 둔 것이다. 초대교회 교부들은 사도들의 전통의 연장선상에 서서 사망의 죽음, 지옥의 붕괴, 그리고 새로운 생명의 시작의 경험 속으로 성도를 인도해 줄 영적인 순례 과정을 발전시키고자 했다. 사순절은 죽음을 향한 순례, 즉 새로운 생명으로 이어지는 죽음을 향한 순례에 비유할 수 있다. 왜냐하면 사순절 동안에 우리는 역사를 뒤바꾼 실제 사건으로서 역사 속에서 한 번 발생했을 뿐만 아니라 우리 안에서 다시금 새롭게 일어나는 사건을 거치기 때문이다. 그리스도는 죽음을 정복하였으며, 죄에 대한 우리의 죽음을 성령 안에서의 새로운 생명의 성취를 향한 부활로 뒤바꾸어 놓았다. 그리고 이러한 영적 변화는 이제 믿음 안에서 우리에게 부어진다. 그런데 이 새 생명은 그저 관찰하고 분석하며 구조화시킬 어떤 명제나 사물이 아니라 각자가 경험해야 하는 실체이다. 이 새로운 생명은 실제이며 삶을 변화시키는 경험으로서 실체에 대한 우리의 관점을 구성하며 인간관계에 영향을 미치며 가치를 결정짓고 우리를 초월의 세계로 안내하며 삶 속에 깃들어 있는 영적인 차원을 경험하도록 유도한다.

빛의 주기의 핵심과 원천은 위대한 3일 동안에 최고조에 달한다. 초대교회 당시에 사순절은 종려주일이 아니라 성 목요일에 끝났다. 시간에 대한 히브리적인 사고방식으로 목요일 밤은 성금요일이 시작되는 순간이자 온 세상의 구원이 성취되는 성삼일의 여정이 시작되는 순간이다. 다음 제6장에서는 그리스도의 생애 중에 마지막 사건들, 즉 예수께서 제자들과 보냈던 마지막 순간들, 체포, 십자가 처형, 죽음, 지옥강하, 그리고 영광스러운 부활에 대한 경험들을 단계적으로 살펴볼 것이다. 이러한 사건들 속에는 우리의 영성에서 가장 중요한 내용과 형식들이 깃들어 있으며, 그리스도의 죽음과 부활은 오늘 우리의 영성의 패턴, 즉 죄에 대하여 죽고 성령 하나님의 생명에 대해서는 계속 부활하는 패턴을 제시한다.

이어서 제7장에서는 부활절기를 다루는데, 예수의 육체적 부활의 참된 영적 의미를 중점적으로 살펴보고자 한다. 부활절기의 일곱 주간 동안은 부활절의 영성을 배우고 또 배우는 데 집중한다. 왜냐하면 이를 통해서 십자가에서 죽고 부활하신 그리스도께서는 우리와 연합하시며 우리 역시 매일의 삶의 패턴을 따라가면서 그리스도와 연합하기 때문이다. 교회는 세례와 성찬을 시행함으로 그리스도께서 이 땅에 편재하신다는 표지를 재확인한다. 세례와 성찬이라는 특별한 표지는 성령의 능력에 의해서 우리에게 찾아오시는 예수의 임재와 우리가 그 안에 연합해 있음을 나타낸다. 이러한 표지들은 교회에게 능력을 공급하며 우리가 부활의 영성 안에서 살아갈 자유를 제공한다. 부활절기 동안에는 그리스도의 승천일과 그리스의 온 우주적인 통치도 함

께 경축한다. 이 부활절기는 성령강림절로 끝나게 되는데 그 다음 절기는 때로는 '성령강림절 이후'(after Pentecost)라고도 알려져 있다.

제8장에서는 성령강림절 이후 절기, 또는 일반 절기(혹은 비절기 기간, ordinary time)라고도 하는 시기를 다룬다. 앞으로 다루겠지만 이 시기를 부르는 명칭은 일반 절기이지만 이 절기 동안의 주일 예배의 강조점은 하나님의 온전한 구원 사건을 기억하며 우리의 구원을 위해서 이 역사 속에 개입해 들어오신 분께서 우리의 구원을 위해서 이 역사를 완성하실 것을 소망하기 때문에 결코 평범한 시간은 아니다. 일반 절기의 마지막 주일(그리스도 왕 대축일)이 증명하듯이 그리스도는 온 세상을 다스리시는 왕이다.

이 책은 짤막한 후기로 끝나고 있다. 여기에서 필자는 여러분의 영적인 삶을 정렬하는 한 가지 방법으로서 기독교의 교회력의 리듬을 따라가는 것을 제시하고자 한다.

사순절

회개하는 시기

주님을 찬양하는 데는 여러 가지 이유가 있겠지만 그를 찬양하고 그에게 모든 영광을 돌리는 가장 중요한 이유는 십자가 때문이다. 사도 바울은 그리스도께서 우리의 유익과 안위를 위해서 베푸신 모든 것들을 간과하는 한이 있더라도 계속해서 십자가만을 붙들고 있다. 그가 말한 것처럼 우리를 향한 하나님의 사랑의 증거는 우리가 아직도 죄인이었을 때에 그리스도께서 우리를 위하여 죽어주신 사실에 있다. 사도 바울은 다음과 같은 말씀에서 우리의 소망의 가장 최고의 토대를 이렇게 제시하고 있다. **우리가 원수되었을 때에 그 아들의 죽으심으로 말미암아 하나님으로 더불어 화목되었은즉 화목된 자로서는 더욱 그의 살으심을 인하여 구원을 얻을 것이니라!**   존 크리소스톰(A.D. 347-407)

불행히도 일부 그리스도인들은 예수 그리스도의 죽음과 부활이 마치 전혀 일어나지 않은 것처럼 살아가고 있다. 이들의 삶은 매일 반복적으로 경험하는 일상생활에 얽매여 있다. 유명 브랜드가 달린 옷과 집의 색깔, 은행 잔고, 자동차의 연식과 배기량, 다른 사람들이 누리지 못하는 특권, 그리고 자신의 권력을 나타내는 상징들에 집착하면서 살아갈 뿐이다. 또 우리는 우리의 창조자이며 구세주를 너무나도 쉽게 잊어버리고는 하나님의 자리를 사물이나 야망으로 대체해 놓았다. 그런데 사순절은 우리가 처한 절망적인 상황에 대해서 근본적인 해결책을 제시하는 절기이다. 이 절기는 우리를 다시 하나님께로 소환하며 가장 기본적인 것, 즉 삶 속에 자리하고 있는 영적 실체로 우리를 소환하는 시기이다. 즉 죄에 대하여 죽고 또 우리 마음에 자리한 하나님과 동료 인간에 대한 무관심을 중지하라고 요청하는 시기이다. 또 이 절기는 주님으로 말미암은 기쁨 속으로, 즉 옛 생활에 대하여 죽음으로써 태어난 새로운 생명에 대한 환희 속으로 들어가야 함을 일깨워준다. 이것이 바로 재의 수요일의 모든 관심사이며 그 중심에는 예수와 함께 죽었고 그 안에서 새로운 생명의 능력으로 부활한 자들에게 요구되는 근본적인 삶의 변화가 자리하고 있다.

1. 재의 수요일로부터 시작되는 사순절

내가 걸어온 전통과 비슷한 배경을 가진 대부분의 사람들에게 재의 수요일 예배와 사순절은 상당히 낯설고 약간은 위협적이기까지 하다. 오늘날 우리의 문화권 안에서 성탄절은 매우 보편적인 문화이기 때문에 교회력 상의 성탄절 주기는 훨씬 덜 낯설다. 또 오늘날에는 성탄절 자체가 상당 부분 세속화되었기 때문에 대부분의 그리스도인들이 성탄절 문화 속에 깔린 물질만능주의를 극복해야 할 당위성은 매우 설득력이 있다. 그래서 대부부의 개신교회는 그 대안으로 대림절을 지키며 점차로 많은 교회들이 주현절도 실행하고 있다. 하지만 사순절은 전혀 다른 문제를 안고 있다. 사순절은 어두침침하고 불길한 느낌을 주는 것처럼 보인다. 또 사순절은 개신교도들에게 여러 로마 가톨릭의 관습들, 즉 여러 복잡한 의식들과 행위들, 금식, 철야 예배 등등을 떠올리게 한다. 사실 우리는 이미 이런 모든 복잡한 의식들로부터 구원받은 것이 아닌가? 과거 종교개혁자들은 이미 구원을 위한 여러 행위들과 순례 과정들로부터 우리를 자유롭게 해주지 않았는가?

일부 가톨릭의 의식들이 재의 수요일과 사순절의 참된 의미를 혼탁하게 만들었음에는 의심의 여지가 없다. 우리 대부분은 고등학교 시절에 그런 모습을 보여주었던 10대 가톨릭교도들을 기억할 것이다. 그들 중 일부는 가톨릭 신앙의 실상을 아주 형편없이 보여주기도 하였다. 또 재의 수요일에 이들은 볼썽사납게 이마에 십자가 표식을 그려 넣고서 나타나기도 했다.

당시 아마도 우리 중 누군가는 이들을 속으로 비웃으면서 형식적이고 의식적인 종교적 표식의 가치에 관하여 스스로에게 질문을 던져보았을 것이다. 그 질문에 대해서 어쩌면 예나 아니오 모두 가능할 것이다. 오직 하나님만이 속마음을 판단하실 수 있기 때문이다. 그와는 별도로 또 우리는 감히 이런 질문을 던질 수 있다. 과연 그러한 상징의 배후에는 부활절의 순례 여정을 더욱 의미 있게 만들어줄 어떤 잠재력이 숨어 있는가? 또 부활절을 의미 있게 보내기 위해서 우리는 과연 무엇을 할 수 있는가? 대부분의 개신교도들은 죽음과 부활을 매년 경축하기 위해서 그 어떤 특별한 영적인 준비를 하지 않는 편이다. 예를 들어서 내가 어릴 때 내 집에서―당시로서는 매우 헌신적인 경건한 가정으로서―부활절을 준비하기 위하여 고작 한 일이라고는 계획을 세워서 새 옷을 장만한 것 정도였다. 부활절은 항상 주말의 행사였다. 부활절을 위해서 몇 주간 동안 준비한다는 것은 당시로서는 생각하기 어려울 뿐만 아니라 우습고 심지어는 이교적이었다. 하지만 이제 나는 이렇게 질문하는 것조차 이상하다. 과연 누가 이교도인가? 기계적이고 무관심한 마음으로 재의 수요일과 사순절을 보낸다는 것은 잘못이다. 또 아무런 준비도 하지 않은 채로 부활절을 맞이한다는 것도 잘못이다. 가톨릭과 개신교를 위해서 분명 어떤 대안이 있을 것이다. 재의 수요일과 사순절의 영적인 순례 과정에 담긴 올바른 영적 목표를 회복시켜야 한다. 재의 수요일 예배에 담긴 삶을 변화시키는 내용을 먼저 살펴보면서 사순절의 영적인 의미를 되새기는 순례 여정을 시작해 보자!

2. 재의 수요일

나는 처음으로 참석했던 재의 수요일 예배를 아직도 잊지 못한다. 예배를 위해서 예배당 안으로 들어설 당시 나는 그곳에 참여한 사람들의 자세와 분위기가 성탄절 예배와는 전혀 다르다는 것을 발견하였다. 이 분위기는 사순절 기간 중에 요구되는 전혀 다른 영적인 수련의 본질이 무엇인지를 그대로 보여주는 것 같았다. 예배당 안의 불빛은 희미하게 비추고 있었으며 이미 도착하여 자리에 앉은 성도들은 조용히 기도하고 있었으며 나중에 도착한 사람들이 조용한 속삭임으로 인사를 나누거나 간단히 고개를 끄덕이면서 인사를 나누거나 조용히 침묵을 지키고 있었다. 예배에 참여하려고 들어간 예배당에는 무언가 엄숙한 분위기가 감돌고 있었으며 나에게는 익숙하지 않은 어둑한 분위기가 느껴졌다. 자리를 잡고 앉은 다음 조용한 침묵이 이어졌지만 오르간의 전주나 옆 사람과의 잡담도 전혀 없었다. 그래서 나는 머리를 숙이고 조용히 예배가 시작되기만을 기다렸다.

예배가 시작되는 것을 알리는 어떤 행렬이나 성가대나 오르간 음악도 전혀 없었다. 잠시 후 검은 예복을 입은 한 사제가 강단 옆에 달린 문으로부터 앞으로 걸어 나와서 낮은 목소리로 "다 함께 기도합시다!"라고 말했다. 그 다음 그 사제는 천천히, 그리고 신중하게 다음과 같이 기도하였다. "전능하시고 영존하시는 하나님! 주께서는 친히 만드신 어느 것 하나라도 미워하지 않으시며 회개하는 모든 이들의 죄를 용서해 주시나이다. 이 시간 우리 안에 회개하는 새로운 심령을 창조하시고 새롭게 하여주사, 우리의 죄악을 마땅히 회개하며 우리의 불행을 자인하는 가운데 모든 자비의 하나님 주께로부터 온전한 사죄와 용서를 맛보게 하옵소서. 이제도 사시며 주님과 성령 하나님과 함께 이제로부터 영원토록 통치하시는 우리 주 예수 그리스도의 이름으로 기도합니다. 아멘."[1]

그 사제가 "우리 안에 회개하는 새로운 심령을 창조하시고 새롭게 하여주사"라고 기도하는 중에, 나는 그 기도가 나의 사순절 영성으로 다가오는 것을 느낄 수 있었다. 예배 중에 계속 되풀이되고 또 절기 중에 계속 반복적으로 표현되는 이러한 패턴의 참회와 회개는 예수 그리스도의 치유하시는 능력 속으로 나를 다시금 새롭고 신선하게 끌어들이고 있었다.

기도가 끝나고 이어지는 성경 낭독을 나는 주의 깊게 들어보았다. 낭독하는 본문은 요엘서 2장 1-2절과 12-17절, 시편 103편 2절, 고린도후서 5장 20절부터 6장 10절, 그리고 마태복음 6장 1-6절과 16-21절이었다. 참회와 개종에 대한 요청을 담고 있는 이 모든 구절들은 영적 부흥의 패턴에 관하여 언급하는데, 특히 복음서 낭독은 사순절 영성에 대한 청사진을 제시하는 것 같았다. 즉 우리를 향한 하나님의 사랑과 그 사랑에 대한 우리의 마땅한 응답이라는 신앙의 본질을 천명하고 있었다. 재의 수요일을 위해서 지정된 복음서 낭독을 통해서 예수는 우리더러 경건한 신앙을 실천하며 기도하고 자선을 베풀며 금식할 것을 명령하고 계셨다(마 6:1-6; 16-21).

본문의 강조점은 단순한 신앙 체계로서의 믿음, 즉 지성적인 차원에서 동의해야 할 일련의 객관적인 명제들이 아니라 기도와 구제, 그리고 금식과 같은 행위로 구체화되는 참된 경건을 실제 삶으로 살아내며 구현하는 믿음이다. 영성을 실천하는 세 가지 행위의 저변에 자리하고 있는 것은 단순히 기계적이고 비인격적인 의식이 아니라 참으로 매력적이고 노력을 요하며 헌신된 상호관계(relationship)이다.

그 다음 이어지는 설교에서는 금식과 기도, 그리고 자선 행위를 신앙의 관점에서 이해하는 것이 얼마나 중요한지를 분명하게 제시하였다. 이 본문(마 6:1-6; 16-21)이나 그 밖의 다른 곳에서 예수는 금식하고 기도하며 구제할 때의 바리세인들의 부적절한 동기들에 대해서 강하게 책망하셨다. 그들은 "사람에게 보이려고"(5절) 그렇게 하였지, 참된 신앙에 근거한 것이 아니었다. 우리가 금식하고 기도하며 자선을 베풀어야 하는 올바른 복음적인 동기는 다른 사람들로부터 칭찬을 받으려는 것이 아니라 하나님과의 관계를 개선하고 확립하며 유지하고 변혁하려는 것이다. 사순절의 수련을 어떤 행위나 혹은 하나님으로부터 호의를 얻어내기 위한 수단으로 이해하지 않고 하나님과 이웃, 그리고 자신과의 관계의 차원에서 이해할 때, 그 수련은 그 자체로 우리를 더욱 깊은 영성으로 인도할 것이다.

1) 재를 뿌리는 성회 의식

예배의 후반부에서는 이마에 재를 뿌리는 성회의식(the Imposition of Ashes)이 이어졌다. 예배에 참여하는 다른 사람들과 마찬가지로 나 역시 깊은 고요 가운데 있었다. 머리를 숙이고 내 자신의 죄악을 비롯하여 하나님, 내 자신, 그리고 이웃과의 분리에 대해서 깊이 묵상해 보았다. 그러자 나와 관계가 깨어진 여러 얼굴들의 영상이 스쳐지나가며, 그동안 범했던 죄악도 떠올랐고 인류를 위한 하나님과 하나님의 뜻에 총체적으로 거역하는 사람들의 불순종에 함께 동참했다는 자각이 생겨났다. 또 내 자신의 기독교인다운 삶은 거짓된 것이며 "사람에게 보이려는" 열망에서 비롯된 것이라는 느낌이 들었다. 그렇게 회개할 마음이 들자 사제는 사순절을 거룩하게 지켜야 한다는 내용을 낭독하기 시작하였다.

> 사랑하는 성도 여러분! 초대교회 성도들은 우리 주께서 고난 받으시고 부활하신 날을 아주 정성껏 지켰고, 그 이후로 회개와 금식을 통해서 이 절기를 준비하는 것이 교회의 관례가 되었습니다. 사순절 기간은 신앙에 귀의한 개종자들에게 거룩한 세례를 준비할 수 있는 시간을 제공합니다. 또 이 기간은 악한 죄로 인하여 성도들의 몸에서 떨어져 나갔던 자들이 회개하고 사죄를 받아 다시금 화해를 이루어 교회의 친교를 회복하는 시기이기도 합니다. 그래서 이 기간 중에 모든 성도들은 우리 구주의 복음에 담긴 용서와 사죄의 메시지를 다시금 기억할 뿐만 아니라 모든 성도들은 계속해서 회개하며 그 믿음을 새롭게 해야 한다는 사실을 재확인하게 됩니다.
> 그래서 저는 여러분이 이번 사순절 동안에 스스로를 점검하며 회개하고 기도와 금식으로, 그리고 자기를 부인하며, 하나님의 거룩한 말씀을 읽고 묵상하는 가운데 사순절을 거룩하게 지킬 것을 교회의 이름으로 선포합니다. 이제 거룩한 마음으로 회개하기 위하여, 그리고 주께 자비를 간구하는 표시로 우리의 창조자이시며 구세주이신 주님 앞에 다 함께 무릎을 꿇고 기도합시다.[2)]

나도 무릎을 꿇고 몇분 간 조용히 묵상하면서 사순절을 거룩하게 지키자고 요청한 그 사제의 메시지를 다시금 되새겨보았다. 그러는 동안 내 마음은 내 자신의 인생행로에 대한 생각을 멈추고 구주 예수 그리스도의 고난을 기억하는 사순절의 수련으로 부름 받은 이유에 관한 생각에 푹 빠지게 되었다. 내가 정말로 원하는 것은 조금도 거짓이 없이 진정으로 그리스도의 수난 속으로 들어가 보는 것이었다. 그리스도와 함께 죽으며 그와 함께 묻혀서 새로운 생명으로 부활할 수 있기를 간절히 원했다. 그런 생각에 골몰하고 있는데 또 다음과 같은 사제의 메시지가 들려왔다. "재를 뿌리는 성회의식을 통해서 그리스도와 연합하기를 원하는 여러분을 이 거룩한 예식으로 초대합니다." 나는 다른 여러 사람들과 함께 조용히 제단 앞으로 걸어 나가서 무릎을 꿇은 다음에 이마에 재를 묻혀주기를 기다렸다. 이어서 사제가 기도하는 내용을 주의 깊게 들어보았다. "전능하신 하나님, 주께서는 이 땅의 먼지로부터 우리를 지으셨나이다. 이 재가 우리의 유한함과 회개의 표시로 우리에게 뿌려지며 이를 통하여 주님의 은혜로 말미암아 우리에게 영원한 생명이 주어졌음을 다시금 깨닫게 하옵소서. 우리 주 예수 그리스도의 이름으로 기도하옵나이다. 아멘."[3)]

지난 해 종려주일에 종려나무 잎사귀를 태워 만든 재를 이마에 받기 위하여 무릎을 꿇고 이마를 약간 들고서 기다리는 동안에 "우리의 유한함의 표시"라는 말을 마음속으로 곰곰이 되새겨 보았다. 다른 사람들과 마찬가지로 나 역시 마치 결코 죽지 않을 것처럼 살아왔다. 죽음은 내가 신경 써야 할 의제가 아니었다. 하지만 그 순간에는 내 자신의 유한함과 앞으로 얼마 남지 않은 인생, 그리고 하나님 앞에서의 내 인생에 대한 책임이 가슴 속으로 물밀듯이 밀려왔다. 죽음의 실체를 의식하는 가운데 더욱 진지해진 나는 이마를 더 치켜들고 사제의 성회의식을 기다렸다. 이윽고 사제가 다가와서 엄지손가락에 재를 찍고 내 이마에 성호를 그으면서 바른 다음 "너는 흙이니 흙으로 돌아갈 것이니라"는 냉랭한 말을 짤막하게 읊조렸다. 그 재의 수분과 그 사제가 엄지손가락으로 재를 바르는 감촉이 이마로부터 온몸으로 전해졌다.

자리로 돌아온 나는 성회의식이 모두 끝나기를 조용히 기다렸다. 그렇게 조용히 기다리면서 무릎을 꿇은 사람들이 재를 이마에 받고 자기 자리로 되돌아가는 것을 지켜보는데, "너는 흙이니 흙으로 돌아갈 것이니라"는 짤막한 메시지가 계속 반복되는 것을 들을 수 있었다. 사람들은 자기 얼굴을 통해서 여러 가지 속마음을 표현하기 때문에 나는 그러한 사람들의 얼굴을 지켜보기를 좋아한다. 그곳에 모인 사람들의 얼굴 표정은 매우 진지하였지만 그들의 눈과 몸가짐에서는 고요한 평화를 느낄 수 있었다. 그 평화는 재의 수요일 예배를 감싸고 있는 엄숙함을 넘어서서 앞으로 있을 부활을 선포하는 평화였다.

2) 참회의 연도

침묵 가운데 모두가 자리에 앉자 사제는 『공동기도서』(*The Book of Common Prayer*)에 실린 시편 51편을 함께 읽을 것을 제안하였다. 그 전에도 나는 그 시편을 여러 번 읽어보았고 그 시편에 관한 설교도 많이 들어보았다. 하지만 그 시편이 그날 밤 예배에서처럼 그렇게 내 마음에 깊은 감동을 가져다 준 적은 없었다. "하나님이여 주의 인자를 좇아 나를 긍휼히 여기시며 주의 많은 자비를 좇아 내 죄과를 도말하소서! 나의 죄악을 말갛게 씻기시며 나의 죄를 깨끗이 제하소서!"(1-2절)라는 말씀을 함께 읽어가는 중에, 나는 하나님의 임재가 내 마음을 강하게 사로잡는 것을 느낄 수 있었다. 나 혼자 입술로만 그저 웅얼거리는 것이 아니라 말하자면 하나님께서 내 앞에 서서 내 말에 귀를 기울이시며 내 마음속 깊은 곳에서부터 쏟아져 나오는 것을 듣고 계신다는 확신이 들었다. 나는 계속해서 시편 기자와 함께 이렇게 외쳤다. "내가 주께만 범죄하여 주의 목전에 악을 행하였사오니... 나를 정결케 하소서 내가 정하리이다... 주의 얼굴을 내 죄에서 돌이키시고 내 모든 죄악을 도말하소서!"(4, 7, 9절). 그 다음 계속해서 시편 기자와 함께 하나님께 이렇게 탄원하는 자리로 나아갔다. "하나님이여 내 속에 정한 마음을 창조하시고 내 안에 정직한 영을 새롭게 하소서 나를 주 앞에서 쫓아내지 마시며 주의 성신을 내게서 거두지 마소서 주의 구원의 즐거움을 내게 회복시키시고 자원하는 심령을 주사 나를 붙드소서!"(10-12절). 주님을 향한 전적인 신뢰와 믿음의 자세를 지닌 어린아이의 심정으로 그에게 나아오는 자들을 모두 용납하신다는 확신이 마음에 물밀듯이 밀려왔다. 이어서 마지막으로 위로의 말씀이 들려왔다. "하나님의 구하시는 제사는 상한 심령이라 하나님이여 상하고 통회하는 마음을 주께서 멸시치 아니하시리이다"(17절). 이 시편은 내가 그리스도의 고난 속으로 몰입하고자 할 때 종종 묵상하는 시편이다. 이 기도 속에는 하나님께서 나에게 무엇을 원하시는지가 분명하게 나와 있다. 그것은 하나님의 임재하시는 자리로부터 벗어나서 내 인생을 향한 그분의 뜻에 순종하지도 않고 제 갈 길대로 행하고 있다는 자각의식과 아울러 하나님 앞에서 자만심과 교만한 마음을 산산이 부서뜨리는 것이다.

그래서 다른 사람들과 마찬가지로 나도 내 죄악을 분명히 토설해야만 한다. 죄로 얼룩진 내 처지에 대해서 너무나도 둔감하다보면 그 죄악을 간과하거나 심지어는 그 실체를 부인하기도 하고 또 그 죄를 다른 것으로 둘러대기도 한다. 다행히도 재의 수요일 예배는 내 죄악에 대해서 그저 속된 생각만 하도록 내버려두지 않았고 시편 51편의 기도를 함께 따라하는 중에 참회의 연도를 통해서 나는 내 죄악을 구체적이고도 세부적으로 분명히 자각하게 되었다. 물론 이 기도문이 별로 유쾌하지는 않았다. 왜냐하면 이 기도문은 내가 인정하고 싶지 않은 내 진실을 적나라하게 밝히고 있기 때문이다. 하지만 진정한 회개를 통하여 그리스도 안에 있는 새로운 생명을 만끽하고자 한다면 나는 그러한 진실에 정직하게 직면해야만 한다. 그 기도는 내 속마음의 강퍅함을 지적하였으며 나의 모든 삶의 구주로서 그리스도를 인정하기를 거부하고 그저 피상적으로만 생각하려는 내 습성을 적나라하게 들추어냈다. 사제의 기도가 이어졌다. "우리는 마음과 정성을 다하여 주님을 사랑하지 못했나이다. 이웃을 내 몸과 같이 사랑하지도 못했나이다. 주께로부터 용서받은 대로 남을 용서하지 못하였나이다."[4] 나 역시 이 기도에 동의할 수밖에 없었다. 하나님을 반쪽만 섬기는 내 모습과 심지어 목회에 있어서도 내 자신을 섬기려는 모습이 떠올랐기 때문이다. 이 기도의 무게에 일격을 받은 느낌이 들었다. 내가 원하기만 한다면 사순절 전체에 대한 체험을 지시해 줄 무언가가 이 자리에 작용하고 있다는 생각이 들었다.

이어서 사제의 기도가 계속되면서 나와 다른 성도들이 하나님을 떠나서 헛된 우상을 섬긴 구체적인 모습들을 지적하기 시작하였다. "지난날 범한 우리 모든 과오를 주께 자백하나이다. 교만과 위선, 인내하지 못한 것, 스스로에게는 관대한 식욕과 습관들, 타인을 학대한 일들, 실패에 대한 분노, 그리고 나보다 더 운이 좋아 보이는 사람들에 대한 시기와 질투, 속된 물건들과 위안들을 지나치게 탐닉했던 일들, 매일의 삶과 일 속에서 범했던 부정직한 모습들, 기도와 예배에 게을리 한 일, 그리고 우리 안에 있는 믿음을 따라 행하는 데 실패한 모든 것들을 회개하나이다."[5] 나도 다른 성도들과 함께 '주께 자백하나이다'라고 기도를 따라했지만, 사순절은 그렇게 말로만의 회개를 넘어서 기도에서 언급한 것처럼 내 모든 삶 속에서 실제적인 변화를 가져오는 행동으로 이어져야 한다는 것을 잘 알고 있었다. 그래서 내 자신의 삶 속에서도 나타나는 구체적인 죄악의 목록을 만들어서 확인해 보아야겠다는 생각이 들었다.

먼저 내 자신에게 적용되는 죄악의 이미지들이 마음속에 떠올랐다. 그 다음 기도는 이제 내 이웃들을 향한 죄악들로 옮겨졌다. 그러자 또 전혀 새로운 목록들이 떠오르기 시작하였다. "주님, 우리의 회개를 받아주옵소서. 이전에 범한 잘못들과 다른 사람들의 필요와 고통을 외면했던 것들을 용서하소서. 또 불의와 학대에 대한 무관심과 모든 거짓된 판단들을 용서하시고 이웃에 대한 무자비한 생각들과 잘못된 편견들을 용서하시며 우리와 다른 사람들을 경멸한 것을 용서하옵소서."[6] 미국 중산층이 누리는 특권적인 지위와 부, 그리고 자유를 만끽하면서 살아가는 다른 사람들처럼 나도 이러한 부유한 삶을 살아갈 권리가 당연히 나에게 있다는 것처럼 행동하고 살아왔다는 생각이 들었다. 기도가 계속되면서 내가 지금 누리고 있는 행복은 어떻게 보자면 다른 사람들의 희생 덕분이라는 생각이 떠올랐다. 그리고 사순절 순례에 대한 구체적인 표지의 하나로서 자선을 베풀어야 한다는 주님의 명령이 더 큰 목소리로 다가왔다.

마지막으로 그 기도의 관심은 자연 피조물에 대한 우리들의 악한 관계로 이어졌다. 사제가 우리 모두를 대신하여 조용하면서도 강력하게 그런 죄악들을 자백하는 것을 들을 수 있었다. "주께서 만드신 자연을 남용하고 더럽힌 죄악을 용서하소서. 그리고 우리 뒤에 태어날 후손들에 대한 관심도 부족했음을 용서하소서."[7] 기도를 듣는 가운데 그동안 헛되이 낭비했던 자원들과 자연을 계속해서 파괴하면서 우리 후손들에게 남겨줄 황량한 폐허들과 관련해서 늘 대두되는 환경 문제들에 대한 관심이 그동안 너무나도 부족했던 것도 생각났다.

　이런 기도를 계속 듣는 중에, 그동안 내가 얼마나 하나님으로부터 멀어져 있었는지를 새롭게 깨달을 수 있었다. 나는 악한 죄인으로서 하나님과 내 자신, 이웃, 그리고 자연으로부터 철저하게 소외되어 있다는 사실을 깨닫게 되었다. 그리스도를 구주로 고백하고 또 그리스도를 따르기로 결단했음에도 불구하고 나는 여전히 주님에 대한 악한 불순종과 삶의 모든 영역들에 대한 무책임과 무관심 속에서 살아왔던 것이다. 사순절은 바로 이러한 죄악들을 정직하게 직시하고 이로부터 떠나서 하나님과의 깊은 기도의 관계로 들어가기에 좋은 시기이며, 이웃과 세상을 동정어린 사랑으로 돌보는 데까지 나아가기에 참으로 좋은 시기라는 것을 스스로 상기해 보았다. 사순절은 바로 이러한 종류의 영성, 즉 성도들을 십자가와 죽음으로 인도하는 회개의 영성을 제시한다.

　그런데 그 예배가 참회의 연도로만 끝났더라면 나는 절망할 수밖에 없었을 것이다. 삶의 어두운 쪽에 너무 강하게 붙잡힐 수밖에 없었을 것이다. 그렇게 되면 내 영혼은 즉시로 침체의 늪에 빠져서 그 죄악으로 말미암아 질식하고 말 것이다. 그 이상의 무언가가 필요하다. 그런데 참 다행스럽게도 예배는 그 시점에서 그대로 끝나지 않고 평화가 선포되었다. "주님의 평화가 당신과 함께하시기 바랍니다" 하고 옆 사람과 악수하며 인사를 나누고 또 "주님의 평화가 당신과도 함께하시기 바랍니다"라는 인사를 나눌 때, 나는 그 인사 속에서 새로운 생명의 부활을 들을 수 있었다. 예수께서 다락방에서 제자들에게 먼저 말씀하셨던 이 인사말 속에는 우리의 삶과 이 세상 속에 버티고 있는 어둠은 결코 우리를 이기지 못한다는 하나님의 약속이 깔려 있다. 악의 권세는 이미 무너졌다. 그리고 우리가 가는 이 터널의 끝에는 빛이 기다리고 있다. 성만찬으로 예배가 끝날 즈음에 우리는 부활의 약속을 잠깐 바라볼 수 있었으며, 십자가와 무덤 너머에 자리하고 있는 부활의 아침을 미리 맛볼 수 있었다. 그러나 지금 그 부활은 여전히 약속, 즉 사순절의 수련을 신실하게 감당할 때 비로소 실제로 뒤바뀌는 약속이다. 그리고 내가 주님과 함께 부활하고자 한다면 지금 나는 그와 함께 죽어야 한다. 이것이 바로 내 실존 깊은 곳을 어루만지지 못하는 어떤 사실에 대한 지적인 동의가 아니라, 그리스도의 죽음과 부활에 대한 사실적인 경험으로 직접 체험하고자 했던 것이다.

3. 사순절의 주제들

재의 수요일 예배는 사순절 영성의 토대를 제시한다면, 그 이후의 주일 예배들은 그 영성을 더욱 강화하면서 성도들로 하여금 앞에서 확인했던 회개를 계속 지속할 수 있도록 해준다.[8]

1) 그리스도의 유혹

재의 수요일 이후 첫째 주일은 그리스도의 유혹 사건을 통해서 우리의 영성을 가다듬도록 하고 있다(마 4:1-11; 막 1:9-13; 눅 4:1-13). 이 본문에서 우리는, 십자가가 아닌 다른 방법으로 왕국을 세워보라는 사탄의 유혹에 직면하여 이를 거부하며 사탄의 권세를 무너뜨리는 그리스도를 발견하게 된다.

초대교회 교부들은 첫째 아담과 둘째 아담이신 그리스도를 서로 비교하기를 좋아하였다. 이러한 비교법은 로마서 5장 12-21절과 고린도전서 15장 20-28절에서 사도 바울이 사용하고 있다. 첫째 아담도 우리를 위해서 무언가를 하였다.

하지만 그는 죄와 죽음, 그리고 저주를 자초하였으며, 인류를 파멸로 몰아넣는 연결고리를 만들고 말았다. 그런데 둘째 아담 역시 우리를 위해서 무언가를 하였다. 그는 첫째 아담이 저지른 일을 역전시켰으며, 이 땅에 생명과 의, 그리고 부활을 가져왔으며, 결국 온 세상의 구원으로 이어질 새로운 연결고리를 만들어 놓았다.

초대교회 교부들은 그리스도께서 유혹을 받으신 사건을 인류의 운명을 역전시키는 일련의 과정에서 획기적인 전환점으로 이해하였다. 바로 이 부분에서 아담과 그리스도가 정확하게 대비되기 때문이다. 아담은 유혹에 굴복했던 반면에, 그리스도는 그 유혹을 극복하였다.

유혹에 직면했을 때 그리스도는 자신 뿐만 아니라 우리 모두를 위해서 그 유혹을 물리쳤다. 그래서 지금까지 정통 기독교는 성육신은 단순히 하나님께서 우리와 함께하시는 방편일 뿐만 아니라 우리가 스스로 해결할 수 없는 문제를 위해서 하나님께서 직접 우리 중 하나와 같이 되신 것임을 강조해오고 있다. 우리 모두는 첫째 아담에 속해 있기 때문에 우리 스스로의 힘으로는 절대로 유혹을 이기지 못한다. 아담과 마찬가지로 우리 역시 유혹에 직면했을 때 여기에 굴복하고 만다. 하지만 그리스도께서 모든 면에서 우리와 똑같은 인간이 되셔서 그 유혹을 물리쳐 주셨기 때문에 우리는 악에 대한 그리스도의 승리를 함께 나눌 수 있는 것이다.

에덴동산의 뱀과 광야에서의 사탄의 유혹은 이 세상 속에 자리하고 있는 악의 유혹을 나타낸다. 그 악은 가정과 직장, 그리고 인간관계 여기저기에 항상 도사리고 있다. 이기심과 야망, 교만, 신실치 못함, 분노, 무자비, 타인을 짓밟으려는 마음 등등의 여러 가지 방식을 통해서 우리는 그 유혹자에 대한 복종을 나타낸다.

하지만 사순절은, 첫째 아담의 범죄가 지금도 우리의 삶에 계속 영향을 미치는 모든 방식들에 적극적으로 대항하여 그런 죄악들을 모두 십자가 앞으로 끌고 가서 그리스도와 함께 십자가에 못박아 다시는 꿈틀대지 못하도록 무덤에 묻어버리는 시간이다. 이러한 순례 여정을 통해서 우리는 그리스도의 죽음에 함께 동참하고 부활함으로써 새로운 피조물로 거듭나는 것이다. 이를 위해서, 그리고 우리를 위해서 예수께서는 유혹을 물리치고 부활하심으로 우리를 그 죄악에서 구원해 주셨기 때문이다.

성경은 인간의 실상을 두 가지로 보여준다. 하나는 현재의 모습이며 다른 하나는 앞으로 변해야 하는 모습이다. 하나님께서는 유혹을 이기신 그리스도께서 우리의 그리스도가 되도록, 즉 우리도 우리 앞에 놓여 있는 유혹에 대항하는 삶을 살도록 우리 안에서 우리와 함께 동거하시는 그리스도가 되도록 그리스도를 받아들임으로 시작되는 새로운 인생으로 우리를 부르고 계신다.

바로 사순절이 그런 순간이다. 사순절은 그리스도의 임재가 우리의 삶 속에 임하도록 하는 때이며, 그를 우리 삶의 모범으로 선택하는 때이며, 모든 유혹 가운데에서 우리를 건져주시며 악한 권세를 물리치고 사탄의 파괴적인 힘으로부터 우리를 구원하시도록 간구하는 시기이다.

2) 죄를 물리치라는 명령

사순절 둘째 주일은 우리 삶에 대한 악한 권세를 물리치라는 명령에 집중된다(막 8:31-38; 눅 13:22-35; 요 3:1-17). 죄를 범하려는 유혹들, 근본적으로 잘못된 것이라고 알면서도 행하려는 유혹들, 그리고 이기심에 따라 살아가려는 유혹들이 우리를 강하게 끌어당기고 있다.

니고데모는 예수로부터 세상의 기준에 따라 자신을 규정짓는 일을 멈추라는 명령을 듣게 되었다(요 3:1-17). 그는 당시의 세속적인 명성으로 자신의 현재 지위를 생각하기를 멈추고, 새로 태어나는 것으로밖에 설명할 수 없는, 삶을 뒤바꾸는 파격적인 변화와 함께 예수를 받아들여야만 했다. 바리세인이자 유대인의 관원이었던 니고데모는 부유하고 성공한 인물이며 매우 종교적인 사람이라는 여러 가지 장식물에 둘러싸여 있었다. 하지만 예수께서는 이 사람의 내면을 보고 계셨다.

하나님은 니고데모를 부르셨던 것처럼 사순절 동안에 우리를 부르시면서 위선적인 종교를 내버리고 스스로 경건한 척 자랑하는 거짓을 멈추고 우리 자신의 위선적인 실상을 직시하면서 참되고 온전한 신앙으로 돌아오라고 말씀하신다. 니고데모처럼 우리 역시 우리의 삶을 통제하는 악한 권세에 우리를 얽어맨 죄악의 쇠사슬을 끊어버려야 한다. 이를 위해서는 아마도 기존의 친구 관계의 단절이나 또는 예전에 친구가 아니었던 사람들과의 새로운 관계 개선이 필요할 수도 있다. 또 이전에 우리에게 잘못 행한 사람을 용서해야 할 경우도 있다. 이런 것은 우리가 그리스도의 새로움을 좀더 완벽하게 경험하는 것을 방해하는 장애물이기 때문이다. 이런 것들이 청산되면 그리스도 안에서의 새로움이 우리에게 물밀듯이 밀려올 것이다. 우리에 대한 죄악의 권세를 부인함과 동시에 우리 인생을 위한 그리스도의 뜻에 전적으로 순종하기로 하였기 때문이다. 그렇게 할 때 비로소 우리는 죄악으로부터의 자유를 경험할 뿐만 아니라 새 생명으로 다시 태어나서 그리스도와 함께 새로운 시작을 경험하게 될 것이다.

3) 회개로의 요청

사순절 셋째 주일의 주제는 첫째 주일과 둘째 주일의 연장선상에서 점진적으로 진행된다. 즉 유혹에 대한 주제를 다루었고 그 다음에는 우리 삶을 향한 악한 권세에 대한 부인을 다룬 다음에 회개의 자리로 나아가는 것이다. 이러한 흐름 속에서는 성경적인 진보도 확인할 수 있다. 즉 우리 자신의 죄악을 직시하고 그 죄악에 대하여 거부권을 행사하고 그 다음에 그 죄를 회개하는 것이다. 이 과정을 잘 보여주는 사례를 사마리아 여인(요 4:5-26)에게서 찾아볼 수 있다. 흥미롭고도 감동적인 이 이야기에서 우리는 우리를 향한 하나님의 기본적인 입장에 대한 통찰을 얻을 수 있다. 하나님은 우리에게서 무언가를 아주 간절히 기대하고 계신다는 것이다. 즉 하나님은 우리가 죄를 자백하고 회개함으로써 그 죄악에서 돌아설 것을 간절히 원하신다. 하나님은 우리가 죄를 인정할 것을 원하시며, 우리 삶의 모든 영역들이 하나님께로 향하지 않은 것을 인정하기를 원하신다. 그러한 회개를 통해서 우리는 죄악으로부터 돌아서며 하나님의 능력 안에서 새로운 생명을 따라 하나님과 동행하기로 결심하게 된다.

우물가에서 만난 이 여인에 관한 이야기는 하나님께서는 우리가 있는 곳에 직접 찾아오셔서 우리를 만나주신다는 것을 보여준다. 인간적인 관점으로 볼 때 예수와 이 여인과의 만남은 우연히 일어난 것처럼 보인다. 그 여인은 물을 길으러 우물에 갔으며 예수도 우연히 그곳을 지나게 되었다. 하지만 하나님의 관점에서 볼 때 우리가 어디에 있든 또 어디를 가든 예수는 그곳에서 우리를 만나서 하나님의 치유하시는 능력으로 우리를 어루만져 주시려고 우리를 찾아오신다. 즉 하나님은 필연적으로 우리 삶의 모든 영역에 함께하신다. 우리가 시장을 가거나 영화를 보러 갈 때나 업무회의에 참석할 때 여전히 하나님은 그곳에 계신다. 또 하나님은 어느 때나 어느 곳에서든지 우리의 필요에 응답하신다. 다만 하나님은 먼저 우리가 하나님께서 이미 알고 계신 모든 것들을 털어 놓으려는 자발적이고 열린 마음으로 그리스도를 만나기를 원하시며 그리하여 순전한 믿음과 신뢰 가운데에서 하나님께로 향하기를 바라신다.

우물가에서의 예수와 이 여인과의 만남에 관한 이야기는 사순절에 관하여 매우 중요한 교훈을 담고 있다. 초대교회에서 이 이야기는 원래 정성을 다하여 부활절 아침에 있을 세례를 준비하는 입교자들을 위하여 사용되었다. 이 이야기는 회개와 변화라고 하는 복음의 가장 핵심적이고도 기본적인 진리를 담고 있기 때문에, 초대교회 성도들 뿐만 아니라 우리에게도 매우 강한 의미를 전달하고 있다. 사순절은 신앙의 첫 사랑을 다시금 체험하며 예수와 함께 새로운 생명으로 새롭게 태어나는 경험 속으로 우리를 초대한다. 또 우리 안에 주님을 향한 원래의 열정을 다시금 불러일으키며 첫 사랑의 불꽃을 다시금 활활 타오르게 만든다. 우물가에서 주님을 만났던 이 여인에 관한 이야기를 깊이 묵상할 때 우리에게도 이런 일이 일어날 수 있다. 왜냐하면 그 여인은 우리 삶의 가장 단순하면서도 기본적인 필요를 계기로 그리스도를 만날 수 있는 지점으로 안내해 주기 때문이다.

사순절은 진심으로 하나님을 찾으며 삶의 모든 영역에서 하나님을 구하하면서 그 자리에서 하나님의 임재를 확인할 것을 요청한다. 성 베네딕투스(St. Benedict)에 의하면 영적 순례를 위한 기본적인 규칙은 "그가 정녕 하나님을 찾는가?" 하는 것이라고 한다. 사순절은 고대의 입교인의 입장에서 노래했던 다음과 같은 시편의 가사처럼 주님을 간절히 찾는 모습으로 표현되는 회개로 우리 모두를 초대한다. "하나님이여 사슴이 시냇물을 찾기에 갈급함 같이 내 영혼이 주를 찾기에 갈급하니이다"(시 42:1).

4) 치유와 회심

사순절 넷째 주일은 장미주일(Rose Sunday)이라고도 불린다. 주일의 강조점이 죄인의 회개에서 그리스도의 치유하시는 능력으로 바뀌는 까닭에, 이 주일에는 이전에 비해서 좀더 유쾌한 기분이 지배적이다. 이 주일의 즐거운 분위기는 하나님의 말씀을 듣고 여기에 믿음으로 반응하는 은사를 상징하는 의식으로서 "귀 열기"(the opening of the ears)라는 이름으로도 알려진 입교자들의 의식에서 유래되었으며, 회개로부터 신앙으로의 전환점을 나타낸다. 또 이 주일에 장미색 예복을 입는 것은 그러한 기쁨의 표시로서 아마도 중세 시대에 봄의 도래를 기뻐하는 관습에서 시작된 것 같다. 이러한 경축 의식은 구원의 기쁨과 아울러, 사순절 기간의 회개와 부활절의 세례를 위한 기나긴 과정의 중간에 찾아오는 짤막한 휴식에 대한 환영의 뜻을 담고 있다.

사순절 넷째 주일에 읽을 성경본문을 통해서 성도들의 영적 순례 여정은 그리스도의 치유하시는 능력을 체험하는 자리에 이르게 된다. 그리스도께서는 날 때부터 소경된 사람을 고치셨으며(요 9:1-13), 생명의 떡에 담긴 치유의 능력에 대해서 말씀하신 적이 있으며(요 6:25-59), 치유를 받은 후 자기 아버지에게로 돌아갔던 탕자에 관한 이야기도 들려주셨다(눅 15:11-32). 이러한 이야기들의 강조점은 우리가 회개하여 은혜를 베푸시는 하나님께로 돌아갈 때 주께서 우리를 위해서 은혜를 베푸신다는 것이다. 날 때부터 소경된 사람에 관한 이야기는 특히 사순절의 이야기로서 매우 중요한 교훈을 담고 있다. 초대교회 당시에는 세례와 기독교 교회로의 개종을 가리켜서 "계몽"(enlightenment)이라고 불렀다. 그것은 그 개종 사건을 마치 이 이야기 속에서 소경의 눈을 가렸던 비늘이 떨어짐과 동시에 사물을 새로운 시야를 가지고 볼 수 있게 된 것과 같은 사건으로 여겼기 때문이다.

사순절 넷째 주일은 아주 즐거운 주일이다. 이 주일은 자칫 무미건조하고 음침하며 황폐하기까지 할 수 있는 순례 여정 중에 잠시 부활의 활력을 경험할 수 있도록 해주기 때문이다. 그래서 많은 교회에서는 이 주일을 아주 특별하게 보내기 위해서 주일 예배가 끝난 다음에 약간의 유쾌한 경축 행사를 곁들이곤 한다. 그 중에 인기 있는 순서가 바로 케이크 워크(the cake walk)이다. 성도들이 미리 케이크를 준비해 와서 그 중에 가장 좋은 케이크를 '장미 케이크'(Rose Cake)로 정하면 우승자가 이를 선물로 집에 가져간다. 이 순서는 오늘날의 파티에서도 가끔 볼 수 있는 아주 재미있는 게임이다. 즐거운 음악과 함께 둥글게 놓인 번호 의자 주위를 행진한다. 이때 놓여진 의자는 참가하는 사람들보다 항상 한 개 적게 배치된다. 음악이 갑자기 멈출 때 앉지 못하고 그대로 서 있는 사람은 퇴장된다. 또 다시 의자를 한 개 빼고 나서 행진이 이어진다. 그렇게 계속하다가 마지막 의자에 앉은 사람이 우승하여 케이크를 차지한다. 그 다음에 모든 공동체가 함께 케이크 파티에 참가하여 음식을 함께 나눈다. 이렇게 사순절 중간에 즐겁고 유쾌한 시간을 가짐으로써, 교회는 사막 영성의 한 중간에서 잠깐 오아시스에 들러 즐거운 시간을 가지면서 다가올 부활의 기쁨을 미리 맛보게 된다.

5) 부활절을 미리 맛봄

종려주일과 고난주간이 시작되기 전의 사순절 마지막 주일은 성도들의 영성을 다가올 그리스도의 죽음과 부활 쪽으로 서서히 인도하면서 파스칼의 신비를 좀더 헌신적으로 준비하도록 유도한다(눅 20:9-19; 요 11:1-17; 12:20-33). 고대 교회에서는 사순절 다섯째 주일을 가리켜서 '수난 첫째 주일'(the First Sunday of the Passion)이라고도 불렀다. 이 주일에 성도들은 교회 안에 설치된 십자가와 십자가상의 그리스도의 사역을 상징하는 모든 물건들을 베일로 가렸다. 여러 학자들은 고대 교회가 그리스도의 상징물들을 베일로 가렸던 것들에 관하여 다양한 해석들을 내놓고 있다. 하지만 대부분이 동의하는 것은 이런 의식이 그리스도의 자발적인 죽음을 통해서 나타나는 하나님의 자기 비하를 더욱 분명하게 각인시키는 한 가지 방법이었을 것이라는 점이다. 이런 의식을 통해서 교회는 우리의 구원을 위해서 하나님께서 기꺼이 지불하신 엄청난 대가로서의 십자가의 가치를 성도들에게 강하게 인식시켰던 것이다.

나사로의 이야기(요 11:1-17)는 위대한 파스칼 신비를 준비하는 영적인 수련 과정을 잘 보여준다. 나사로의 죽음은 영적으로 죽어 있는 우리들의 실상을 상징적으로 나타낸다. 사순절 동안에 우리는 우리 자신의 죽음과 그에 따른 파장과 실상을 직시하도록 부름 받는다. 그 후에 이 주일에 다다르면 우리는 죽음과 부활이 나란히 병렬해 있음을 보게 된다. 즉 죽음에 그대로 머무르는 것이 아니라 그리스도를 새롭게 만남으로 새로운 생명과 새로운 출생으로 부름받게 되는 것이다. 우리 중에 어떤 이들은 그 믿음이 지적인 상태에 머물러 있는 까닭에 영적으로는 죽은 것이나 다름없는 경우도 있다. 물론 그 믿음의 내용은 정확한 것이지만, 신조와 고백, 그리고 교회가 제시하는 교리만을 붙잡고 있는 것이다. 하지만 문제는 그 안에 생명이 없이 그저 전통 자체를 위한 전통만을 묵묵히 따르고 있다는 것이다. 무언가를 믿고는 있지만 그것만으로는 충분하지 않다. 또 어떤 경우에는 감정이 메말라서 결국 영적으로 죽어 있는 경우도 있다. 그러다보니 교회의 예배나 기도, 찬송, 심지어 성찬식과 경축의식에서도 전혀 감동을 받지 못한다. 무언가를 믿지만 생명이 없으며 내면 깊숙한 곳을 전혀 어루만져주지 못한다. 그래서 우리의 믿음은 차갑고 아무런 감동도 없으며 죽어 있는 것이다.

나사로를 무덤에서 일으키셨던 하나님은 지성적이고 유명무실한 믿음으로부터 우리를 새롭게 부활시키실 수 있는 분이다. 예수께서 나사로에게 새로운 생명을 불어넣으셨던 것처럼(요 11:38-44), 하나님께서는 오늘도 예수의 부활 안에서 우리를 새로운 생명으로 다시 일으키실 수 있다. 예수를 죽음에서 다시 살리신 하나님은 우리도 내면에 용솟음치는 영적인 생명을 새롭게 경험하도록 다시 살리실 수 있다. 여기에서의 관건은 자기 의의 넝마를 벗어버리고, 새롭고 신선한 방식으로 우리를 찾아오시는 하나님의 길을 방해하면서 버티고 서 있는 죄악을 수술하듯이 제거해 버리는 것이다. 예수의 십자가와 무덤에 대한 무관심과 여기에 대하여 범한 죄악을 사로잡아서 무덤에 묻어버리고, 그리스도와 함께 새롭게 부활하여 이제 그를 이전과는 다른 전혀 새롭고도 열정적으로 섬기기로 헌신할 때에 비로소 이런 일들이 일어난다. 이러한 목표를 가지고 진행되는 이번 주간의 영적 순례를 통해서 성도들은 예루살렘으로 이어지는 길을 따라 걸어 올라가서 앞으로 있을 마지막 고난주간에 우리 주님과 함께 죽음의 관문을 향하여 걸어 올라갈 준비를 하게 된다. 그리고 이것이 바로 성도들이 구원을 경험할 수 있는 중요한 방편이다. 우리는 우리 자신이 누구인지, 그리고 그리스도를 올바로 따름에 있어서 무엇이 부족한지를 직시해야 한다. 그 다음 자신의 구체적인 실상을 무덤으로 가지고 가서 그곳에서 그리스도와 함께 새롭게 부활해야 한다. 이것이 바로 사순절이 성도들의 영성을 안내하는 방식이다.

4. 사순절의 영성

지금까지 필자는 세례 의식에 관하여 종종 언급하였다. 그런데 세례를 처음 시행하였던 초대교회 이래로 세례는 금식과 기도, 그리고 구제와 함께 항상 사순절 영성의 핵심적인 상징으로 간주되어 왔다.

사순절의 수련 활동들은 원래 초대교회에서 세례를 준비하는 입교신자들에게서 비롯된 것들이다. 아마도 1세기 말엽 초대교회 안에서 회람되었을 것으로 간주되는 '디다케'(*Didache*)와 같은 문서는 입교문답 교육과 금식 기간을 거치면서 세례를 준비하는 것에 대하여 언급하고 있다. "세례를 베풀기 전에 세례 베풀 자와 세례 받을 자, 그리고 할 수 있는 다른 이들도 금식을 해야 합니다. 그리고 당신은 세례 받을 자를 미리 하루 혹은 이틀 금식하도록 말해야 합니다."[9] 여기에서 "할 수 있는 다른 이들"이란 의미는 전체 신앙 공동체가 각자의 세례를 향하여 순례를 하는 과정에서 회심한 입교인의 세례에 함께 동참하는 것을 의미한다. 그리함으로써 이미 세례를 받은 성도들도 입교인의 영적인 순례를 각자의 영적 수련의 일환으로 받아들이는 것이다. 이런 관례는 후에 40일 간으로 길어지게 되었으며 그 과정에서 전체 공동체가 세례 언약을 갱신하는 기회로 삼게 되었다.

1) 세례의 영성

사순절 순례의 중심에는 세례의 영성이 자리하고 있다. 이 영성은 회개와 개종에 기초한 것으로, 옛 사람을 벗어버리고 새 사람을 입는 것이다. 이러한 변화의 움직임에는 물론 분명한 시작점이 있기도 하지만 꼭 어떤 격식을 갖춘 체험이어야 할 필요는 없다. 오히려 이 변화는 전체 인생 속에서 계속해서 죄로부터 돌아서서 하나님께로 향하는 지속적인 행위이다. 특히 사순절은 세례의 영성에 필요한 이러한 활력을 위한 중요한 시기이다. 사순절은 우리의 영성을 그 시작점인 회개와 신앙의 기초로 되돌려 놓는다. 마틴 루터가 당시 성도들에게 "여러분의 세례 가운데 살라!"고 촉구할 때 그는 이러한 사순절 영성의 의미를 잘 포착하고 있었다. 세례 안에서 산다는 것은 각자의 첫 영적 경험에 대한 헌신을 계속해서 새롭게 하라는 의미이다.

세례 서약을 잠깐 살펴보면, 세례 안에 산다는 것이 실제 성도들의 영성에 얼마나 강력한 파장을 가져오는지를 실감할 수 있다. 첫째로 그리스도 안으로 세례 받는 것은 죄를 벗어버리고 우리 삶에 대한 죄의 권세를 거부하라는 요청을 의미한다. 초대교회 당시 세례 의식은 문자적으로 죄에 대하여 등을 돌리기로 결단하는 성도들에게 강력한 체험과 전환점을 제공하였다. 당시 사제는 세례 받을 자에게 이렇게 물었다. "당신은 사탄과 그의 모든 일들과 절교하겠습니까?" 그러면 세례를 받는 자는 사탄이 있는 방향을 상징하는 서쪽으로 향하여 서서 "나는 사탄과 그의 모든 일들과 절교하겠습니다"라고 선언하고 나서, 그와의 관계를 끊는 표시로서 사탄의 얼굴이라 생각하면서 바닥에 침을 뱉었다. 오늘날에도 세례식에서 이렇게 질문할 수 있다.

> 당신은 사탄과 절교하며 하나님을 반역하는 그의 모든 악한 영적 세력들과도 절교하겠습니까?
> 당신은 하나님께서 창조하신 세계를 타락시키며 파괴하는, 이 세상의 악한 권세들과 절교하겠습니까?
> 당신은 하나님의 사랑에서 멀어지게 만드는 악한 욕망들과 절교하겠습니까?

이러한 절교가 사순절의 영성에서 확인할 수 있는 소극적인 사항들이라면, 사순절 영성의 좀더 적극적인 측면은 죽음과 부활을 통해 사탄을 파멸로 몰아넣고서 우리 삶 속에 미치고 있는 그의 악한 영향력을 박탈해버린 예수께로 돌아서는 것이다. 그리스도께로 돌아설 때 우리는 우리를 억압하려는 사탄의 권세에 대해서 승리를 주장할 수 있다. 만일 그리스도께서 우리를 위하시면 그 누구도 우리를 막을 수 없기 때문이다(롬 8:31). 우리는 "이 세상 풍속"(엡 2:2)으로부터 돌아섰으며 그와 함께 새 생명으로 일으킴을 받았다(엡 2:6). 그래서 고대 교회에서는 세례 후보자들에게는 예수 그리스도에 대한 자신의 신앙을 표현하는 기회가 주어졌다. 오늘날에도 사제는 세례 후보자들에게 이렇게 질문할 수 있다.

당신은 예수 그리스도께로 돌아섰으며 그를 당신의 구세주로 영접합니까?
당신은 그분의 은혜와 사랑만을 전적으로 신뢰합니까?
당신은 그를 당신의 구주로 따르고 섬기기로 맹세합니까?[10]

사순절의 영성은 성도들 각자가 예전의 세례 언약을 회상하면서, 다시금 죄를 버리고 그리스도께로 돌아서는 회개(돌아섬, metanoia)의 행동을 통해서 예수 그리스도를 향한 개종의 감격 속으로 새롭게 들어갈 것을 요청한다. 이러한 순례 여정을 돕기 위해서 사순절은 금식과 기도, 그리고 자선을 병행할 것을 요구한다. 이러한 행동 속에 담긴 복음적인 취지는 성도들이 죄를 버리고 그리스도께로 돌아선 개종의 의미를 삶 속에서 실제적으로 구현하도록 도우려는 것이다.

2) 금식과 기도와 자선

금식의 복음전도적인 속성에 대해서는 이미 앞에서 언급하였다. 기도와 아울러 금식하며 그 연장선상에서 자선을 베푸는 것의 목적은 어떤 선행을 쌓아서 하나님으로부터 호의를 얻어내기 위함이 아니다. 그러한 견해는 비성경적일 뿐만 아니라 율법주의를 초래한다. 금식의 올바른 목적은 하나님과의 관계를 확립하고 개선하며 변혁시키려는 것이다. 금식과 기도, 구제의 본래 의도는 이를 통해서 사순절 동안에 성도들은 각자의 영적 순례를 직접 표현하도록 하며, 이런 것들을 계기로 사순절의 영성이 유도하는 죄로부터의 돌아섬과 그리스도를 향한 개종을 삶 속에서 체험하도록 하려는 것이다.

금식과 기도, 그리고 자선은 음식이나 시간, 혹은 돈처럼 가치 있는 것들을 스스로 포기하는 행위일 뿐만 아니라, 적극적으로 무언가를 취하는 행위이기도 하다. 우리의 삶을 움켜쥐고 있는 죄악을 내버릴 때 우리는 그 죄악 대신에 긍정적인 대안을 받아들여야 한다. 그래서 사순절의 영성은 성도들에게 영향력을 행사하는 죄악으로부터 돌아서라고 요청할 뿐만 아니라 그 죄악을 대신하는 덕목들을 향하여 나아갈 것도 함께 요청한다.

예를 들어 음식을 끊는 금식은 죄악으로부터 돌아서는 절제에 대한 상징적인 표시이다. 또 기도도 하나님에 대한 순종을 실제로 경험하는 기회이다. 자선을 베푸는 것은 죄악 대신에 우리가 선택한 미덕을 상징적으로 보여준다. 그래서 죄를 버리고 선을 택한 것과 동시에 실제로 금식하며 기도하고 자선을 베푸는 일을 함께 병행하는 것은 매우 중요하다. 한 쪽의 수련에 대한 성패가 다른 쪽에서의 성공과 서로 대응할 정도로 그렇게 두 가지 행동은 서로 긴밀하게 연결되어 있다. 그래서 금식과 기도와 구제 사역을 유지하지 못하면, 죄악을 내버리고 그 자리에 미덕을 대신 심는 일에 성공할 가능성도 그만큼 희박해진다고 할 수 있다.

금식은 행위 그 자체가 중요한 것이 아니라, 하나님과 자신, 그리고 타인과의 상호관계를 반영하는 삶의 방식과 융합해야 한다. 금식을 하며 죄악으로부터 돌아서는 것에는 내적이고 외적인 리듬이 작용하고 있다. 즉 죄악으로부터 돌아서며 금식을 함으로 말미암은 내적인 정화의 의미가 금식 속에 들어 있는 것이다. 금식은 한편으로는 철옹성을 구축하고서 온전한 삶을 방해하는 내면의 해로운 독소들을 스스로 제거하는 것이다. 또 다른 한편으로 금식은 정화의 완성을 통해서 표현되는 새로운 시작과 출발을 의미한다. 그 새로운 출발은 물론 제거된 죄악 대신에 새로운 미덕을 받아들이며 자선이라는 구체적인 행동을 통해서 표현되는 하나님과 자신, 그리고 이웃과의 새로운 관계의 확립을 말한다.

사순절 동안에 지켜지는 두 가지 유형의 금식으로는 전체 금식(the total fast)과 고행 금식(the ascetical fast)이 있다. 먼저 전체 금식은 하루 이틀 정도 짧은 기간 동안 금식하는 것이다. 이 금식은 보통 재의 수요일이나 세족 목요일 저녁 예배부터 부활절 이전 파스카 철야 예배까지의 '성삼일(Triduum, the tree great days)처럼 특별한 날에 시행된다. 이때 성도들은 금식 자체를 위해 금식하는 것이 아니라 기대로부터 성취로 이어지는 영적인 리듬을 직접 경험하기 위하여 금식한다. 그래서 금식이란 외면적인 수련이 내적인 체험을 안내하는 셈이다. 금식하는 가운데 음식을 거부함으로써 부각되는 기대감은 거의 대부분이 그 성삼일의 마지막에 있는 성만찬에 참여하는 기쁨으로 점진적으로 고조되어 가면서 결국 그 기대감이 성취된다. 영적으로 볼 때 성도의 하루하루 삶은 하늘의 식탁과 구원의 잔을 중심으로 진행된다고도 말할 수 있다. 성만찬에 참여하면서 우리는 떡과 포도주의 의미를 묵상하는 법을 배우며 한 걸음 더 나아가서 예수의 치유하시는 임재를 경험한다. 그리고 늘 그리스도와 함께 있기를 간구하며 우리 내면 깊숙한 곳으로부터 그가 만져주시기를, 그리고 우리의 고통이 치유되며, 붙잡으려고 애쓰는 미덕들이 온전히 성취되기를 더욱 간구하며 고대하게 된다.

고행 금식은 전체 금식과 달리 아주 오랜 시간 진행되며 연단과 고행을 강조한다. 경우에 따라서는 육류나 단 것을 빼고 식사하거나 또는 금식 기간 중에 하루에 한 끼만 식사하는 방식을 선택하기도 한다. 이러한 금식의 주요 목적은 육신으로부터 자유로워지기 위함이다. 이 금식은 육신을 지배하는 다른 종류의 욕망을 통제하기 위하여 먼저 음식에 대한 탐식을 조절하는 것이다. 그렇게 하여 심령을 억압하는 육체의 욕망, 즉 아담을 파멸에 몰아넣은 그 권세로부터 성도를 자유롭게 하는 것이 고행 금식의 중요한 목적이다. 그래서 성도는 시기심과 질투, 분노, 욕정, 진실성의 부족, 혹은 자신의 삶 속에서 일종의 문젯거리라 생각되는 영적 장애물들에 대한 승리를 경험하는 한 가지 수단으로서 금식을 선택할 수 있다.

고행 금식에서 시간은 중요한 자리를 차지한다. 우리의 삶 속에 역사하는 사탄의 권세는 보통은 한 가지 사건으로 극복되지 않는다. 분명 그러한 가능성은 부인할 수밖에 없다. 물론 하나님께서는 어떤 사람을 알콜이나 마약 혹은 황폐한 삶으로부터 구원하시며 심지어는 극적인 치유 과정을 통해서 구원하시기도 한다. 하지만 우리 대부분에게 있어서 회심은 딱부러지게 획일적으로 말할 수 없으며 극적이고 즉각적이기보다는 오히려 점진적인 과정이다. 또 하나님은 우리의 의지와 협력하여 역사하신다. 따라서 영적인 성품 계발의 문제를 다루는 고행 금식을 위해서는 우리 편에서의 선택과 의지가 필요하다. 복음을 거스르는 삶으로 우리를 계속 유혹하는 사탄의 권세에 대항하여 이를 극복하려는 우리 자신의 의지의 노력을 발휘해야 한다. 그리고 그리스도 안에서 기도하며 금식할 때 비로소 이러한 사탄의 권세는 극복될 수 있다. 사순절은 회심과 세례를 통해서 그리스도의 죽음에 함께 동참하였음을 확인하는 시기인 동시에, 우리를 대항하여 역사하는 어두운 권세의 실체를 확인하며 이를 그리스도와 함께 십자가에 못박고 다시는 일어나지 못하도록 이 권세를 무덤에 장사지내는 시기이다.

하지만 주일은 결코 금식을 하는 날이 아니다. 주일은 부활의 날이며 시간을 초월하여 장차 있을 총체적인 부활에 미리 참여하는 날이기 때문이다. 주일에 안식을 누리며, 금식하지 않고 잔치하며 즐거워하는 가운데 그 날을 소망하는 실제적인 방법을 통해서 이러한 미래의 부활은 오늘 우리에게 현재가 된다.

3) 연단에 대한 제안들

사순절의 수련을 위한 몇 가지 모범적인 사례들이 4세기의 영성 작가인 시리아의 성 에프렘(St. Ephrem)에게서 찾아볼 수 있다. 그가 기록한 사순절 기도는 오늘날 까지도 사순절 동안 월요일부터 금요일까지 매일 저녁에 사용되고 있다. 그 내용은 다음과 같다.

> 내 생명의 구주이신 하나님,
> 나를 헛된 말과 권력의 욕망과 실망, 그리고 나태한 마음에서 멀리해 주소서.
> 그리고 주의 종에게 사랑과 인내와 겸손과 정결의 마음을 주소서.
> 구주이시며 임금이시여, 나로 하여금 내 자신의 허물을 알게 하시고, 내 형제들을 판단치 않게 하소서.
> 주는 영세무궁토록 영광을 받으시나이다. 아멘.[11]

이 기도를 통해서 우리는 영적인 투쟁 속에서 공통으로 의식하게 되는 네 가지 부정적인 관심사에 직면하게 된다.

- **나태함** - 우리를 대항하여 역사하는 악한 권세를 이기도록 하는 영적인 순례를 선택하는 것을 가로막는 게으름.
- **나약함** - 의존적이고 부정적이며 소극적인 삶의 태도.
- **권력욕** - 다른 사람들을 자신의 권세 아래 복종시키려는 모습에서 나타나는 삶의 주인으로서의 자신에 대한 지나친 주장.
- **무익한 말** - 다른 사람들을 헐뜯으며 말을 건설적인 방법보다는 파괴적인 방법으로 사용하는 부정적인 말의 힘.

이러한 네 가지 기질들은 하나님께서 의도하시는 온전한 삶을 방해하는 것들이다. 이런 부정적인 기질들은 하나님께서 우리를 위하여 마련하신 온전한 삶을 더욱 풍성하게 경험하도록 하는 네 가지 긍정적인 성품들로 대치되어야 한다.

- **자비/신실함** - 이 단어는 성별과 관련해서 종종 사용되지만 실제 의미는 무관심의 반대의 뜻을 담고 있으며 흠이 없음을 가리키기도 한다. 넓은 의미에서 볼 때 이 단어는 삶의 모든 영역에서 참된 가치를 회복하는 것을 말한다.
- **겸손** - 흠이 없는 삶의 열매가 바로 겸손이며 삶의 전 영역에 작용하는 하나님의 진리의 승리를 보여준다. 겸손한 사람은 하나님의 진리를 따라 살아가며 하나님께서 만드시고 의도하시는 대로 삶을 이해한다.
- **인내** - 인내는 삶의 깊이에 담긴 그 난해함을 용납하면서 지금 당장의 즉각적인 변화를 고집하지 않는다.
- **사랑** - 교만의 반대로서 신실함과 겸손, 그리고 인내가 우리 안에 뿌리를 내릴 때 나타나는 결과가 바로 사랑으로 충만한 사람이다. 이런 유형의 사람은 진실한 마음으로 다음과 같이 기도할 줄 안다. "나로 하여금 내 자신의 허물을 알게 하시고 내 형제들을 판단치 않게 하소서."

이 기도를 암송하여 사순절 동안에 자주 반복하기를 바란다. 아침에 일어나서도 나태와 나약함, 권력욕, 무익한 말처럼 구원받기를 원하는 부정적인 권세들에 대해서 묵상해 보라. 또 정오에는 여러분의 삶 속에서 경험하고 싶은 자비와 겸손, 인내, 그리고 사랑의 네 덕목을 묵상해 보라. 그리고 매일 앞에서 언급한 부정적인 기질들을 내버리고 긍정적인 덕목들을 하나나 두 개 이상 실천해 볼 수 있는 구체적인 상황을 찾아보라. 그리고 저녁에 다시 기도할 때에는 하루 일과를 정리하면서 그 날 달성하려고 했던 영적인 목표 한 두 개를 실제로 실천한 과정들을 점검해 보라. 여러분의 삶 속에서 이 기도와 수련이 가장 효과적으로 이뤄지기 위해서는 금식과 (아마도 가난한 자들을 위하여) 자선을 베푸는 일이 서로 긴밀하게 연결되어야 한다.

5. 종려주일부터 성 주간의 수요일까지

종려주일을 그저 예수께서 예루살렘에 입성한 것을 회상하는 날로 여겨서는 안 된다. 종려주일은 그 사건과 관련이 있지만 그 이상의 의미가 있다. 종려주일은 성도가 직접 가장 장엄하면서도 가장 영광스러운 영성을 경험하는 파스칼의 신비 속으로의 진입을 시작하는 주일이다. 예수에게 있어서 종려주일은 지상 사역의 정점에 위치하는 사건 속으로 들어가는 관문에 해당하는 날이었다. 우리도 그와 함께 그 관문을 통과할 때 우리의 영적인 삶은 역사상 가장 거룩한 순간을 향하여 정돈이 되며 인간 존재의 궁극적 의미에 대한 직접적인 경험으로의 몰입을 시작하게 된다.

1) 종려주일

예전을 중시하는 교회에서의 종려주일 예배는 보통 교회 밖의 정문 앞 잔디밭에서 시작된다. 교회 밖에 모인 회중은 가장 중요한 한 주간의 사역을 시작하기 위하여 예루살렘 성 밖에서 자기 백성들과 함께 모인 그리스도를 상징적으로 표현한다. 종려주일 예배를 위해서 그곳에 함께 모여 선 순간 나는 앞으로 계속해서 한 주간 동안 여러 예배가 이어질 것이란 생각과 아울러, 사람들로부터 거절당하시고 십자가에 못박히시고 무덤에 묻히시며 다시 부활하신 그리스도를 개인적으로 체험하는 한 주간의 순례 여정도 함께 시작된다는 감동이 밀려왔다. 그때 나는 모든 신앙의 신비들을 느낄 수 있었으며 앞으로 시작될 구원의 드라마를 기대감을 갖고 기다리기 시작했다.

모인 회중 가운데 선 사제가 다음과 같이 선언하면서 드디어 종려주일 예배가 시작되었다. "찬송하리로다 주의 이름으로 오시는 왕이여." 이어서 사람들이 "하늘에는 평화요 가장 높은 곳에는 영광이로다"라고 응답하자 마치 이 자리에 2천년 전의 종려주일이 실제로 구현되는 듯한 느낌이 들었다. 예수가 예루살렘 성으로 들어가자 내가 여러 무리들과 함께 실제로 그에게 인사를 하고 있는 것이다.

이어서 사제는 다음과 같은 내용으로 기도하였다. "자비로우신 주여! 우리에게 은혜를 베푸사 주께서 우리에게 생명과 불멸의 은혜를 베푸신 놀라운 사건들을 우리 모두 기쁨 가운데 묵상하게 하옵소서!"[12] 우리 모두의 마음과 생각에 앞으로 한 주간 펼쳐질 사건들이 번개처럼 스쳐지나가면서, 인류 역사상 가장 중요한 사건의 심장부로 곧 진입해 들어가는 영적 순례를 순간적으로 느낄 수 있었다.

누군가 크고도 명료한 목소리로 예수께서 예루살렘으로 입성하신 본문(마 21:1-11)을 읽어가자, 나의 관심은 2천년 전의 예루살렘 성문으로 되돌아갔다. 낭독자가 "예수께서 예루살렘에 들어가시니 온 성이 소동하여 가로되 이는 누구뇨 하거늘"이라는 구절에 이르자, 나는 즉각적으로 그 질문의 해답을 잘 알고 있다는 자각과 함께 그 해답을 마음속 깊은 곳으로부터 크게 외치려고 하였다. 바로 그 순간 나는 "우리 구주 하나님께 감사합시다"라는 사제의 외침을 듣게 되었고, 다른 회중들과 함께 "주께 감사하며 찬양하는 것이 마땅합니다"라고 응답하였다. 이어서 그날의 예배의 의미를 제시하는 다음의 기도문을 주의 깊게 따라가기 시작하였다.

전능하신 하나님! 당신의 독생자이며 우리의 주이신 예수 그리스도를 통하여 우리를 구원하신 주님의 사랑을 인하여 주를 찬양하는 것이 마땅하나이다. 이 날에 예수 그리스도께서는 승리 가운데 거룩한 도성 예루살렘으로 입성하시고, 종려가지와 옷을 펴준 이들로부터 왕 중의 왕으로 찬양받으셨나이다. 그 종려 가지들이 우리에게는 승리의 표시가 되게 하시고, 주의 이름을 붙드는 우리도 그를 우리의 왕으로 맞이하게 하시며, 영원한 생명으로 인도하시는 길을 따라서 그와 동행하게 하소서. 주와 함께 영광 중에 이제도 사시며 영원히 다스리시는 예수 그리스도의 이름으로 기도합니다. 아멘. 13)

'그 종려 가지들이 우리에게는 승리의 표시가 되게 하시고' 라는 말을 다시 묵상하고 있을 때 이어서 사제가 "찬송하리로다 주의 이름으로 오시는 이여"라고 외쳤다. 그러자 온 회중과 함께 나도 "가장 높은 곳에는 영광이로다"라고 응답하였다. 이어서 손에 종려 잎을 받아든 우리 모두는 찬송을 부르면서 예배당 안으로 입장하였다.

> 왕 되신 우리 주께 다 영광 돌리세
> 옛날에 많은 무리 호산나 불렀네
> 다윗의 자손으로 세상에 오시어
> 왕위에 오른 주께 다 영광 돌리세 14)

자리에 앉자 마치 내가 예루살렘 성문을 지나서 군중들과 함께 그 도시 안으로 들어온 느낌이 들었다. 이 시점에서 예배의 여러 요소들은 예루살렘으로 입성하는 예수를 환영했던 군중들의 기쁨과 흥분을 그대로 표현하였다. 하지만 그런 분위기는 얼마 지나지 않아서 곧 바뀌었다. 군중들은 지금 로마의 압제를 무너뜨리고 다윗 왕국과 같은 새로운 나라를 세울 왕을 환영하고 있다고 생각했다. 하지만 그들의 기대감은 곧 실망감으로 뒤바뀌었고, "호산나 다윗의 자손이여 찬송하리로다 주의 이름으로 오시는 이여 가장 높은 곳에서 호산나"(마 21:9)라고 소리 높였던 많은 사람들은, 얼마 못되어서 정반대로 "그를 십자가에 못박으라"(마 27:23)고 소리 지르는 사람들로 돌변하였다.

이러한 변화는 우리 모두가 조용히 예배당 안에 자리를 잡고 앉자, 다시 이어지는 사제의 기도문 속에서도 분명하게 표현되고 있었다. "전능하신 하나님! 주께서 사랑하시는 독생자께서 이 땅에 오사 기쁨을 맛보기 전 먼저 고난을 받으시고, 영광을 받으시기 전 먼저 십자가에 못박히셨나이다. 우리에게 은혜를 내리시사 십자가의 길을 따라 걷는 저희가 다만 생명과 평화의 길을 발견할 수 있게 하옵소서. 우리 주 예수 그리스도의 이름으로 기도하옵나이다. 아멘"[15]

재의 수요일부터 시작된 사순절 동안의 영적 순례를 깊이 묵상하는 중에 들려온 사제의 기도 속에서 "십자가의 길을 따라 걷는"이란 말이 계속 내 마음속에서 메아리쳐 울렸다. 지금 나는 그 영적 순례 여정 중에서 쉽게 무시하거나 가볍게 여길 수 없는, 가장 중요한 단계에 도달해 있다는 생각이 들었다. 그리고 이 한 주간 동안 진행되는 일련의 예배들은 1세기 예수님 당시 예루살렘에서 수많은 사람들이 경험하였던 영적 순례를 다시 구현하는 감격적인 경험 속으로 나의 영적 체험을 안내하는 결정적인 계기라는 깨달음이 왔다. 이 한 주간은 쇼핑이나 휴가, 파티 혹은 오락으로 대충 때울 주간이 결코 아니다. 모든 주간들 중에서 특별히 이번 주간은 먼저 영적인 죽음으로의 여정을 위해서 따로 구별해 놓아야 하는 주간이라는 생각이 들었다. 이번 주간의 예배를 통해서 성도들은 영적인 죽음과 새로운 부활을 향하여 모두가 함께 한 단계 한 단계 밟아 나아가는 경험을 가질 수 있기 때문이다. 이러한 생각 속에서 나는 십자가의 길을 함께 동참하기로 결심하였다. 그리고 이 한 주간을 하나님께서 특별히 나를 위해서 강한 영적 헌신과 그에 따른 보상을 누리도록 준비하신 주간으로 삼으리라고 결심하였다.

우리는 일어서서 마태복음 26장 36절부터 27장 54절까지의 수난 기사를 함께 읽었다. 본문 전체는 미리 프린트하여 회중들에게 나누어 주었고 회중들은 해설자와 예수, 빌라도, 대제사장, 베드로, 하녀, 유다, 바라바, 그리고 군중들에 대하여 각각 읽을 부분을 따로 지정해 두었다. 그래서 모든 회중들은 그 본문을 읽는 중에 과거의 드라마를 그대로 재현시켰다. 하지만 당시 나는 앞으로 있을 일을 전혀 예상하지 못했다. 잠깐 전에 나는 문 밖에서 무리들과 함께 환호하면서 "호산나 다윗의 자손이여"라고 외치고 있었다. 하지만 지금은 "그리스도라하는 예수를 내가 어떻게 하랴?"고 묻는 빌라도의 질문에 대해서 아까 환호했던 무리들과 똑같이 "그를 십자가에 못박으소서"라고 소리치고 있는 것이다(마 27:22-23). 이런 외침들에 대해서 나는 스스로 매우 혼란스러웠다. 그렇게 말하려고 한 것은 아니었지만, 그러나 그럴 수밖에 없다는 생각이 들었다. 바로 내 죄악과 심지어 내 자신이 그를 십자가로 내몰았다는 생각이 들었다. 결국 나는 두 무리들 중의 하나였다. 예루살렘에 들어 올 때에는 예수를 환영했지만 잠시 후에는 그에게 등을 돌리고 그를 십자가로 내몰았던 것이다. 예수의 죽음에 우리 모두가 함께 관여했다는 생각이 들자 고요한 침묵이 온 회중을 감쌌다. 이어서 모든 회중이 무릎을 꿇자 다음과 같은 메시지가 들려왔다. "이에 바라바는 저희에게 놓아주고 예수는 채찍질하고 십자가에 못박히게 넘겨주니라"(마 27:26).

이번 고난주간을 예수와 영적으로 동일시하는 특별한 주간이 되게 함으로써 십자가의 길을 걸어가라는 설교 메시지가 끝난 다음에 성찬식이 이어졌다. 성찬식이 진행되는 동안의 음악은 비록 소박하고 주로 예수의 죽음의 메시지를 담고 있었지만 희미한 소망의 빛도 느낄 수 있었다. 어두운 터널의 끝에서 비춰오는 그 빛은 성찬식 기도 중에 "그의 죽음과 부활, 그리고 승천을 기억하면서 주께 이 예물을 바치나이다"라는 기도 속에서 확인할 수 있었다.[16] 그리고 마지막 찬송가의 가사 속에서도 앞으로 있을 승리를 느낄 수 있었다.

> 임금의 군기는 앞으로 나아가며
> 신비한 불꽃으로 십자가는 불타오르네.
> 이전에 사람에게 호흡을 주신 이가
> 이제는 죽음의 멍에 아래 굴복하도다.[17]

이 찬송의 마지막 가사는 "십자가 곁에서 당신은 회복되는도다"라는 위로가 되는 내용이 담겨 있다. 그리스도의 고난은 결코 헛된 고난이 아니며, 이 고난주간에 예수의 고통에 함께 동참하면 결국 그와 함께 부활의 기쁨도 맛보게 된다는 사실이 생각났다. 또 이 기쁨은 단순히 어떤 지적인 개념이 아니라 나의 전 존재가 내면 깊숙한 곳으로부터 경험하는 영적인 기쁨이란 것도 깨닫게 되었다. 이 기쁨은 부활에 대한 단순한 지적인 동의로는 결코 경험할 수 없다. 다만 예배에 참여하면서 부활을 직접 경험함으로써 얻어지는 기쁨이며, 나의 감성을 어루만지는 실제적인 경험만이 이러한 기쁨을 창출해 낼 수 있다.

2) 월요일부터 수요일까지

일부 교회는 고난주간에 월요일과 화요일, 그리고 수요일 예배를 드리기도 하지만 또 대부부의 교회는 그렇지 않고 그냥 지나간다. 그럼에도 불구하고 이 3일 동안 개인의 경건 시간을 통해서 성서 일과에 따라 성경을 낭독할 수 있다. 구약의 본문은 이사야의 종의 노래를 주로 담고 있으며 묵묵히 순종하고 고난당하는 종, 즉 자신의 생명을 스스로 희생 제물로 내어놓지만 결국 승리자로 부활하는 그리스도의 신비를 묵상할 수 있는 본문들을 제시하고 있다.

월요일의 본문은 이사야서 42장 1-7절로서 종의 임무를 강조한다. 그는 하나님의 영이 함께 거하는 자이며, 이 땅에 공의를 세우러 오셨다. 그래서 소경된 자의 눈을 뜨게 해줄 것이며 갇힌 자들을 감옥에서 해방시켜 줄 것이다. 화요일에는 메시아의 소명과 임무를 묵상하는 본문(사 49:1-6)이 정해져 있다. 그는 '이방의 빛'이라 일컬음을 받을 것이며 그리하여 하나님의 구원이 이 세상 끝까지 이르도록 할 것이다. 그 다음 수요일에는 이사야 50장 4-9절에서 우리 주님의 고난을 마치 얼굴과 얼굴을 마주 대하고 보듯이 자세하게 묘사하고 있는 구절을 접하게 된다. "나를 때리는 자들에게 내 등을 맡기며 나의 수염을 뽑는 자들에게 나의 뺨을 맡기며 수욕과 침 뱉음을 피하려고 내 얼굴을 가리우지 아니하였느니라"(사 50:6).

복음서 독서를 통해서는 십자가 처형 전에 있었던 예수에 대한 배반과 점점 고조되는 군중들의 불신을 생생하게 목격하게 된다. 월요일에는 예수께서 베다니에 사는 마리아로부터 향유를 부음 받는 모습과 '도적'이라 불리는 유다가 사랑의 마음으로 했던 마리아의 행동을 조롱하는 장면을 보게 된다. 그 다음 화요일에는 "이렇게 많은 표적을 저희 앞에서 행하셨으나 저를 믿지 아니하니"라는 내용이 포함되어서 불신앙의 원인을 깊이 묵상할 수 있도록 하는 본문(요 12:37-38, 42-50)이 주어진다. 수요일의 독서를 통해서 우리는 유다가 예수를 배반할 자라는 사실에 직면하게 되면서(요 13:21-35) 점차로 십자가 사건에 더욱 다가가게 된다. 그리고 사순절의 마지막 온전한 날인 수요일이 지나고 목요일 해가 지면서 부활절로 이어지는 성삼일이 시작된다.

6. 결론

우리는 사순절이 죄에 대해서 그리고 그 죄가 우리 삶에 미치는 권세에 대해서 어떻게 죽는 시기가 되는지에 대해서 살펴보았다. 재의 수요일부터 시작하여 사순절 기간 전체를 관통하는 중요한 메시지가 있다면 그것은 "우리 안에 회개하는 새로운 심령을 창조하는 것"이다. 우리 안에 회개하는 새로운 심령을 창조하는 이는 자비로우신 하나님이다. 하지만 우리는 회개하는 가운데 죄를 버리고 믿음으로 하나님께로 돌아서서 하나님의 은혜를 받아들여야 한다. 그래서 금식과 기도, 그리고 자선을 베푸는 일처럼 성도의 지속적인 회심을 내면에서 경험하도록 안내하는 외적인 수련 활동들을 통해서 우리는 이러한 영적인 전환에 대하여 도움을 받게 된다.

사순절 동안 직면하게 될 첫 번째 유혹은 회개와 개종을 새롭게 경험하도록 해줄 하나님과의 동행을 위한 헌신을 그만 포기해버리는 것이다. 이를 방지하기 위해서는 다른 사람들과 그룹을 지어서 서로 책임과 의무를 정하고 서로를 이끌어주는 것이 좋다. 그리고 정기적으로 만나서 파스칼의 신비를 향한 순례 여행을 주기적으로 서로 점검하기로 약속하는 것도 좋은 방법이다. 만일 여러분이 정성껏 준비하여 사순절과 고난주간을 보내고 부활절의 신비를 맞이한다면, 그때 경험하는 부활의 능력은 여러분이 기대했던 것보다 훨씬 강력하게 여러분의 삶을 가득 채울 것이라고 분명 확신한다.

[표-6] 사순절 영성의 개요

주제	영적인 강조점
가장 중요한 사순절 영적 순례의 핵심은 무엇인가?	사순절은 예수와 함께 그의 죽음을 향한 순례에 동참하는 시기이다.
재의 수요일의 가장 우선적인 강조점은 무엇인가?	재의 수요일부터 사순절이 시작된다. 재의 수요일 예배의 주제는 회개와 갱신이다. 이 예배에서는 "너는 흙에서 왔으니 흙으로 돌아갈 것이니라"는 말씀을 기억하면서 회개하는 표시로서 재를 이마에 바른다.
예배와 개인의 영성에서 사순절의 핵심 주제는 무엇인가?	그리스도의 유혹 니고데모를 향하여 율법주의적 종교를 내버리라는 명령 사마리아 여인처럼 죄에 대하여 '아니오'라고 선언하기 소경으로 난 사람이 경험했던 치유 체험 고난주간에 대한 준비
세례가 사순절의 은유로 활용되는 이유는?	세례 영성에서 우리는 죄에 대하여 죽고 성령의 생명으로 거듭나게 된다. 이러한 패턴의 영성은 예수 그리스도의 죽음과 부활 안에서 살아가는 것이다.
사순절에 금식과 기도, 구제를 강조하는 이유는?	금식은 죄로부터 돌아서는 영적인 수련의 상징을 나타낸다. 기도는 하나님께로 돌아서서 그에게 순종하는 행위이다. 구제는 죄악을 대신하여 우리 안에 형성되는 미덕의 상징이다.
사순절을 위하여 제안하는 수련은 무엇이 있는가?	버려야 할 것: 나태와 나약함, 권력욕, 무익한 말 취해야 할 것: 자비와 겸손, 인내, 사랑

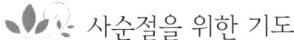 사순절을 위한 기도

전능하신 하나님! 오직 주님만이 무질서한 이 세상에 빛을 비추시며 죄인들의 마음을 위로하시나이다. 당신의 백성들에게 자비를 베푸시사 주께서 명하신 것만을 사랑하게 하시며 주께서 약속하신 것만을 소망하게 하소서. 그리하여 빠르게 변해가는 이 세상에서 오직 참된 기쁨이 발견되는 곳에 우리의 마음이 고정되게 하시옵소서. 이제도 사시며 한 분 하나님이신 주님과 성령 하나님과 함께 이제로부터 영원토록 통치하시는 우리 주 예수 그리스도의 이름으로 기도합니다. 아멘!

『공동기도서』(The Book of Common Prayer)에서

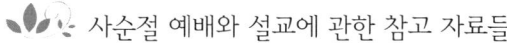 숙고를 위한 질문들

1. 이전에 사순절 영성을 실천해 본 적이 있는가? 만일 그렇다면 무엇을 경험하였는가? 실천해 본 적이 없다면 사순절의 순례 여정 속에서 무엇을 얻고 싶은가?
2. 재의 수요일의 영적 체험에서 핵심은 무엇인가?
3. 사순절의 핵심적인 주제들을 여러분의 영적인 순례 속에 어떻게 적용하겠는가?
4. 당신은 세례의 영성 속에서 살고 있는가?
5. 금식과 기도, 그리고 구제의 수련을 실천함으로 말미암는 파급 효과에 대해서 생각해 본 적이 있는가?
6. 당신은 지금 무엇을 내버리고 또 무엇을 취해야만 하는가?

사순절 예배와 설교에 관한 참고 자료들

로버트 웨버 편집, 『기독교 예배 총람』(The Complete Library of Christian Worship, Peabody, MA: Hendrickson, 1994) 중 5권, 『교회력의 예배』(The Service of the Christian Year), 225-316.

- 사순절 예배에 대한 소개
- 사순절 예배를 계획하기 위한 참고자료들
- 사순절 예배를 위한 예술 자료들
- 사순절 예배의 모범 사례
- 고난주간에 대한 소개
- 고난주간의 예배를 위한 소개
- 종려주일과 고난주일의 예배

성삼일

죄에 대하여 죽는 시기

> 그리스도는 포로된 자들을 구원하시려고 지옥에 내려오셨다. 그리고는 우리를 더 이상 사망도 없고 오직 영원한 생명과 의가 있는 천국으로 이끄시고자 전에 율법 아래에서 진 빚에 대한 모든 기록을 도말해 주셨다.
> 셀렌시아의 바질(Basil of Selencia)

몇해 전 내 양친께서는 결혼 50주년을 맞이하여 금혼식 잔치를 하였다. 자녀들과 손자, 손녀를 포함하여 우리 가족 모두에게 그 날은 참으로 기쁘고 즐거운 날이었다. 다복한 가정을 일구어낸 부모와 이렇게 멋진 대가족이 함께 모일 수 있게 된 것은 참으로 신비롭고도 놀라운 일이었다. 그 날을 축하하는 맛있는 식사 뿐만 아니라 노래와 이야기들, 그리고 여러 가지 연극을 통해서 한 공동체 식구들과 함께 즐겁게 보낸 그 행사는 지난 50년의 세월을 감격스럽게 되돌아보는 내 양친에게 있어서 참으로 기억에 남을 만한 감동적인 시간이었다. 또 그 잔치는 우리 모두에게도 웨버 가문의 후손들이 태어나서 지금과 같이 성장하게 된 동기로서의 부모님의 결혼 사건을 분명하게 보여주었다. 즉 우리 모두가 어떻게 태어나게 되었는지 우리를 그 근원으로 안내하면서 각자의 인생을 위한 두 분의 결혼의 의미를 다시금 회상시켜 준 뜻 깊은 시간이었다.

교회력에서도 성삼일이 바로 이러한 유형의 시기이다. 성삼일은 하나님에게서 태어난 자손들의 전 세계적인 공동체를 그 기원이 되는 사건으로 되돌아가게 하며 만물의 근본적인 의미 속으로 되돌려 놓는다. 세족 목요일부터 부활절 전 토요일 밤까지의 성삼일은 기독교 영성의 원천이다. 연중 계속되는 성도의 영적 순례도 이 한 주간 즉 그리스도의 죽음과 부활에 관한 파스칼의 신비로부터 시작되며, 그리스도와 함께 죽고 그 안에서 새롭게 부활하는 이 한 주간으로 귀착된다.

사순절 기간은 공식적으로는 고난주간 중의 세족 목요일 저녁에 끝난다. 목요일 저녁부터는 고대 교회가 성삼일(the Triduum)이라고 부르는 3일 간의 일정이 시작된다. 이 때는 예수의 공생애 중에서 일어났던 마지막 사건들을 재현하는 시기이다. 목요일 밤에 예수께서는 성만찬을 제정하셨으며 제자들의 발을 씻겨주시고 사랑의 새 계명을 말씀하시고 체포되셨다. 이러한 일련의 사건들을 기념하는 예배를 가리켜서 세족 목요일 예배(Maundy Thursday)라고 한다.

금요일은 예수께서 십자가에 처형되신 날이다. 오늘날에는 가상칠언(the Seven Last Words)이나 십자가 경배 예배(the Veneration of the Cross)와 같은 다양한 예배를 통해서 예수의 죽으심을 기념한다. 토요일에는 주님의 몸이 무덤에 머무르셨다.

이 성삼일은 대 파스칼 전야 예배(혹은 부활절 전야 예배, the Great Pascal Vigil) 혹은 토요일 밤 촛불 예배에서의 성경낭독과 세례, 그리고 부활 성찬식으로 끝나게 된다. 사순절과 성삼일이 끝나고 드디어 그리스도께서 부활하셨다. 할렐루야!

사순절은 인류 역사상 가장 중요한 사건 속으로 들어가는 여행인 반면에, 성삼일은 인류 역사 속에서 일하시는 하나님의 구원 사역을 직접 체험하는 극적인 사건이다. 그래서 그리스도인들에게는 전체 교회력 중에서 이 성삼일보다 더 결정적으로 중요한 시기는 없다. 이 시기는 성도의 전체 영성의 원천인 파스칼의 신비 속으로 들어가기 위하여 특별히 구별되어야 하는 시기이며, 성도에게 주어지는 모든 시간의 의미를 규정하는 순간이며 매일, 매주일, 모든 시기를 위한 우리의 영성의 본질과 그 총화(總和)가 집약된 순간이다.

몇해 전 부활절이 지난 월요일 아침에 나는 구두를 수선하기 위하여 휘튼 구두 가게에 들른 적이 있었다. 이 가게 주인이 열렬한 정교회 신자라는 것을 알고 있었기 때문에 나는 그 주인에게 '그리스도께서 부활하셨습니다' 라는 말과 함께 인사를 건넸다. 나를 보고 위를 향하여 손가락을 치켜들더니 '예! 그는 매일 매순간 순간 부활하십니다' 라는 말로 응답하였다. 그는 분명 성삼일의 진정한 의미를 그 마음 중심으로부터 잘 이해하고서 이를 그의 삶 속에서 그대로 구현하고 있었던 것이다.

그 구둣가게 주인처럼 나도 성삼일에 관한 본문을 읽고 묵상하는 중에 이 본문들이 가리키는 사건들 속으로 빨려 들어가는 것 같은 느낌이 들었다. 이러한 과거의 구원 사건들은 시간적으로나 문화적으로 나와는 무관한 별개의 고립된 사건이 결코 아니다. 오히려 이런 사건들은 내가 속한 시간과 장소에서 다시금 재현되는 반복적인 사건이다.

1. 파스칼의 성삼일

고대 교회에서 성삼일은 목요일 저녁에 시작되어 토요일 밤의 부활절 전야 예배(the Great Paschal Vigil)에 끝났으며, 이러한 예배를 가리켜서 '파스칼 성삼일' (the Paschal Triduum)이라고 불렀다. 이 삼일 간은 결코 가볍게 여겨서도 안 되며 무심한 대화 속에서 오락거리로 혹은 사업상 기분 전환거리로 소모되어서도 안 된다. 이 시기는 일년 전체 중에서 가장 거룩하며 엄숙하고 장엄한 날이다. 왜냐하면 바로 이 시기에 우리는 그리스도의 수치스러운 죽음과 장사지냄 그리고 영광스러운 부활의 운명 속에서 바로 우리 자신의 운명과 만나고 이를 체험하기 때문이다. 이 시기를 놓치면 일년 중에 영적 순례의 핵심을 놓치는 셈이다.

따라서 우리는 이 세 날 동안에 전적으로 모든 것을 구별하여 여기에 우리의 모든 시간과 헌신을 전적으로 쏟아 부어서, 예수의 죽음과 부활 사건에 온전히 동참할 수 있도록 해야 한다. 또 성삼일의 일정이 우리에게 부과하는 강도 높은 영적 헌신을 방해하거나 가로막는 것을 전혀 허용해서도 안 된다. 4세기 무렵 밀란의 감독이었던 성 암브로스는 성삼일에 관하여 이렇게 적고 있다. "우리는 수난의 날 뿐만 아니라 부활의 날도 함께 지켜야 한다. 그래서 슬픔의 날과 기쁨의 날을 같이 누려야 한다. 거룩한 성삼일동안에 한편으로는 금식을 하고 또 다른 한편으로는 다 함께 기뻐하도록 하자…. 그리스도는 고난당하시고 무덤에 누우시고 죽음에서 다시 부활하셨다. 이 삼일의 기간에 대해서 그리스도께서는 '이 성전을 헐라 내가 삼일 만에 다시 일으키리라'고 말씀하신다."[1]

내가 양육 받은 침례교의 전통에서는 성삼일을 매우 중요한 날로 지켜왔다. 비록 내가 성장했던 교회에서는 세족 목요일 저녁 예배는 드리지 않았지만, 성금요일은 아주 중요하게 지켰다. 성금요일예배는 항상 주께서 십자가 위에서 극심한 고난을 겪으신 시각을 기념하여 정오부터 3시까지 진행되었다. 그리고 토요일은 부활주일을 정성껏 준비하는 특별한 날이었다. 이때 교회 성도들은 함께 모여서 교회 밖에서 부활주일의 일출예배(the sunrise service)를 위한 연단을 만들었으며, 내 어머니도 교회에 나와서 가족들, 친구들과 함께 즐겁게 보낼 부활절 잔치를 하루 종일 준비하곤 했었다. 이렇게 부활절 행사를 준비하는 모습을 통해서 나는 성삼일의 중요성을 실감할 수 있었으며, 내 자신의 기독교 신앙에서 부활 사건이 내면 깊숙이 뿌리내릴 수 있게 되었다. 성금요일과 성토요일을 무조건 근엄하고 장중하게 보내야 하고 또 부활절은 그 반대로 열광적으로 기뻐해야 한다고 교육받지는 않았지만, 어렸을 때 교회에서 자라면서 느꼈던 성삼일에 대한 특별한 감정들은 아직도 내 가슴에 깊숙이 자리하고 있다. 물론 이러한 감정들은 당시 부활주일을 경축하기 위한 일련의 준비 과정 속에서 생겨났다.

초대교회는 외형적인 의식이 내면의 경험을 인도한다는 영적 원리를 잘 이해하고 있었다. 그래서 초대교회의 예전을 올바로 복원할 수 있다면, 놀라운 부활절 파스칼의 신비를 좀더 긴밀하고도 민감하게 경험할 수 있을 것이다. 오늘날 우리의 영적인 삶에 좀더 풍성한 의미를 가져다 줄 이러한 성삼일의 사건들과 긴밀한 내적 관계를 맺도록 도와줄 다섯 가지 외형적인 규례를 소개하고자 한다. 첫째, 성삼일동안의 모든 예배에 참석하라. 둘째, 세족 목요일 예배 이후부터 부활절 예배 전까지를 금식 기간으로 지키라. 셋째, 이 시기에는 가능하다면 침묵하며 조용한 묵상과 기도에 전념하라. 넷째, 이 기간 동안에는 쇼핑이나 업무, 그리고 오락을 멀리하라. 다섯째, 집을 청소하고 교회에 함께 모여서 부활절 잔치를 준비하라. 이러한 외형적인 헌신을 통해서 성도는 그리스도의 죽음과 부활을 마음속 깊이 경험할 수 있을 뿐만 아니라, 그런 경험을 좀더 극적이고 실제적인 방식으로 표현할 수 있다. 그리고 이런 경험들은 내면에 차곡차곡 쌓여 있다가 다가오는 해의 영적인 순례 과정 속에서 계속 회상되면서 영적 동력을 제공해 줄 것이다.

2. 세족 목요일

세족 목요일(Maundy Thursday)에 성도들은 예수께서 맞이하신 마지막 밤의 깊은 어둠 속을 그와 동행하게 된다. 그 밤은 예수께서 당하신 배신과 체포, 채찍질, 그리고 십자가상의 죽음과 같은 악한 기운으로 전율했던 밤이다. 그래서 이 밤은 참으로 고통스러운 밤이었으며, 십자가로 나아가기로 결심한 예수의 결정이 그가 투쟁해야만 했던 악한 권세들과 극명하게 대조를 보이면서 우리 영혼을 짓누르는 캄캄한 밤이기도 하다. 그 밤을 우리는 예수와 함께 지나는 것이다.

1) 애찬식

많은 교회에서 세족 목요일 행사는 애찬식(the agape feast)과 함께 시작된다. 왜냐하면 바로 이 밤에 예수께서는 제자들과 함께 식사를 하셨기 때문이며, 이어서 예수는 제자들의 발을 씻겨주시고, 성만찬을 제정하셨으며, 가롯 유다로부터 배신을 당하셨다. 그래서 성삼일의 여정이 애찬식으로부터 시작되는 것은 참으로 감동적인 경험이라 할 수 있다. 바로 이 마지막 만찬은 부활절 만찬 때에 다시 누리게 될 만찬이다.

애찬식은 항상 간소하고 여기에 등장하는 요리 역시 매우 단순한 것으로 예수님 당시에 먹었던 음식을 상기시켜 준다. 당시 요리는 갓 구운 신선한 빵과 수프, 치즈, 그리고 여러 종류의 너트와 음료로 마실 포도주와 말린 과일들로 구성되어 있었다. 식사 전의 식탁 기도는 원래 고대 유대교의 전통에서 유래된 것으로 초대교회에서는 이 내용을 기독교화하였다. 식사 도중 적절한 때에 잠깐 짬을 내어 요한복음 17장이 읽혀졌다. 그러면 그 짧은 순간에 성도들은 예수께서 겟세마네 동산에서 드렸던 기도를 통해서 임박한 죽음에 직면했던 예수의 고통을 회상하게 된다. 애찬식 분위기가 성도들이 예수의 마지막 긴박했던 순간에 직접 참여하고 있음을 더욱 실감하는 쪽으로 점점 고조되어 가면, 성경 낭독자는 "하나님이여 나를 구원하소서 물들이 내 영혼까지 흘러들어왔나이다"라는 내용으로 시작되는 시편 69편 1-23절을 읽으면서 애찬식을 마무리하였다. 그렇게 애찬식이 끝나자 성도들은 모두 일어나서 예배당으로 들어가서 그날 긴박했던 밤의 어둠 속으로 예수와 함께 하는 순례 여정을 계속 이어갔다. 그러자 나는 내면 깊숙한 곳으로부터 십자가를 앞둔 예수와 동일시되면서 내 자신의 영혼이 매우 울적해지고 점점 아래로 가라앉는 것을 느낄 수 있었다. 예배당 안에 앉은 나는 조용히 머리를 아래로 숙이고 예수의 십자가를 묵상하기 시작하였다.

이 날 예배에는 음악이 전혀 없다. 부활절 예배까지는 악기도 전혀 연주되지 않는다. 다만 고요한 정적만이 성도들이 함께 모여서 회상하며 경험하고자 하는 그 십자가 사건의 진지함을 말해줄 뿐이다. 이 순간은 예수의 생애에서나 우리의 영성에서 가장 캄캄한 순간이지만 반드시 필요한 순간이다. 이 밤의 대부분의 과정들은 고요한 침묵 속에서 진행된다. 이어서 사제는 청중을 향해 서서 엄숙하게 제안하였다. "다 함께 기도합시다. 전능하신 하나님 아버지! 주님의 독생자께서는 십자가에서 고난당하시기 전에 그의 몸과 피로 성만찬을 제정하셨나이다. 주여! 우리에게 자비를 베푸사 우리 주 예수 그리스도의 은혜를 기억하면서 이를 감사히 받게 하옵소서. 이 거룩한 신비를 통해서 주께서는 우리에게 영생의 보증을 주셨나이다. 이제도 사시며 당신과 성령과 함께 영원히 통치하실 한 분 하나님 우리 주 예수 그리스도의 이름으로 기도하옵나이다. 아멘."[2]

이어서 성경(출 12:1-14; 시 78:14-20,23-25; 요 13:1-15; 고전 11:23-26)을 낭독한 다음에 세족 목요일 예배의 두 번째 중요한 순서로 발 씻기가 이어졌다.

2) 발 씻기

발 씻는 일은 예수님 당시의 고대 근동에서는 매우 익숙한 관습이었다. 건조한 날씨에 먼지가 많은 길을 샌들을 신고 다녔기 때문에 집으로 돌아오면 하인에게 발을 씻기도록 하는 것은 매우 자연스러운 일이었다. 하지만 예수께서 제자들의 발을 씻어주신 일은 당시의 사회적인 질서와 관습을 허물어뜨리는 것이었다. 하인의 역할을 자청함으로써 예수는 앞으로 십자가의 겸비를 통해서 곧 표현될 하나님의 사랑을 미리 보여주셨다. 나중에 예수께서는 "새 계명을 너희에게 주노니 서로 사랑하라 내가 너희를 사랑한 것같이 너희도 서로 사랑하라"(요 13:34)고 제자들에게 말씀하셨지만 당시 제자들은 예수님의 이러한 사랑과 희생을 이해하지 못했다.

세족식(洗足式, Maundy)이란 용어는 새 계명(a new commandment)을 뜻하는 라틴어 Mandatum Novum에서 파생된 것이다. 그래서 세족 목요일은 그리스도께서 친히 말씀과 상징적 행위로 사랑에 관한 새로운 계명을 제정하신 날이다. 초대교회의 예배에서 주교가 자신이 목양하는 성도들의 발을 씻어주었던 행위는, 사회적인 관습을 변혁시키면서 모든 사람들, 특히 사회적으로 남보다 더 높은 지위에 있는 사람들에게 자신에게 주어진 인생을 청지기로 살아갈 것을 요청하는 기독교의 메시지를 전달하는 상징적인 행위였다. 그래서 오늘날의 예배 갱신 운동에서도 이런 관습이 다시 주목받고 있다.

이러한 고대의 관습은 다시금 재현될 필요가 있다. 먼저 다양한 연령층을 대표하여 성도들 몇몇이 앞으로 나와서 다른 사람들이 지켜볼 수 있는 곳에 앉는다. 그러면 사제나 목사는 깨끗한 수건을 어깨에 두르고 세숫대야를 들고 나와서 앞에 나와 대기하고 있는 사람들 한 사람씩 돌아가면서 발을 씻겨주고 초대교회의 관습처럼 다 씻고 나면 발을 들어 입을 맞춘다. 이때 요한복음 13장 1-5절 중 한 부분을 읽어주면 성가대는 "평안을 너희에게 끼치노니 곧 나의 평안을 너희에게 주노라 내가 너희에게 주는 것은 세상이 주는 것 같지 아니하니라"고 응답한다. 마지막 사람의 발이 다 씻겨지면 낭독자는 마지막으로 다음과 같은 메시지를 선포한다. "너희가 서로 사랑하면 이로써 모든 사람이 너희가 내 제자인 줄 알리라."[3]

성경 말씀과 상징적인 행위의 의미가 세족식에 참가하는 성도들의 마음 깊숙이 새겨지도록 몇분 정도 침묵을 유지할 필요가 있다. 예수께서 제자들의 발을 씻겨주신 의미를 묵상하는 중에, 나 역시 예수 그리스도처럼 다른 사람들을 섬기는 희생적인 사랑을 위해서 내 생명을 기꺼이 바쳐야 한다는 소명 의식이 다시금 새로워졌다. 예수의 모범 앞에서 내 자신의 영성이 다시금 정돈된 것이다. 나는 내 아내와 자녀들, 학생들, 그리고 동료들을 섬기는 삶을 살아야 한다. 내 소명은 "너는 나를 위해서 무엇을 해줄 수 있는가?"가 아니라 "당신을 위해서 무엇을 도와드릴까요?"라는 질문에 달려 있다. 이러한 태도는 그리스도의 영, 즉 우리의 모든 관계 속에서 우리와 함께하시는 동일하신 성령으로 말미암은 것이다. 세족 목요일은 자기희생적인 사랑으로 살아가겠다는 이러한 소명을 다시금 확인하며 자신을 내어주는 사랑의 메시지와의 관련 속에서 우리 자신의 인생을 점검해 보기에 참으로 유익한 시기이다. 그래서 예수께서 몸소 보여주신 사랑과 희생의 메시지는 일년 내내 우리의 영성을 안내하게 된다.

3) 성만찬의 제정

유다로부터 배신당하던 밤 그 전에 예수께서는 성만찬을 제정하셨다. 그래서 세족 목요일의 예배에서도 세족식을 한 다음에 성만찬이 이어진다. 만찬 식사의 배경은 유대인들의 유월절 잔치로서 예수께서는 이 잔치를 제자들과 함께 나누신 것이다(마 26:17-29). 그 당시 예수는 빵을 가져다가 축사한 후에 떼어 제자들에게 주시며 이렇게 말씀하셨다. "받아 먹으라 이것이 내 몸이니라"(26절). 그 다음에 잔을 가지사 사례하시고 제자들에게 주시며 이렇게 말씀하셨다. "너희가 다 이것을 마시라 이것은 죄 사함을 얻게 하려고 많은 사람을 위하여 흘리는 바 나의 피 곧 언약의 피니라"(27-28절). 이러한 단순한 행위를 통해서 예수는 유대교의 영성을 집약적으로 담고 있는 유대교의 중요한 만찬을 택하여 이를 기독교 영성의 중요한 원천으로 수정하였다. 예수께서 제정하심으로서 단순한 빵과 포도주는 이제 기독교의 유월절, 즉 예수의 죽음과 부활을 통해서 확립된 구원의 새 언약의 보증물로 거듭나게 되었다.

세족 목요일의 경축 의식을 통해서 우리는 성만찬 제도를 다시금 회상하게 된다. 이 제도는 빵과 포도주, 그리고 예수의 죽음 사이의 상관관계를 진지하게 상기시켜 준다. 즉 예수의 죽음은 결코 단순한 인간의 비극이 아니라 예수께서 우리를 위하여 스스로 자신을 희생 제물로 내어주신 자발적인 고난이라는 것을 분명히 증거한다. 그는 우리의 죄로 말미암은 저주를 도말하기 위하여 스스로 죽음을 택하셨다.

고대 교회에서는 성만찬 예배를 통해서 죽음 뿐만 아니라 부활도 함께 경축하는 것이 일반적인 관례였다. 하지만 이 밤에 우리의 영성은 깊고도 강렬하며 계속적으로 고조되는 죽음에 집중하게 되며, 이날 밤 세족 목요일 예배는 이것이 바로 '주께서 잡히시던 밤'이라는 사실을 회상할 것을 계속 요청한다(고전 11:23).

예배는 단지 과거 사실에 대한 기록을 되풀이하는 것이 아니라 과거가 현재로 구현되는 수단이기 때문에 예배에 참석하는 우리 역시 그 과거 사건에 함께 참여하게 된다. 세족 목요일 예배 중에 예수께서 배신당하던 일을 떠올리는 순간, 우리는 예수를 배반한 우리 자신의 죄악을 직시하라는 요청에 직면하게 된다. 이때 우리는 그를 사랑하며 예배에도 정기적으로 참석하고 또 교회 활동에 성실하게 참석했다고 변명할 수도 있다. 하지만 우리의 삶을 향한 그리스도의 요청에 무관심하였고 기독교적인 가치관을 따라서 올바로 살아가는 데 실패하였다는 것이 예수에 대한 우리의 배신을 분명하게 증거하지 않는가? 성삼일은 우리 자신을 그리스도와 그의 고난에 완전히 동일시할 것을 요청한다. 예수를 배반한 가룟 유다에 대해서 누가 뭐라고 말하든 나는 그가 느꼈을 배신의 고통을 어느 정도 이해할 수 있다. 배신에 대한 죄책감 때문에 결국 유다는 고통과 후회 속에서 자살하고 말았다. 하지만 예수께서는 유다의 죄의 형벌을 대신 감당하기 위해서, 그리고 그를 죄악의 저주로부터 해방시켜서 그리스도와의 관계를 회복시켜 주려고 죽으셨다.

우리는 우리 내면 가운데 살고 있는 유다를 성만찬의 테이블 앞으로 데리고 나와야 한다. 우리가 마시는 컵은 우리의 죄를 용서하기 위하여 흘리신 예수의 피로 가득한 컵이다. 그래서 성만찬은 언약의 식사이다. 우리는 죄악으로 인하여 거룩하신 하나님의 진노를 자초하였으며, 그분의 진노는 그 죄에 대한 형벌을 요구한다. 하지만 예수께서는 자원하는 죽음으로 우리의 죄악을 친히 담당하셔서 결국 하나님께서 우리의 죄악을 용서하시도록 하였다. 그래서 성만찬의 떡과 포도주를 먹고 마실 때, 우리는 "예수의 죽음은 나를 위한 것이었습니다. 이제 나는 예수의 희생을 통해서 하나님과 화목하게 되었음을 믿습니다"라고 고백한다. 이 밤에 우리는 우리 자신의 선행이나 도덕적인 미덕으로는 하나님과의 관계를 개선할 수 없다는 메시지를 새롭게 실감하게 된다. 오직 우리를 자유케 하려고 우리 대신 죽으신 예수에 대한 믿음 안에서만 우리는 그 관계를 회복할 수 있다.

이 밤의 예배 시간에 성만찬을 위해서 앞으로 나아가 손을 내밀어 그의 부서진 몸을 상징하는 떡을 받고 또 우리를 위해서 흘리신 그의 피의 상징인 포도주를 받아서 입으로 가져갈 때, 우리는 우리의 영적인 순례 여정을 먼저 그리스도의 죽음 위에 기초하여 세워달라고 하나님께 간구해야 한다. 왜냐하면 부활절 아침에 그리스도의 부활을 기뻐하기 전에 먼저 우리의 영적인 순례 여정의 초점은 예수께서 우리를 위하여 감당하신 하나님 자신의 고난의 핵심에 모아져야 하기 때문이다.

4) 엄숙한 식탁 치우기

세족 목요일 예배의 마지막 순서는 예수의 십자가 처형을 준비하기 위해서 로마 병사들이 예수의 겉옷(홍포)을 벗겼던 것(마 27:31)을 상징하여 성만찬 테이블을 엄숙하게 치우는 순서로 끝난다. 이러한 상징적인 행위를 통해서 우리는 예수께서 우리를 위하여 겪으셨던 고난과 굴욕을 더욱 분명하게 인식할 수 있다.

성만찬 예배가 끝나면 사제는 다른 성도들과 함께 조용하고 엄숙하게 성만찬 테이블을 물로 청소한다. 그동안 또 다른 성도들은 테이블의 식탁보를 벗기고 주변에 놓여 있던 다른 상징물들을 정리한다. 꽃이나 램프, 초, 쿠션, 식탁보, 그리고 모든 장식물들을 교회 밖으로 가져다가 부활절 날까지 창고에 보관한다. 이렇게 성만찬 테이블을 정돈하는 동안에 회중은 "그들은 내 겉옷을 나누며 속옷을 제비 뽑나이다"라는 후렴으로 끝나는 시편 22편을 찬송하거나 교독한다(시 22:18).

많은 교회에서는 세족 목요일 예배 이후 예배당에 와서 기도하려는 성도들을 위해서 문을 개방해 둔다. 세족 목요일 예배가 끝나고 다음날 해가 뜰 때까지 30분 혹은 1시간씩 번갈아가면서 기도하는 사람들을 위한 순서지가 마련된 경우도 있다. 이런 관습은 예수께서 유다에게 배신당하시고 그를 고소하는 자들이 예수를 찾아서 붙잡아갈 때까지 겟세마네 동산에서 예수와 함께 머물렀던 제자들의 헌신을 상징한다.

  우리의 영성은 세족 목요일의 사건에 따라 안내를 받기 때문에, 이때 교회에서 진행되는 기도와 말씀 묵상에 자발적으로 참여하는 것은 영적으로 커다란 가치를 지니고 있다. 물론 많은 사람들이 밤새도록 예배당에 머무를 수도 없고 또 그럴 필요도 없지만, 예수와 함께 기도하기 위하여 일반적인 수면 패턴을 바꾸기로 결단하는 것은 우리 자신의 육체와 정신으로 예수의 고난을 직접 느끼고 체험하는 매우 효과적인 방법이다. 예수의 고통을 그저 지성적인 차원에서 기억하는 데 머무르지 않도록 하는 것이 매우 중요하다. 우리의 육신과 배를 영적으로 의미 있는 수련에 실제적으로 복종시키지 않으면, 그리스도의 고난을 직접 체험하는 느낌은 전혀 맛볼 수 없다. 우리 몸이 지치고 근육은 쑤시며 눈은 충혈되고 배는 굶주리며 정신이 혼미해져 갈 때, 비로소 우리는 주께서 당하신 고난을 우리 몸과 마음으로부터 직접 체험하기 시작할 것이다. 이러한 신체적이고 정신적인 슬픔은 성도가 그리스도와 영적으로 하나 되는 일체감을 이끌어내는 공감의 방법으로 그리스도의 죽음을 실제로 경험할 수 있는 한 가지 방법이다.[4]

3. 성금요일 – Good Friday

  주께서 죽으신 금요일을 가리켜서 '좋은 금요일'(Good Friday)라고 부를 수 있는지 고민해 볼 수 있다. 예수 자신의 고통과 죽음의 관점에서 볼 때에는 그것은 결코 좋은 날이 아니다. 하지만 예수의 죽음을 계기로 사탄의 권세가 패하여 쫓겨나게 되었다는 점에서 그 날은 참으로 좋은 날이다. 성금요일의 예배를 통해서 이 날을 경축할 때 그 예배 속에는 예수의 죽음과 동일시하면서 우리가 이 날에 부여하는 슬픔과 아울러 그의 죽음은 죽음을 죽인 죽음이며 악의 권세를 멸망시킨 죽음이라는 사실을 알고 경험함으로 말미암은 기쁨이 서로 교차한다.

초대교회 당시 성도들은 성금요일의 예배를 항상 저녁부터 시작되어 밤중까지 계속 이어지는 예배로 이해하였다. 4세기 무렵 예루살렘에서 진행되었던 성금요일의 철야 예배에는 겟세마네 동산에서부터 시작되어 다음날 해가 뜰 무렵에 예루살렘으로 이동하면서 끝났다. 그 과정에서 먼저 빌라도 앞에서 재판을 받은 장면들이 읽혀지고 예수께서 채찍질을 당하신 장소라 여겨진 곳에서 그의 고난을 기억하면서 기도하였다. 기도가 끝나면 잠깐 휴식을 취하러 집으로 돌아갔다가 늦은 아침에 나무 십자가를 받드는 예배를 위하여 다시 모였다. 일부 성도들에 의해서 예수의 십자가 유물의 일부로 믿어졌던 나무 조각이 주교 앞의 흰 천 위에 놓여지고 나면, 그 주위에 사람들이 모여서 십자가 위에서 죽임 당하신 그리스도를 위한 헌신을 표현하는 한 방법으로서 그 나무 십자가를 어루만지며 입맞춤을 하였다.

　그 다음 정오부터 3시까지 이들은 다시 모여서 여러 성경 구절을 낭독하며 예수의 죽음에 관한 메시지를 들었다. 3시 무렵이 되면 복음서에서 예수의 죽음에 관한 내용을 낭독하는 것으로 예배가 끝났다. 그 날 저녁 무렵 사람들이 예수의 매장에 관한 메시지를 듣기 위하여 다시 모였는데, 이들 중에 상당수는 기도하면서 예수의 죽음의 의미를 묵상하기 위하여 밤을 지새우기도 하였다. 예수의 생애에서 일어난 가장 결정적인 사건을 회상함으로써 이들은 예수께서 죽으신 그 시간에 자신들의 영적인 순례 여정이 그와 동일 운명 속으로 연합되도록 하였던 것이다.

　오늘날에도 성금요일에 이러한 결정적인 사건들을 재현하는 세 가지 유형의 예배가 있다. 매년 성금요일에 이 세 가지 예배를 모두 진행하는 교회는 없겠지만, 대부분의 교회에서는 이 중에 한두 가지 예배를 진행하며 이를 통해서 예배 참가자들이 각자 자신의 영성을 정돈할 수 있도록 하고 있다. 이러한 예배로는 십자가의 길 예배(the Way of the Cross)와 세 시간의 헌신 예배(the Tree Hours Devotion), 그리고 십자가 경배 예배(the Veneration of the Cross)가 있다.

1) 십자가의 길 예배

십자가의 길 예배(혹은 십자가의 길 기도처, the Stations of the Cross, 예수께서 사형 선고를 받으신 후 십자가를 지고 갈보리 산에 이르기까지 일어났던 14가지의 중요한 사건을 성화로 혹은 조각으로 표현하여 축성된 십자가와 함께 성당 양벽에 걸어둔 14곳(stations)을 하나하나 지나가면서 예수의 수난과 죽음을 묵상하며 드리는 기도나 예배-역자주)라고도 불리는 이 예배는, 아마도 초대교회 당시 그리스도인들이 빌라도의 관저로부터 갈보리 산까지 걸어 올라갔던 예수의 마지막 여정을 따라서 기도했던 관습에서 유래한 것 같다. 이들 순례자들의 목적은 예수의 생애 마지막에 일어났던 사건에 영적으로 참여함으로써 영적으로 예수의 운명과 동일시하려는 것이었다. 이런 관습은 수세기를 지나면서 변화를 거듭하였고 17세기에 이르러서 오늘날과 같은 14개의 기도처로 표준화되었다. 그 중에 아홉 개의 기도처의 내용은 복음서로부터 유래한 것이며 나머지 다섯 개는 널리 퍼진 전통에 따른 것이다. 이 순례 예배는 무덤에 뉘인 그리스도에게서 끝나기 때문에 일부 교회에서는 그 다음에 부활의 장면을 추가하기도 한다. 하지만 이 순례 예배를 사순절 동안이나 고난주간, 혹은 성금요일에 진행되는 경우에는 부활 기도처 순서를 부활절 예배를 위해서 남겨두는 것이 더 바람직할 것 같다.

십자가의 길 예배는 성금요일 아침에 가장 효과적으로 진행될 수 있는 참으로 감동적인 예배이다. 또 예배 참여자들이 그 전날 밤부터 계속 예수의 마지막 여정에 동참해오는 중이라면 이 예배는 더욱 감동적일 것이다. 때로는 각각의 기도처에서 혼자서 개별적으로 묵상하고 기도하면서 개인적인 예배를 드릴 수도 있으며, 근처에 이런 예배를 공동체적으로 함께 진행하는 교회를 찾아가서 함께 예배를 드릴 수도 있다. (특별히 가톨릭교회와 감독교회가 이런 예배 전통을 가지고 있다).

필자는 그동안 이 예배에 여러 번 참석하였는데, 매번 참석할 때마다 죽음을 향하여 나아가는 예수의 마지막 여정에 감동적으로 하나가 되곤 한다. 그 예배의 각 단계에서 나는 사순절의 경험을 떠올리면서 사탄의 종 노릇하였던 데서 그리스도를 닮아가는 삶으로의 헌신을 새롭게 다짐한다. 예수께서 사형 선고를 받으시고 십자가에 못박히고 마지막으로 무덤에 뉘이심을 확인할 때 나 역시 내 죄악이 그에게 얹어지고 그 죄악이 그와 함께 십자가에 못박히고 마지막으로 그와 함께 무덤에 묻히는 것을 경험한다. 이렇게 하여 이 예배는 곧 다가오는 부활에 대한 내면의 경험을 더욱 강렬하게 준비할 수 있도록 나를 인도한다.[5]

2) 세 시간의 헌신 예배

세 시간의 헌신 예배(the Three Hours Devotion)는 십자가의 길 예배처럼 성도들이 자신을 예수와 동일시할 수 있도록 도우려는 예배이다. 예수가 십자가 위에서 감당했던 고난 속으로 성도의 영성을 인도하는 한 가지 방법으로서 그의 마지막 말씀을 순차적으로 제시해 주기 때문에 그만큼 성도의 헌신은 더욱 고조되어 간다. 이 예배의 기원은 성삼일과 관련된 대부분의 다른 예배와 마찬가지로 4세기 무렵의 예루살렘으로 거슬러 올라간다. 정오부터 오후 3시까지 예수께서 십자가 위에 달려 있었던 시간에 그리스도의 수난과 관련된 여러 성경 구절들을 읽고 기도하며 마지막으로 요한복음의 수난 기사를 읽고 예배를 마친다.

오늘날과 같은 형태의 세 시간 헌신 예배는 17세기 후반 무렵에 페루(Peru)에서 유래된 것으로 주로 예수의 마지막 일곱 가지 말씀을 집중적으로 다룬다. 이런 형태의 예배는 맨 처음에는 가톨릭교회에 널리 퍼졌다가 그 다음에는 성공회 교회로, 그리고 여러 개신교교회로 널리 소개되었다.

기회가 되면 침묵 가운데 이 예배에 참석해 보기를 권하고 싶다. 그리고 예수의 마지막 일곱 가지 말씀의 의미를 깊게 묵상하는 가운데 여러분의 심령에 그 말씀이 깊이 각인되도록 해보라. 이 날 예수와 자신을 동일시하며, 십자가로 나아가는 모든 길을 그와 동행하며, 예수께서 그리하셨던 것처럼 십자가에 함께 달리며, 그의 고난과 죽음에 동참해 보라. 그리고 이런 경험이 여러분의 헌신을 빚어내도록 하며, 육체적으로나 외형적인 수련을 통해서 그와 동일시함으로서 여러분 안에 그리스도와 함께 죽는 영성을 발전시켜 보라. 음식과 오락을 끊고 업무를 멀리해 보면 그리스도의 죽음을 여러분의 몸과 위장으로부터 느낄 수 있을 것이며 그리스도의 죽음은 여러분의 몸가짐과 침묵 속에서도 여러분과 함께 나타날 것이다.

3) 십자가 경배 예배

십자가의 길 예배와 세 시간 헌신 예배처럼 십자가 경배 예배도 4세기 무렵 예루살렘에서 시작되었다. 17세기 무렵에 예루살렘에서 널리 대중화되었던 이 예배는 이후 가톨릭과 성공회 예전을 통해서 계속 전수되었다. 일반적으로 성금요일 밤에 진행된 이 예배는 중보기도와 말씀의 예전, 십자가 경배, 그리고 성만찬의 세 부분으로 이루어져 있다.

이 예배는 먼저 성도들이 전적으로 침묵을 지키고 자리에 앉거나 무릎을 꿇고 고개를 숙이고 묵상하는 가운데 시작된다. 검은 색 예복을 입은 사제가 조용히 성찬대 앞으로 나와 서거나 혹은 무릎을 꿇은 상태로 머리를 숙이거나, 혹은 잠시 동안 바닥에 엎드리기도 한다. 사제의 기도가 끝나면 성경 낭독이 이어진다. 이때 먼저 이사야서 52장 13절부터 53절 12절까지를 읽으면 이어서 그에 대한 응답으로 시편 22편 1-22절과 히브리서 4장 14-16절과 5장 7-9절을 읽는다. 마지막으로 요한복음 18장 1절부터 19장 42절까지의 수난 기사를 읽거나 찬송으로 부른다. 각각의 구절을 읽는 중간에는 그 내용을 깊이 묵상할 수 있도록 잠깐 동안 침묵의 시간이 주어진다. 이때 때로는 짤막한 설교를 전하기도 한다.

그 다음 중보기도가 이어진다. 이때의 중보기도는 평상시보다 더 길고 광범위한 주제를 담아서 기도한다. 전체 교회를 위해서 뿐만 아니라 이 땅의 모든 나라와 백성들을 위한 기도가 이어지며, 평화를 위해서, 고난당하는 사람들을 위해서, 그리고 복음을 듣지 못한 사람들을 위한 중보기도가 계속 이어진다. 그리스도의 죽음은 죄악으로 말미암은 처절한 고통 속에서 우리가 간절히 부르짖는 간구에 대한 하나님의 최종 응답이다. 그렇기 때문에 하나님께서 우리의 기도를 들으신다고 확신할 수 있는 결정적인 증거도 그리스도의 죽음에서 찾을 수 있다. 우리의 죄악을 담당하고자 십자가로 나아가신 그분은 분명 우리의 기도에 귀를 기울이실 것이다. 십자가 아래에서 중보기도를 드리는 가운데 나는 죽음에 대한 그리스도의 승리가 얼마나 위대한 것인지를 느낄 수 있었다. 죽음을 정복하기 위해서 죽으신 그는 이 땅의 모든 사람들에게서, 그리고 모든 곳에서 악의 권세를 소멸하려고 오늘도 살아 계신다. 그런 이유로 중보기도는 엄청난 슬픔의 날 속에서도 우리에게 희망을 안겨다 주며 장차 이루어질 부활을 향한 강력한 확신을 심어준다.

중보기도가 끝나면 십자가 경배가 이어진다. 이 순서는 경배의 의미를 오해할 수 있는 상당수의 개신교 성도들에게는 받아들이기 어려운 순서일 수도 있다. 몇해 전 나는 휘튼 지역 목회자 협의회로부터 후원을 받아 성금요일 예배를 인도해달라는 부탁을 받은 적이 있었다. 이때 나는 십자가 경배 예배를 인도하기로 결정하였다. 중보기도가 끝나고 나는 경배의 의미에 관하여 짤막하게 설교를 전했다. "잠시 후에 베일로 가린 십자가가 중앙 통로를 따라 앞으로 들려 나올 것이고 세 단계로 베일이 벗겨질 것입니다. 십자가를 나르는 분이 십자가를 들고 강단 앞으로 나와서, 왼쪽 베일을 벗긴 다음 십자가를 위로 들어 올리면 다 함께 '이는 세상의 구세주를 못박은 십자가로다' 하고 찬송을 부릅니다. 그리고 이어서 '주께 감사하세' 라는 응답이 이어집니다. 그렇게 세 차례 한 다음에 십자가는 성만찬 테이블 가까이에 놓여질 것입니다. 그러면 성도님들은 자리에서 일어나서 한 분씩 십자가 앞으로 나오셔서 원하시면 십자가를 만지거나, 또는 그 앞에 무릎을 꿇고 입을 맞출 수도 있습니다. 이 때 여러분은 나무 조각을 경배하는 것이 아니라 우리의 구원의 도구가 되었던 십자가 위에 못박히셨던 그리스도를 경배하는 것입니다."

그날 예배의 참석자 3분의 2 이상은 이전에 한 번도 십자가를 경배해 본 적이 없는 여러 개신교 교파에 속한 사람들이었다. 하지만 이들은, 성가대가 미리 지정한 찬송가 세 곡을 부르며 성경 구절이 낭독되는 동안 앞으로 나와서 나무 십자가를 만지거나 입을 맞추기도 하였다. 나 역시 나무 십자가를 만지면서 마치 죽음이라는 감당키 어려운 사실과 직접 마주 대하는 듯한 느낌이 들었다. 예수께서 나를 위하여 행하신 일이 정말로 실제가 된 것이다. 그는 딱딱한 나무 위에서 극심한 고통 중에 못박혀 매달렸다. 그 십자가를 만지는 중에 나는 그리스도께서 십자가 처형을 당하신 잔혹하고도 끔찍한 역사적 사실과 직접 대면하는 듯한 느낌이 들었다. 나는 그 감격 속에서 나를 위하여 죽으시고 악한 권세로부터 나를 해방시켜 주신 분께 마음을 다해 감사드렸다.

마지막으로 성만찬 시간에는 전날 목요일 밤에 성별했던 빵과 포도주로 예식을 진행하였다. 다른 성만찬 때와 같은 감사기도도 없이 고요한 침묵 가운데 성찬을 나누고 예배를 마쳤다. 예배가 끝나자 모두가 침묵 속에서 헤어졌다. 이 날 예수께서 무덤에 묻히셨기 때문이다.[6]

4. 성토요일

대부분의 교회에서는 성토요일 예배를 집례하지 않는다. 또 집례하는 경우에는 보통 아침 시간에 진행되며 성경 낭독과 기도로 이루어진다. 하지만 이제 살펴볼 부활절 전야 예배(the Great Paschal Vigil)는 토요일 밤(10시)이나 혹은 일요일 새벽(5시)에 시작된다.

토요일은 안식하면서 부활절 예배를 준비하는 날이다. 또 무덤에 뉘인 예수와 연합하고 또 부활절의 위대한 잔치를 준비하기 위하여 침묵을 지키면서 금식하고 기도에 전념하는 날이다.

5. 부활절 전야 예배

　내가 자란 복음주의의 배경에서는 일년 중 가장 중요한 교회력 행사가 부활절이 아니라 성탄절이었다. 하지만 초대교회에서는 오히려 정반대였다. 그리스도의 죽음과 부활을 기념하는 성삼일의 축제는 부활절 전야 예배로 알려진 부활절 철야 예배(all-night Easter)에서 그 절정에 달했다.

　물론 우리는 성탄절과 부활절이 모두 다 필요하다. 성육신(성탄절)이 없이는 죽음과 부활(부활절)도 없다. 그럼에도 불구하고 우리 믿음의 중심부는 성삼일의 행사 속에 자리하고 있으며, 이 중에서도 가장 위대한 날은 부활을 경축하는 영광스럽고도 놀라운 날이다. 바로 이 날에 만물을 다시 새롭게 만든 새 날이 시작되었기 때문이다.

　새 창조와 새로운 시작, 그리고 새 날에 관한 이러한 주제가 부활절 전야 예배 전체 뿐만 아니라 부활절 절기 일곱 주간을 관통하고 있다. 전야 예배 그 자체는 다음 네 가지 예배 순서로 이루어져 있다. 첫째로는 새로운 시작을 알리는 빛의 예배가 있다. 둘째, 성경을 낭독하는 시간에 하나님의 전체 구원 역사가 선포된다. 셋째, 예수와 성도와의 연합과 동일시에 대한 표지인 세례 예전을 통해서 영적 순례와 성장을 위한 새로운 출발을 확인한다. 마지막으로 부활절 만찬을 통해서는 그리스도 안에 있는 새로운 생명을 경험한다.

1) 빛의 예식

　내 생애 처음으로 부활절 전야 예배를 참석해 본 적은 70년대 초엽이었다. 그 이전의 부활절 예배는 매우 실망스러웠고 새벽 예배도 매우 평범한 것이었다. 부활절 새벽 예배와 관련된 유일한 시각적인 상징은 새벽에 나온 많은 군중들뿐이었다. 하지만 예배 그 자체는 매우 전형적인 주일 예배로서, '무덤에서 살아나셨네'와 같은 부활에 관한 몇 가지 찬송을 부르는 활기찬 성가대의 찬송과, 부활의 증거에 관한 길고도 지루한 설교가 전부였다. 그렇게 부활절 예배를 참석하면서 내년도 부활절은 무언가 달라져야 한다고 스스로 다짐했다.

다행히 그 이듬해 나는 주변의 아는 사람들로부터 토요일에 부활절 전야 예배를 드리는 교회에 관한 소식을 듣게 되었고, 이 교회를 찾아가 보았다. 그 교회의 현관문을 밀고 들어가 보니 어두컴컴하고 커다란 현관에는 예배에 참석하려고 방문한 사람들로 가득 차 있었다. 그곳은 매우 어둡고 또 비좁은 곳에 모여든 사람들과 부딪히지 않으려고 방금 들어온 문 쪽으로 다시 자리를 옮겼다. 그리고는 그렇게 캄캄한 곳에서 예배를 기다리면서 그렇게 서 있었다.

그런데 당시에는 잘 몰랐지만 그렇게 캄캄한 곳에서 머무르도록 하는 데에는 나름대로 의미가 있었다. 오늘날처럼 전기가 공급되지 않는 고대 세계에서는 낮과 밤의 일상적인 삶은 해가 뜨고 지는 것에 의해서 통제되었다. 이런 세계에서 빛으로 어둠을 쫓아내는 것은 유대교와 기독교의 전통에서는 매우 중요한 의미를 담고 있었다. 이런 상황에서 부활절 전야 예배를 어둠 속에서부터 시작하는 배경에는 십자가 죽음으로 말미암아 그리스도의 빛이 소멸되었다는 신학적 의미가 자리하고 있다.

상당히 긴 시간이 지난 다음에 성냥불이 켜지고 불쏘시개가 가득 들어 있는 화로에 던져지면서 예배당 안을 짓누르고 있던 어둠이 극적으로 사라졌다. 그리고 곧 이어서 나르텍스(narthex, 예배당 입구 앞의 넓은 홀로서 고대 기독교 회당에서는 세례 지원자들이 본당으로 들어가기 위하여 기다리는 공간으로 활용되기도 한다—역자주)안에 불이 켜지면서 비로소 사람들의 얼굴을 서로 볼 수 있었다. 이어서 예배 인도자가 "그리스도의 빛"이라는 찬송을 부르자 사람들은 "하나님께 감사하세" 하며 응답하였다.

이어서 부활절 양초라 불리는 커다란 새 초에 불이 켜졌다. (이 초는 사람들 가운데 함께 하시는 부활하신 그리스도를 나타내기 위하여 연중 내내 사용된다. 하지만 세상이 다시 어둠 가운데 처하게 되었음을 나타내기 위하여 성금요일에는 이 초에 불을 켜지 않는다.) 그 다음에 현관에서 기다리던 모든 성도들이 컴컴한 본당 안으로 입장하면서 점차 벽면에 설치된 촛불을 하나씩 켜는데, 그럴 때마다 촛불이 깜박거리면서 새 빛들이 벽면과 주변을 서서히 밝히고 있었다. 입장하는 동안에 독창자가 '높임을 받으소서'(Exalted)라는 역사적인 찬송을 부르는데, 이는 내가 전에 들어보지 못했던 찬송이었다. 이 탁월한 찬송은 "이제 기뻐하라! 하늘의 모든 천사들이여"라는 가사로 시작하면서, 그토록 매우 특별한 밤의 깊은 신학적 의미를 잘 표현해 주었다. 이 밤은 새로운 유월절의 밤으로 어둠이 변하여 빛이 되는 밤이며, 슬픔이 변하여 기쁨이 되고, 절망이 희망이 되고, 죽음이 변하여 기쁨이 되는 밤이다. 어둠이 빛으로 변하는 예배의 상징적인 정황과 또 이 찬송에 담긴 놀라운 메시지는, 그리스도의 부활이 나에게 참으로 놀라운 삶의 변화를 가져다주는 사건이라는 진한 감동을 안겨주었다. 그리고 우리가 살고 있는 이 상징적인 세상 속에서 이러한 위대한 진리를 새롭고도 전혀 잊혀지지 않게 표현할 수 있는 효과적인 방법을 찾아내는 것이 얼마나 중요한가 하는 생각도 들었다.

2) 성경 낭독 예식

이어서 성경의 여러 구절들을 읽는 순서가 뒤따랐다. 성경을 읽는 순서 사이에는 찬양과 찬송, 그리고 교창이 이어졌다. 나는 이 예배 진행에 관하여 전혀 아는 바가 없었기 때문에, 고대 교회에서도 성경을 밤새도록 읽다가 새벽에 세례 예전을 끝으로 예배가 끝났던 전통에 대해서 당시에는 잘 몰랐다. 오늘날 교회에서는 옛날처럼 긴 예배 순서를 점차로 따르지 않는 추세이다. 성경 낭독하는 분량도 교회마다 다르며, 경우에 따라서는 30분에서 한 시간 정도 걸리기도 한다. 성경 낭독의 목적은 구약 속에서 펼쳐지는 하나님의 구원 역사를 자세히 살펴보고 구약의 이런 모든 말씀들과 예언들을 성취한 예수에게 초점을 맞추려는 것이다.

성경 낭독을 통해서 하나님의 창조와 타락, 그리고 이 세상 만물과 피조계를 구원하시려고 역사에 개입하신 하나님이 선포되었으며, 마지막으로 예수의 죽음과 부활에 관한 내용으로 끝을 맺었다. 그 내용들을 들으면서 복음주의자의 한 사람으로서 믿음의 근간이 되는 중요한 밤의 예배 시간에 복음의 전체 이야기를 순차적으로 제시하는 것이 얼마나 특별한 일인가 하는 생각이 들었다. 몇 년이 지난 후에 부활절 전야 예배를 드리는 교회에 참석했던 한 여 성도는 성경 낭독이 진행되는 동안에 아홉 살 된 자기 딸이 찾아와서는 "엄마, 엄마는 이런 이야기들이 정말로 좋지요?"라고 속삭이더라는 말을 했다. 그녀는 겨우 아홉 살 된 아이가 그 예배 시간에 무슨 일이 일어나는지를 알고 있다는 것에 놀라워했다. 오늘날 포스트모던 시대에 우리는 믿음의 근거가 되는 성경의 이야기들을 다시 회복하는 것이 매우 시급하다. 이러한 예배를 통해서 우리는 성도들의 기억 속에서 그 이야기들을 심어줄 수 있다. 희미한 불빛이 반짝거리는 교회에서 경외심과 기쁨으로 기도하며 찬송에 응답하는 이러한 예배는 오랜 세월이 지나도 결코 잊을 수 없을 것이다. 또 이 예배를 통해서 우리가 붙드는 진리가 다시금 자세히 선포되기 때문에, 그 진리 속에 거하는 사람들을 다시금 일으켜 세우며 앞으로도 계속되는 이야기를 향하여 우리를 계속 빚어가는 것이다.

3) 세례 예식

부활절 전야 예배의 셋째 부분은 세례 예식이 자리하고 있다. 그 당시 나는 고대 세례 예식에 관해서는 전혀 아는 바가 없었다. 하지만 그 이후 초대교회의 세례 예식에 관하여 연구해 오면서 그 내용을 현대 사회에 소개하였다. 세례를 받을 사람들은 부활절에 있을 세례를 준비하는 긴 예비학습 과정을 거쳐야만 했다. 초대교회에서 그 준비 과정은 보통 2, 3년이 걸렸다. 하지만 오늘날에 그 준비 시간은 대부분이 1년이나 그 미만이다. 길이가 얼마나 걸리든 이들에게 있어서 부활절 전야 예배는 매우 특별한 밤이다.

세례를 받을 사람들은 오랜 기간의 수련과 영성 훈련을 거치면서 굳건한 신앙으로의 영적인 순례 과정을 거쳐 왔다. 그 준비 기간 동안 예비 세례자들은 설교가 끝나면 해산하여 다른 성도들이 함께 모여서 기도하고 성만찬에 참여하는 동안, 신앙에 대한 교훈을 다시금 되새기기 위하여 이들을 지도하는 교사에게 찾아갔다. 성만찬이 진행되는 동안 이들은 따로 신앙의 여러 수련들, 즉 기도하는 방법이나 성경을 읽고 영적 전투를 분간하며 가난한 사람들이나 병자들, 그리고 집이 없는 사람들을 구제하는 것에 대해서 배웠다. 또 교회의 삶 속으로 연합되는 준비를 하고, 그 밤에 세례가 끝나면 공동체의 통전적인 삶 속으로 받아들여지게 된다.

예비 세례자들의 이름이 각자 불리면 이들은 자신들을 지도해 준 멘토와 함께 앞으로 나온다. 그러면 이들에게 다시 한번 더 "당신은 사탄과 죄와 죽음에 속한 모든 것을 다 배격합니까?"란 질문이 주어지게 된다. 이어서 신앙에 관한 질문들이 다시금 이어진다. "예수 그리스도를 당신의 구세주와 하나님으로 영접합니까?" 이러한 질문들에 대해서 확신 있게 대답한 다음에는, 세례수를 받기 위하여 그리스도의 무덤에 들어가라는 요청을 받게 된다. 회심자는 물 속에서 무릎을 꿇은 채로 사도신경을 고백하면서 삼위 하나님에 대한 자신들의 신앙을 표현하고 이어서 성부와 성자와 성령의 이름으로 세례를 받게 된다.

물 속에서 나온 세례자들은 또 다른 예식에서 다시 무릎을 꿇는다. 이번에는 그 머리에 기름을 부어 바른다. 그 기름은 이들의 얼굴을 타고 흐르면서 눈과 입으로 흘러내린다. 사제가 그 기름을 세례자의 머리와 얼굴 전체에 부드럽게 발라주면, 예수 그리스도와의 지속적인 관계를 맺기 시작하는 세례자의 삶 속에 향기롭게 임재하시는 성령 하나님의 임재를 나타내는 기름 향기가 가득 품어 나오게 된다. 이어서 '그리스도의 촛불'로부터 시작하여 촛불이 켜지고 나서 세례자들에게 그리스도의 빛을 간직하며 매일의 삶 속에서 그리스도를 증거해야 한다는 사명을 다시금 일깨워준다. 이어서 이들에게 흰색 가운을 한 벌씩 주면서, 부활절 아침에 흰색 가운으로 바꿔서 입고 예배에 참석하여 모든 성도들과 함께 예수의 부활과 그리스도 안에서의 새로운 삶을 축하하는 부활절 성만찬에 참석하도록 한다.[7]

내가 12살에 받았던 세례 예식도 내 인생에서는 매우 특별한 사건이었다. 목회자이셨던 부친께서는 "너는 마귀와 그의 모든 일들을 전부 배격하는가? 예수 그리스도를 너의 구세주와 주님으로 영접하는가?"라고 물으셨다. 당시 내 귀에 들려왔던 '회개'라는 단어는 아직도 내 귀와 마음에 메아리치고 있다. 누가 내 신앙에 대해서 간증을 해보라고 부탁할 때면, 나는 항상 이 세례 예식을 다시금 회상하곤 한다. 나에게 있어서 그 세례 예식은 회심의 예식이었을 뿐만 아니라 지속적인 신앙적 회개의 예식, 즉 매일 매순간을 위한 예식으로 나를 초청한 사건이기도 하다.

삶을 변화시키는 예식에 관한 최근의 연구에 의하면 이런 예식들은, (1) 이전의 삶의 양식에 대한 포기와 (2) 전이(transition)와 (3) 삶의 변화의 세 가지 요소로 이루어져 있다고 한다. 그때 내가 받았던 세례 예식은 내 인생에 일종의 작은 전환점이었지 그렇게 엄청난 예식은 아니었다. 나중에 깨달은 것이긴 하지만 부활절 주일에 진행되는 장엄한 세례식은 삶에 획기적인 변화를 가져다 줄 사건이 될 수 있으며 평생에 남을 영적인 기억의 원천이 될 수 있다는 사실이다.

내가 그때 처음 참석했던 부활절 전야 예배의 세부적인 사항들을 지금 다 기억하지는 못한다. 하지만 세례식 다음의 성만찬 예배가 방금 세례를 받은 이들에게 영적으로 큰 감동을 가져다 준 계기가 되었다는 것만큼은 잘 기억하고 있다. 이들은 새하얀 예복을 입고서 회중들 앞으로 인도되어 나왔다. 빵과 포도주를 들고 행렬을 지어서 테이블로 나온 이들은 한 사람씩 빵과 포도주를 받고 난 다음, 자기들도 그 다음 사람에게 빵과 포도주를 건네주었다. 예배가 모두 끝나면 이들은 다시 모든 성도들과 함께 교회 홀에서 진행되는 부활 만찬에 초청을 받게 된다. 세례자가 진심으로 성령으로 거듭났었고, 이런 예식들을 정성스럽게 참여하고 나면, 그 예식들은 일종의 인생의 전환점으로 그들의 의식 속에 깊게 자리하게 된다.

인생의 전이에 대한 표지로서 여러 예식과 상징들을 애타게 찾고 있는 오늘날의 사회에서, 새로운 탄생과 관련하여 세례라는 성경적인 표식에 필적할 만한 다른 표식은 전혀 없을 것이다. 세례는 이 땅에 그리스도의 몸된 신앙 공동체 안에서 온전하고도 활기 넘치는 삶으로의 새로운 전이를 담고 있는 놀라운 이미지이다.

4) 성만찬 예식

부활절 전야 예배는 쉽게 잊혀질 수 없는 성만찬의 경축으로 끝난다. 이 예식은 예전의 무덤덤한 부활절 새벽 예배 때 무언가 다른 어떤 것을 찾아보도록 강요했던 경험과는 정반대의 감동을 안겨다 주었다. 이 예식에서는 부활의 증거를 논리적으로 제시하는 대신에 성만찬을 통해서 성령께서 직접 부활의 진리를 마음과 지성과 증거하시며 그 진리를 확증하셨다. 부활절 축제에서 내가 들었던 가장 기억에 남는 설교는 일곱 마디 말로 되어 있다. 그 사제가 '그가 부활하셨도다' 라고 말하자, 성도들도 '참으로 그가 부활하셨도다' 라고 응답하였다. 바로 그 순간 오르간 연주자가 '알렐루야!' 찬송을 연주하자, 그 응답으로 모든 성도들이 '알렐루야' 찬송을 불렀다. 이어서 교회의 종소리가 크게 울리기 시작하자 모든 성도들이 화분에 심은 백합꽃을 앞으로 가지고 나왔으며 일순간 예배당이 새로운 생명을 머금은 꽃들로 만발하였다. 이렇게 그리스도의 부활을 증거하는 여러 소리와 장면들을 통해서 교회는 죽음으로 말미암은 고요함으로부터 벗어나서 찬양 가득한 예배당 안에 생명의 메아리가 넘쳐나도록 하였다. 이어서 모든 성도들이 "하나님께 영광"(Gloria in Excelsis Deo)이라는 찬송을 불렀다. 성찬식은 보통 주일날의 성찬식처럼 진행되었지만(사실 매주일은 작은 부활절이다), 그 날은 부활의 날이기 때문에 매우 특별한 성찬식이었다.

6. 결론

본 장에서는 구원의 성삼일에 관하여, 즉 세족 목요일과 성금요일, 그리고 토요일 밤의 부활절 전야 예배에 관하여 살펴보았다. 기독교 영성은 궁극적으로는 이러한 사건들에 기초하고 있다. 이런 사건들은 우리의 죄를 위하여 십자가에 죽으시고 우리의 새로운 생명을 위하여 다시 부활하신 예수 그리스도 안에서 하하님께서 인간의 역사 속에서 행하신 실제 사건들을 기념하고 경축하기 때문이다. 그래서 이런 사건들은 우리의 영성의 토대를 제공하고 그 영성을 확립하는 사건들이다. 또 우리의 영성은 예수 그리스도 안에 있기 때문에, 우리는 이러한 사건들을 통해서 매일 죄에 대하여 계속 죽으며 성령의 생명으로 계속 부활하는 삶을 살아야 한다. 그래서 그리스도의 교회는 현재의 관례적인 활동을 넘어서서 성삼일의 의미와 기능을 온전히 회복해야 하며, 이 날들이 계속 기억해 주어야 하는 역사적인 사건이 아니라 우리가 매일 죄에 대하여 죽고 성령의 생명으로 부활하는 지속적인 사건으로서 성도들의 영성에 얼마나 중요한 것인지를 잘 인식시켜 주어야 한다. 왜냐하면 바로 여기에 우리의 영적인 삶의 원천과 그 원동력이 들어 있기 때문이다.

[표-7] 성삼일 영성의 개요

주제	영적인 강조점
성삼일의 역사는 무엇인가?	세족 목요일 성금요일 성토요일(부활절에서 끝남)
성삼일이 영성에 아주 중요한 이유는?	예수의 죽음과 부활은 성도의 영성의 원천이다. 이 날들은 죄에 대하여 죽고 성령의 생명으로 다시 부활하는 성도의 영성의 패턴을 구성한다.
세족 목요일은 무엇을 상기시키는가?	최후의 만찬 제자들의 발을 씻기신 일 예수의 체포
성금요일에 예수의 죽음을 기념하는 예배는 무엇인가?	십자가의 길 예배 세 시간의 헌신 예배 십자가 경배 예배
부활절 전야 예배의 네 가지 예식은?	빛의 예식 성경 낭독 예식 세례식 성만찬 예식

🌸 성삼일의 기도

우리의 구원을 위하여 당신의 독생자를 십자가의 죽음에 내어주시고 영광스러운 부활로 우리를 사탄의 권세로부터 구원하여 주신 하나님! 우리로 하여금 매일 죄에 대하여 죽게 하사 주와 함께 영원히 주님의 부활의 기쁨 안에서 살아가게 하소서. 이제도 사시며 성령과 함께 영원토록 통치하시는 동일하신 하나님께 이제와 세세무궁토록 영광을 돌릴지어다. 아멘.

『공동기도서』(The Book of Common Prayer)에서

🌸 숙고를 위한 질문들

1. 영성의 원천으로서 하나님의 전능하신 구원 사건을 묵상하는 시간을 가져보라.
2. 지난 해 당신은 어떻게 그리스도의 죽음에 연합하였는가? 당신의 삶 속에서 무덤에 묻어야 할 죄악은 구체적으로 무엇인가?
3. 지난 해 당신은 어떻게 그리스도의 부활 안에서 새로운 생명으로 부활하였는가? 올해 당신은 어떤 방식으로 새로워지기를 원하는가?

🌸 성삼일 예배와 설교를 위한 참고 자료들

아래의 자료와 관련하여 로버트 웨버가 편집한 『기독교 예배 총람』(The Complete Library of Christian Worship, Peabody, MA: Hendrickson, 1994) 중에 5권, 『교회력의 예배』(The Service of the Christian Year)의 381-96을 보라.

❈ 세족 목요일 예배를 위한 자료들
❈ 성금요일예배를 위한 자료들
❈ 고난주간의 다른 여러 예배들을 위한 자료들
❈ 부활절 전야 예배를 위한 자료들

부활절

새롭게 부활하는 시기

> 오늘 우리가 경축하는 잔치는 온 세상의 왕이자 하나님의 아들 예수 그리스도의 승리를 기뻐하는 것이다. 이 날에 악마는 십자가에 달리신 분에 의해서 멸망당하였고 우리는 다시 부활하신 분으로 말미암은 기쁨이 충만하도다. 성 헤시키오(Hesychius of Jerusalem)

교회력에 대해서 배우기 이전에 내가 생각했던 부활절은 일곱 주간의 잔치가 아니라 하루 행사에 지나지 않았다. 물론 이 하루 행사도 매우 특별한 행사였다. 어렸을 적에 집에서 부활절을 준비하던 일들이 지금도 생각난다. 지금으로부터 거의 60년 전 당시 부활절의 강조점은 새 날(a new day)에 있었고, 이 새 날을 경축하는 가장 우선적인 방법은 새 옷을 입는 것이었다. 부활절 주일 아침에 입을 새 옷을 장만하는 일은, '하나님을 위하여 정장을 입고 교회에 가는 것'이 '편한 복장으로 교회에 가는 것'으로 대체된 오늘날의 문화권에서는 매우 이상하게 보일 것이다.

당시 나도 부활절에 새 옷을 입는 의미에 대해서 잘 몰랐으며, 이런 전통이 어디에서 유래된 것인지도 잘 모른다. 아마도 요한계시록에서 사도 요한이 "그 옷을 더럽히지 아니한 자 몇명이 네게 있어 흰 옷을 입고 나와 함께 다니리니 그들은 합당한 자인 연고라 이기는 자는 이와 같이 흰 옷을 입을 것이요"라고 말한 것과 관련이 있을 것 같다(계 3:4-5). 당시 새로 구입했던 옷은 항상 흰색, 예를 들어 흰색 새 셔츠나 흰색 새 바지였다. 당시 몽고메리 침례교회에 속했던 모든 성도들은 예외 없이 이런 관례를 따랐다. 부활절 아침이면 모든 성도들은 흰 셔츠와 흰 모자, 흰 바지, 흰 신발과 같이 흰색 의상을 갖추었다.

흰색은 무언가 특별한 것을 보여주는 강력한 상징이다! 아이들은 세례식이나 입교식 혹은 봉헌식 때 아름다운 흰색 예복을 입는다. 또 결혼식에서도 신부는 근사한 흰색 드레스를 입는다. 또 봄철에도 겨울이 다 물러갔고 이 땅은 점점 따뜻해지고 꽃들은 만발하고 나무들도 봉오리를 터뜨리며 들판에 녹음이 우거지고 잔디도 무럭무럭 자라간다는 것을 알리고 기뻐하기 위해서 흰 옷을 입는다. 흰색은 부활과 부활절을 나타내는 색이다. 이 색은 새 것과 깨끗함, 그리고 구별을 나타내는 색이기 때문이다. 초대교회에서는 부활절 전야 예배에서 세례를 받은 자들은, 아마도 계시록의 영향을 받아서인지, 그 다음날 아침 부활절과 부활절기 주일에 계속 흰 옷을 입었다.

교회력에서 부활절은 참으로 중요한 사건이다. 즉 예수께서 죽음의 권세를 이기고 영광스럽게 부활하신 날이다. 하지만 이 장의 초두에서 언급한 바와 같이 부활절은 단 하루가 아니라 성령강림절까지 지속되는 일정한 기간이다.

성경에서도 부활절을 일정한 기간으로 이해하고 있다. 예수께서는 부활하신 이후 약 40일 이상 제자들에게 나타나셔서 그들에게 하나님 나라의 진리를 가르쳐주셨다(행 1:3). 그리고 40일째 되던 날에 하늘로 승천하셨다. 그로부터 10일이 지난 후 성령께서 제자들 위에 내려오셨다(행 2:1-47). 부활절을 지키는 전통은 예수의 부활 이후의 구원의 역사를 따라서 예수의 승천에 대한 기념을 포함하는 7주간의 경축행사로 확장되었으며, 이 절기는 성령강림주일을 기점으로 끝나게 된다. 그래서 이제는 흰 색의 절기이자 그리스도의 부활과 승천, 그리고 오순절의 성령강림을 모두 함께 경축하는 절기로서의 부활절에 대해서 살펴보도록 하자. 이 절기는 모든 그리스도인들의 영성 형성을 위해서 매우 중요한 절기이다.

1. 부활의 날

나는 부활을 항상 역사적인 사실로 생각하도록 훈련을 받아왔으며, 정말로 그것은 역사적 사실이다. 바울은 고린도 교회에게 부활의 역사적 사실성을 분명하게 천명하고 있다. 당시 일부 고린도 교회 성도들은 부활의 역사적 사실은 부인하면서도 그것을 신앙으로 받아들였던 것 같다. 그래서 사도 바울은 이렇게 선포하고 있다. "그리스도께서 죽은 자 가운데서 다시 살아나셨다 전파되었거늘 너희 중에서 어떤 이들은 어찌하여 죽은 자 가운데서 부활이 없다 하느냐 만일 죽은 자의 부활이 없으면 그리스도도 다시 살지 못하셨으리라 그리스도께서 만일 다시 살지 못하셨으면 우리의 전파하는 것도 헛것이요 또 너희 믿음도 헛것이다"(고전 15:12-14).

19세기 말에(그리고 오늘날에도) 일부 신학자들은 부활의 역사적 사실은 부인하면서도 부활 신앙은 인정하는 입장을 취하였다. 아돌프 하르낙이 저술한 『기독교는 무엇인가?』(What is Christianity?)가 20세기 초엽에 출간되었다. 이 책에서 하르낙은 부활의 역사적 사실이 없더라도 부활 신앙을 굳게 붙잡아야 한다고 주장하였다.[1]

하지만 내가 자란 배경에서는, 가정 배경이나 교육 배경, 그리고 신앙생활을 해온 복음주의적인 배경에서는 부활의 역사적 사실을 강력하게 지지한다. 또 이를 거부하는 사람들에 대해서는 화가 날 정도이다. 그래서 부활을 부인하거나 이를 신앙에 장애물로 여기는 사람들의 논지를 극복하기 위하여 역사적 사실로서의 부활에 대한 모든 증거들을 모아왔다. 하지만 사실로서의 부활을 옹호하는 데 너무 열중하다 보니, 정작 부활을 신앙으로 받아들이지 않고 하나의 사실로만 인정하는 데 몰두하거나 또는 신앙으로 받아들이더라도 최소한 무기력하거나 잘못된 신앙으로 받아들이고 마는 것 같다.

지금부터 30년도 더 오래 전에 휘튼 대학의 동료였던 모리스 인치(Morris Inch)가 전했던 부활절 설교를 지금도 기억하고 있다. 그는 이런 질문을 던졌다.

혹시 우리는 부활의 사실을 너무나도 철저하게 옹호하다 보니 정작 부활절 신앙의 중요성과 그 능력을 잃어버리고 만 것은 아닙니까? 우리의 삶 속에서 부활의 의미를 잃어버리고 있는 것은 아닌가요? 예수의 죽음과 부활의 패턴이 우리 각자의 삶 속에서 구현되어야 한다는 의식을 여러분은 과연 가지고 있습니까? 부활이 우리의 삶 속에서 또다시 일어나야 한다고 과연 여러분은 기대하고 계십니까?

그 질문들 듣고서 나는 깜짝 놀랐다. 그는 바로 나에게 말하고 있었다. 당시 나는 예수께서 실제로, 그리고 역사적으로 죽음에서 부활하셨다는 사실을 옹호하는 데 너무나 집착하다보니 예수 안에서 죄에 대하여 죽고 성령의 부활한 생명으로 그와 함께 부활하는 예수의 패턴을 내 삶 속에서 그대로 따라가야 한다는 것을 전혀 생각지 못하고 있었다. 이 설교는 부활을 사실로 받아들이는 것을 배제하지 않으면서도 부활에 대한 내 관심이 특정한 시간과 장소에서 역사 속에서 발생했던 부활 뿐만 아니라 내 안에서도 다시금 발생해야 하는 지속적인 부활에 대한 관심을 새롭게 일깨워주었다.

1) 당신은 그리스도와 함께 부활하였다.

부활절 주일에 선포할 핵심적인 주제는 바로 그리스도께서 우리 안에서 다시 부활하셔야 한다는 것이다. 사실 일년 전체 교회력의 개인적인 차원은 바로 이렇게 부활 사건을 주관적으로 체험하는 것에서 비롯된다. 만일 그리스도께서 정말로 우리 안에서 부활하신다면 그 다음에 우리는 대림절의 기다림과 성탄절의 기쁨을 온전히 경험할 수 있을 것이며, 참된 주현절의 매개체가 될 수 있을 것이다. 또 영적 변화가 일어나는 영적 순례의 길로서의 사순절과 고난주간을 제대로 보낼 수 있을 것이며 부활절과 성령강림절은 하나님의 임재를 체험하는 귀한 기회가 될 것이다.

그래서 부활절은 일년 교회력 상의 모든 사건들을 위한 영적인 원천이다. 이는 마치 모래시계의 잘록한 목 부분과 비슷하다. 교회력 상의 모든 사건들은 부활절을 향하여 흘러가며, 심지어 모든 교회력 행사들이 바로 이 부활절로부터 흘러나온다.

복음주의자들은 교회력 상의 다른 모든 날들과 마찬가지로 부활절을 역사적으로 실재했던 날로 확신한다. 부활주일은 부활 사건의 두 가지 측면을 확증적으로 선포한다. 그래서 먼저 부활주일이 단지 특정 사건을 기념하는 날로 축소된다면, 결국 우리는 그 사건을 지성화하는 셈이다. 만일 내가 부활의 사실에 대한 증거에만 집착한다면 내 안에서 구현되어야 할 부활의 실재는 사라지고 부활의 영적 의미는 나와 무관할 뿐이다.

하지만 내 안에서 구현되어야 할 부활 사건만을 과도하게 강조하는 데도 위험은 도사리고 있다. 오늘날 우리는 내 자신의 유익을 기준으로 모든 것을 이해하는 자기중심적 세계에서 살고 있다. 내 친구이자 예배학 연구소(the Institute for Worship Studies)에서 교사로 사역하고 있는 그렉 와일드(Greg Wilde)는, 자아에 대한 과도한 집착이 교회 안에서, 그리고 참된 영성을 위해서 심각한 문제점을 야기하고 있는 현상에 대해서 다음과 같이 지적하고 있다.

> 예전의 모든 패러다임에서 자아는 항상 체계들, 즉 도덕적 체계나 사회 질서 체계, 정치적 체계, 심지어는 중력과 환경 조건과 같은 물리적 체계에 복종해야만 했다. 하지만 지난 30년 동안 혹은 아마도 2차 대전 이후 자아는 더 이상 어떤 도덕법과 같은 것에 종속되려 하지 않고 자신을 얽어맨 사슬을 풀어버리고, 자아 밖의 그 무엇도 더 이상 필요하지 않으며, 그 정당성을 인정받기 위한 그 누구와의 의견의 일치도 더 이상 필요하지 않으며, 자신을 모든 것 위에 가장 중요한 존재로 올려놓고 심지어 과거처럼 더 이상 중력에 복종하지도 않고 또 물 위에 머물거나 심지어는 대기 상에 머물러 있을 수 있는 지점까지 기술문명을 발달시켜 놓았다. 그래서 우리는 무엇이든 할 수 있는데, 그것이 우리를 죽이고 말았다.[2]

부활은 나를 위한 것이지만, "이 모든 것은 바로 여러분을 위한 것입니다"라는 식의 상업 광고처럼 자아 중심적인 사건은 결코 아니다. 그래서 부활의 사실과 신앙 양쪽의 역설을 적절히 유지하는 것이 바로 부활절 영성의 핵심이다. 이와 관련해서 사도 바울은 하나의 지침을 다음과 같이 제시하고 있다. "너희가 그리스도와 함께 다시 살리심을 받았도다.... 너희 생명이 그리스도와 함께 하나님 안에 감추었음이니라"(골 3:1,3). 그리스도께서 실제로 죽음에서 부활하셨으며 동일한 그리스도께서 우리 안에서 다시금 부활하셔야 한다는 것은 무슨 뜻일까? 부활절의 메시지의 핵심은 무엇인가? 이 질문에 대한 해답은 먼저 부활의 사실을 점검하고 그 다음에 부활절 영성을 점검함으로써 얻어질 수 있을 것이다.

2) 부활의 사실

성도가 부활에 어떻게 참여할 수 있는지에 관하여 분명하게 정리하기 전에, 먼저 부활의 실제 의미가 분명하게 밝혀져야 한다. 초대교회 교부들이 성경을 해석한 바에 따르면, 부활절의 메시지의 핵심은 부활로 말미암아 온 천지만물이 새로워졌다는 것이다. 부활의 진리가 강조하는 것은 하나님의 피조계를 파괴하려는 사탄의 권세를 하나님께서 물리치고 승리를 거두셨다는 것이다. 그래서 악에 대한 그리스도의 승리에 관한 이야기는 아담의 타락 사건과 창세기 3장 15절에서 언급된 예언으로 거슬러 올라간다. "내가 너로 여자와 원수가 되게 하고 너의 후손도 여자의 후손과 원수가 되게 하리니 여자의 후손은 네 머리를 상하게 할 것이요 너는 그의 발꿈치를 상하게 할 것이니라."

이런 맥락에서 초대교회 교부들에게 부활주일은 그리스도의 승리의 날이었다. 사르디스의 멜리토(Melito of Sardis, A. D. 195)는 이런 주제를 가지고 부활절에 이렇게 설교하였다.

> 그러나 그리스도는 죽음에서 부활하셨고 하늘의 지극히 높은 곳으로 승천하셨습니다. 주께서 육신의 몸으로 이 땅에 오사, 고난당하는 자들을 위하여 친히 고난 받으시고 포로된 자들을 위하여 친히 묶이시며, 저주받은 자들을 위하여 친히 재판을 받으

시고, 무덤에 묻힌 자들을 위하여 땅에 묻히신 다음 죽음에서 부활하사 큰 소리로 외치셨습니다. "나와 다투는 자는 누구인가? 나와 겨루어보자. 나는 저주받은 자를 자유케 하며, 죽은 자에게는 생명을 주고, 무덤에 묻힌 자들을 다시 일으켜 세웠도다. 누가 나의 대적자인가?" 주께서 말씀하시기를 "나는 그리스도라"고 하십니다. "나는 죽음의 권세를 무너뜨린 자이며 원수를 물리치고 승리를 거두었으며 지옥의 권세를 발아래 짓밟아버렸고 강한 자를 포박하였고 사람들을 천국의 지극히 높은 곳으로 인도하였도다." 주께서 말씀하시기를 "나는 그리스도라"고 하십니다.[3]

부활주일은 하나님의 임무가 완수되었음을 확인하는 날이다. 부활로 말미암아 하나님께서 천지만물에 대한 주권을 되찾으셨다. 그는 자신을 대항하는 모든 권세들을 다스리시는 주이시며 자신이 직접 창조한 세상을 파괴하려는 모든 권세들까지도 친히 다스리신다.

성경은 하나님이 지으신 이 세상의 이야기를 우리에게 전해준다. 그 이야기란 바로 하나님께서 창조하신 선한 세상이 타락으로 말미암아 부패해졌다는 것이다. 피조계가 너무나도 철저하게 부패하였으며 스스로에게만 집착하기 때문에 결국 아담으로 말미암았고 이후 모든 인류에게 유전된 타락과 손상을 전혀 회복할 수 없다. 이렇게 절망적인 인간의 타락으로 말미암은 파장은 온 피조계 전체에 만연하여 "허무한 데 굴복한 피조물"은 "다 이제까지 함께 탄식하는" 지경에 이르렀다(롬 8:20, 22). 그런데 이 이야기에서 가장 극적인 부분은 이러한 인간의 처지를 역전시키기 위하여 하나님께서 그리스도 안에서 성육신하셨다는 것이다. 사도 바울은 이러한 놀라운 우주적 역전의 드라마를 로마서 5장 18절에서 전하고 있다. "그런즉 한 범죄로 많은 사람이 정죄에 이른 것같이 의의 한 행동으로 말미암아 많은 사람이 의롭다 하심을 받아 생명에 이르렀느니라." 악을 이기신 그리스도의 구속 사역의 파급 효과는 인류를 넘어서 온 세상 천지만물에게까지 미친다. 왜냐하면 "그 바라는 것은 피조물도 썩어짐의 종 노릇한 데서 해방되어 하나님의 자녀들의 영광의 자유에 이르는 것"이기 때문이다(롬 8:21). 멜리토는 부활의 날이 창조와 타락, 성육신, 그리스도의 고난과 죽음, 부활의 승리,

그리고 모든 인류의 종말론적인 희망을 천지만물의 재창조 안에서 어떻게 서로 통합되는지를 잘 말해 주고 있다. 몇몇 두드러진 문장 속에서 그는 이러한 우주적인 대격변의 이야기를 예리하게 표현하면서 부활의 사실에 관한 메시지를 잘 전하고 있다. 명심할 사실은 하나님은 인류가 처한 상황을 극적으로 역전시키셨다는 것이다.

성육신 사건 속에서 하나님은 둘째 아담이 되셨다. 첫째 아담은 이 세상에 죄를 가져왔으나, 둘째 아담은 이 세상에 의를 가져왔다. 또 첫째 아담이 이 세상에 죽음을 가져왔으나, 둘째 아담은 생명을 가져왔고, 첫째 아담은 저주를 가져왔으나, 둘째 아담은 칭의를 가져왔다. 그래서 새로운 참 인간인 예수 그리스도는 이 세상의 모습을 완전히 새롭게 바꾸어 놓았다. 그의 생명을 희생하여 이 땅의 삶을 거룩하게 하였고, 자신의 죽음으로 죄의 삯을 지불하고 인류를 하나님 앞에서 의로운 존재가 되게 하였다. 또 부활로 죽음의 권세를 무너뜨리고 천국으로 나아가는 길, 즉 온 세상을 위한 새로운 생명의 길을 만들어 놓았다. 이제 교회는 예수 그리스도께서 세상에 가져온 새로운 시작을 알리는 증인으로 부름을 받았다. 또 교회는 이 땅의 모든 악한 권세를 무너뜨리고 온 세상에 친히 왕으로 등극하실 예수의 재림을 기다리는 가운데 이 세상에서 새로운 피조물로 나타남으로써, 그리고 새로운 생명으로 사람들을 초대함으로써 이러한 부활의 진리를 직접 구현하도록 부름을 받았다. 이것이 바로 우리가 주목해야 할 부활의 진리이며 새로운 피조물에 대한 우리의 소망 역시 부활주일에 기초하고 있다. 여기에 바로 부활절 영성의 의미와 원동력이 자리하고 있다.

3) 부활절 영성

그리스도는 이 땅의 모든 생명과 새로운 피조물의 원천이다. 부활절에 성도에게 부여되는 소명의 핵심은, 주께서 우리 안에서 사시며 믿음으로 그의 새로운 생명을 받고 그 새로운 생명으로 하여금 우리를 사로잡게 하고 온 세상의 생명을 위한 그의 죽음과 부활에 참여하도록 하는 것이다. 바로 이러한 방법으로 우리는 거듭나게 되며(요 3:3), 새로운 피조물로 만들어진다(고후 5:17).

부활절 영성에 대한 성경적인 은유는 세례에서 찾아볼 수 있다. 세례 받은 삶은 그리스도의 죽음과 부활의 패턴을 따라 사는 삶이다. 그래서 사도 바울은, 세례가 악에 대하여 죽고 성령의 생명으로 부활하는 성도의 영적인 삶의 두 가지 모습을 묘사하고 있음을 보여주려고 하였다. 부활절 영성에 관한 사도 바울의 이러한 진술은 로마서 6장에서 찾아볼 수 있다. "그러므로 우리가 그의 죽으심과 합하여 세례를 받음으로 그와 함께 장사되었나니 이는 아버지의 영광으로 말미암아 그리스도를 죽은 자 가운데서 살리심과 같이 우리로 또한 새 생명 가운데서 행하게 하려 함이니라"(롬 6:4). 세례와 부활절 영성의 상관관계는 그 다음 5절에서 절정에 달한다. "만일 우리가 그의 죽으심을 본받아 연합한 자가 되었으면 또한 그의 부활을 본받아 연합한 자가 되리라"(롬 6:5). 여기에서 연합이란 개념에는 내 안에 거하시는 그리스도에 대한 종속적인 측면이 들어 있다. 바울이 여기에서 강조하려는 것은 분명하다. 즉 그의 죽음과 연합함으로 우리도 죄에 대하여 죽어야 한다는 것이다. 또 그의 부활과 연합함으로 우리는 새로운 생명으로 부활해야 한다는 것이다. "우리가 알거니와 우리 옛 사람이 예수와 함께 십자가에 못박힌 것은 죄의 몸이 멸하여 다시는 우리가 죄에게 종 노릇하지 아니하려 함이니 이는 죽은 자가 죄에서 벗어나 의롭다 하심을 얻었음이니라"(롬 6:6-7). 그리스도의 승리로 우리를 죄로 이끄는 악의 권세가 멸망하였다. 그래서 우리는 더 이상 악한 권세의 유혹과 매력에 굴복할 필요가 없다. "만일 우리가 그리스도와 함께 죽었으면 또한 그와 함께 살 줄을 믿노니 이는 그리스도께서 죽은 자 가운데서 사셨으매 다시 죽지 아니하시고 사망이 다시 그를 주장하지 못할 줄을 앎이로라… 이와 같이 너희도 너희 자신을 죄에 대하여는 죽은 자요 그리스도 예수 안에서 하나님을 대하여는 산 자로 여길지어다"(롬 6:8-9,11).

부활절에 강조해야 할 메시지는, 예수 그리스도 안에 거할 수 있는 방법, 즉 새롭게 부활한 삶을 살아가는 방법은 바로 참여에 있다는 사실이다. 이 메시지는 부활절에 관하여 그동안 종종 들어본 메시지와는 상당히 다를 것이다. 그동안 들어온 메시지는 하나님을 올바로 알 수 있는 길은 부활에 관한 지성적인 증거를 받아들이는 것에 달려 있다는 것이었다. 즉 부활의 역사적 사실을 믿으라는 것과 그렇게 하면 여러분의 삶이 바뀔 것이라는 식이었다. 또 하나님을 느끼고 그분의 용서를 느끼며 여러분의 마음에 하나님을 느껴보라는 식이었다. 물론 부활에는 증거와 느낌이 없는 것은 아니다.

부활에 관한 성경적인 논증의 가치를 결코 부인해서도 안 되며, 찬송이나 설교, 그리고 성만찬을 통해서 부활하신 그리스도께서 임재하시는 것을 느끼는 감정의 위력을 부인해서도 안 된다. 하지만 부활에 대한 초대교회 교부들과 고대 교회들의 강조점은 바로 참여라는 방법을 통해서 하나님을 올바로 아는 것에 달려 있었다. 우리는 세례를 통하여 그리스도의 죽음과 부활에 연합한 삶을 매일 살아감으로써 그리스도에게 참여한다. 이러한 삶은 우리가 매일 매순간 다양한 삶의 현장에서 그리스도께서 위하여 죽으신 죄에 대하여 죽고 또 새로운 생명을 위하여 그리스도께서 부활하신 성령의 삶을 선택하는 가운데 경험하게 된다. 성도의 새로운 생명이 세례의 은유 안에서 어떻게 그리스도의 죽음과 부활과 동일시될 수 있는지에 대해서 면밀하게 숙고했던 교부들 중의 한 사람인 레오대제는 이 경험에 관하여 다음과 같이 말하고 있다.

> 하나님의 아들이 세상의 화해를 위하여 행하고 가르쳤던 모든 것들은 단순히 과거의 역사적 사건에 대한 기록으로 우리에게 알려진 것이 아니다. 우리는 이 모든 것들을 그분의 현재 구원 사역의 권능을 통해서 직접 체험한다. 그래서 그리스도의 고난에 동참하는 자들은 용기 있고 영광스러운 순교자들만이 아니라 중생한 모든 성도들 역시 각자의 중생의 삶 속에서 그 고난에 함께 참여한다. 사람들이 사탄과의 관계를 끊고 하나님을 믿을 때, 또 타락으로부터 벗어나서 새로운 생명으로 들어갈 때, 그리고 세상에 속한 형상을 벗어버리고 하늘에 속한 자의 형상을 입을 때 그들 역시 그리스도의 죽음과 부활을 통과하기 때문이다. 그리스도로부터 용납되고 그리스도를 영접한 자는 세례 이후에는 결코 그 이전과 같은 존재가 아니다. 중생한 그리스도인의 육신은 이제 십자가에 못 박힌 그리스도의 몸이 되었다.[4)]

요약하자면 부활주일은 일년 중 가장 중요한 주일이다. 부활주일은 연중 모든 주일 중의 최고의 주일이다. 이 주일은 부활의 날로서 천지만물의 새로운 출발을 알리는 날이다.

따라서 부활주일의 전체 예배에서는 메시지가 부활의 역사적 사실에 국한되지 않도록 주의해야 한다. 물론 부활의 역사적 사실은 선포하는 메시지 속에 포함되어야 한다. 하나님께서는 부활로 모든 것을 새롭게 하셨다. 그리고 이 메시지 속에는 우리도 그리스도와 함께 부활하였다는 점도 포함되어야 한다. 그래서 하나님의 백성들이 죄에 대하여 죽고 새로운 생명으로 부활해야 한다는 요청은 부활절 뿐만 아니라 이후의 부활절기 전체의 중심 메시지이다.

2. 부활주일

부활절을 일정한 절기보다는 하루의 행사로 여기는 사람들에게는 부활주일을 성령강림절까지 확장하여 일곱 주간 동안 지킨다는 것은 사뭇 용납하기 어렵다. 하지만 부활절에 관한 주제들이 어떻게 회심이나 그리스도와의 연합과 긴밀하게 관계되는지를 이해하고 나면, 하루 행사보다는 긴 절기로서의 부활절에 대한 입장은 열렬히 환영받게 될 것이다. 하지만 미리 경고하고 싶은 점은 부활절기에 대한 주제는, 오늘날의 문화에 역행하는 것이며 현대 교회의 목회나 영성이 취하고 있는 기본적인 입장과도 상당한 거리가 있다는 사실이다.

최근에 나는 노던 침례신학대학원에서 본인이 맡고 있는 예배학 수업 시간에 '은유로의 귀환'(the return to metaphor)이라는 주제로 강의를 부탁하기 위하여 예술가인 데이빗 벙커(David Bunker)를 초청하였다. 그 날 나는 다음과 같은 데이빗의 메시지에 많은 공감을 하였다. "오늘날 우리는 은유의 세계 속에서 살고 있다. 오늘날의 세계는 소비주의와 자기만족, 자율성, 그리고 부자와 유명한 사람들의 삶에 관한 이미지에 사로잡혀 있다. 게다가 이러한 세속적인 은유와 이미지들이 기독교적인 경험과 신앙 공동체를 형성하도록 방치하고 있는 실정이다. 그러나 기독교가 다시금 건강한 신앙 공동체로 거듭나기 위해서, 그리고 본래의 부름에 합당한 존재로 거듭나기 위해서는 새로운 은유가 필요하다."[5]

나는 전적으로 동의한다. 하지만 (물론 데이빗이 그렇게 주장한 것은 아니지만) 새로운 은유를 만들어 낼 필요는 없다. 이미 신약 성경과 초대교회 안에서 발견되는, 신앙에 관한 오래됐지만 본래의 은유를 이제 새롭게 복원하는 것이 더 중요하다. 부활절기는 이러한 예전의 은유를 복원하여 새롭고 신선하게 복구하는 시기이다. 이런 은유들을 찾아내서 복원하고 새롭게 선포하고 구현함으로써 현재의 문화적 타락 속에 빠져 있는 교회를 갱신시킬 수 있으며 우리의 영성도 원기를 회복할 수 있다. 부활절기에 대한 기본적인 은유는 부활한 영성을 삶으로 구현하는 부활한 사람들의 모임으로서의 교회이다. 부활절 때문에 우리 모두는 그리스도와 연합할 수 있으며, 실제로 그리스도의 부활 안으로 세례 받아 연합한 자의 정체성을 구현하도록 초대받았다.

부활절에 관한 이러한 핵심적인 주제는 부활주일처럼 하루 만에 다 전달될 수 없고 일정한 기간을 필요로 하며, 교회력이라는 패턴 속에서 일정한 절기 동안 매년 반복될 필요가 있다.

부활절 영성의 주제는 무엇인가? 부활절 이후 둘째 주일부터 넷째 주일까지는 교회의 공식적인 예배 속에서, 그리고 삶 속에서 선한 목자로서 돌보는 삶 속에서 어떻게 부활의 영성이 형성될 수 있는지에 대해서 다룰 수 있다. 부활절 이후 다섯째 주일부터 일곱째 주일까지는 예수께서 부활 공동체로 하여금 자신의 승천과 오순절 날의 성령 강림에 대비하도록 하였음을 다룰 수 있다. (성령강림절은 부활절 이후 여덟 번째 주일에 해당한다.) 당시 예수께서는 제자 공동체에게 비록 자신은 성부 하나님께로 올라가더라도 그와의 연합 안에 머무를 수 있는 표지를 주셨다.

이러한 주제들은 부활하신 주님의 영원한 임재로 말미암아 이 땅에 존재하는 하나님의 공동체가 계속해서 세워져가도록 하는 놀라운 예배의 원동력들이다. 이제 이러한 주제들을 좀더 자세히 살펴보면서 기독교의 영성 형성에 대하여 이러한 주제들이 갖는 중요성을 생각해 보도록 하자!

1) 부활절 후 둘째 주일: 교회

부활절 후 둘째 주일에 교회에 초점을 맞추는 것은 매우 적절하다. 교회는 부활 사건으로 말미암아 그 존재가 규명되며, 부활한 생명을 삶으로 구현하도록 초대받은 하나님의 백성 공동체이다.

초대교회 교부들은 교회를 구약의 이스라엘과 비교하는 것을 좋아하였다. 이스라엘은 출애굽 사건을 통해서 생겨났으며 이스라엘의 정체성은 그 사건 속에서 분명하게 드러난다. 그래서 이스라엘 백성들이 타락하면 선지자들은 그 죄악을 회개하고 출애굽 사건 속에 담긴 자신들의 본래 모습으로 돌아오라고 외쳤다. 또 출애굽의 구원을 통해서 확립된 하나님과의 언약 관계를 실제 삶으로 구현해야 하는 이들의 소명을 기억하라고 설교하였다.

이런 맥락에서 교회는 항상 구약의 이스라엘과 비교되곤 한다. 베드로 역시 이렇게 말하고 있다. "오직 너희는 택하신 족속이요 왕 같은 제사장들이요 거룩한 나라요 그의 소유된 백성이니... 너희가 전에는 백성이 아니더니 이제는 하나님의 백성이요 전에는 긍휼을 얻지 못하였더니 이제는 긍휼을 얻은 자니라"(벧전 2:9-10).

이스라엘처럼 교회도 종종 자신의 기원을 잊어버리곤 한다. 또 교회는 타락하여 방황하거나 배교하기도 하고, 예수 그리스도의 죽음과 부활의 공동체, 즉 부활한 영성을 구현하도록 부름 받은 공동체라는 사실을 망각하기도 한다. 그런 시기에 교회는 과연 살았다고 말할 수 있을까?

최근에 나는 노던 침례신학대학원(Northern Baptist Seminary)에서 진행하는 목회학 박사 과정에 관하여 문의하는 어떤 목회자와 이야기를 나눈 적이 있었다. 그는 학교의 교과 과정이 자신의 목회적인 관심사를 다루어 줄 것인지에 관하여 알아볼 요량으로 우리 학교의 목회적인 강조점에 관하여 면담을 요청했다.

그가 물었다. "복음주의 목회자들이 직면한 가장 심각한 문제는 무엇이라고 생각하십니까?"

"글쎄요, 그 질문에 뭐라고 분명히 말씀드릴 수 있을는지 모르겠습니다." 나는 조심스럽게 이렇게 답했다. "제가 믿기로는 복음주의자들의 심각한 문제 중의 하나는 사람들을 제자훈련을 시키고 영성 형성으로 이끌고 마지막에는 교회 안으로 동화시키는 식의 복음전도를 진행하는 것이라고 봅니다. 우리 복음주의자들은 사람들에게 복음을 전하는 부분에는 아주 탁월합니다. 하지만 우리는 그들을 양육시키고 영적으로 구비시키며 그 다음 교회 안에 새로운 개종자로 적절하게 적응하고 동화하도록 하지는 못하는 것 같습니다."

그 목회자가 내 대답을 어떻게 받아들였는지는 잘 모른다. 하지만 그는 내 대답이 끝나자마자 즉시로 이렇게 응답했다. "제가 생각하는 문제가 무엇인지 말씀드려보죠. 저는 복음주의자들이 교회 안에 머무르도록 설득하는 일에 대부분의 시간을 소비한다는 것을 압니다. 하지만 그들은 이것을 지겨워하고 교회가 필요 없는 그리스도인이 되고 싶어 합니다."

그 목회자의 고민은 교회에 대하여 낙담하고 있는 누군가로부터 처음 듣는 이야기가 결코 아니다. 최근에는 84세 된 오래된 친구가 자기 교회의 형편에 대해서 털어 놓으면서 고개를 절레절레 흔들었다. "밥! 솔직히 말해서 '지금 나는 여기서 뭣하고 있는가?' 라고 스스로에게 질문을 할 때가 여러 번 있다네." 그 친구는 영적으로 게으른 사람은 절대 아니다. 그는 교회를 사랑하고 하나님의 말씀과 하나님의 사람들을 누구 못지않게 사랑한다. 하지만 그는 명목상으로는 복음주의에 속해 있지만 그 안에는 왜곡된 정책들이 난무하고, 시장 논리와 사업 논리에 의해서 교회가 운영되며, TV의 토크 쇼와 오락 프로그램을 모방한 예배 형태를 따르고 있는 것에 괴로워하고 있었다. 그래서 너무나 낙심한 그는 하나님의 공동체로서의 성경적이고 초대교회의 원리보다는 세속 문화를 따라가는 교회를 자신은 앞으로 얼마나 더 참아줄 수 있을지 걱정이라고 했다. 그가 교회에 대해서 이렇게 생각하는 유일한 사람은 아니다. 현재의 교회 상태에 대해서 괴롭고 혼란스러운 마음을 개인적으로나 혹은 e-메일로 의견을 나누지 않고 그냥 지나가는 주간이 없을 정도이다. 만일 당신도 현재 교회에 대해서 이렇게 느끼고 있다면 부활절 둘째 주일은 이러한 문제를 다루면서 교회로 하여금 부활한 신앙공동체가 되도록 촉구하기에 아주 적절하다.

부활절은 교회로 하여금 그 본래의 출발점이자 본래의 정체성으로 되돌아가라고 촉구하는 시기이다. 물론 초대교회 역시 완벽하지 않았음을 우리는 잘 알고 있다. 역사적으로 교회는 항상 세속적인 요소들과 투쟁해왔다. 아마도 이런 이유 때문에 의심 많은 도마에 관한 이야기가 이번 주일에 읽혀지는 것 같다. 의심 많은 도마의 믿음은 외적인 증거에 기초하고 있었기에 그는 명백한 증거를 요구했다. 계몽주의는 오직 증명될 수 있는 것만이 믿을 수 있다고 가르쳤다. 그런데 우리 복음주의자들도 증거를 요구하는 현대 사상에 상당한 영향을 받고 있다. 그러다보니 마치 믿음은 증거에서 비롯되는 것처럼 보인다. 하지만 히브리서 기자는 반대로 말한다. "믿음은 바라는 것들의 실상이요 보지 못하는 것들의 증거니"(히 11:1).

부활의 명백한 증거는 합리적인 논증에 있지 않고 부활한 신앙 공동체 속에 있다. 교회는 그리스도께서 악의 권세를 정복하셨다는 부활절의 메시지를 선포하고 증언하는 증인이자 표지가 되라는 부름을 받았으며(엡 3:10), 부활의 실체를 삶으로 구현하는 부활 공동체가 되라는 부름을 받았다. 이러한 유형의 신앙 공동체에 대한 귀중한 통찰을 사도행전 2장 42-47절에서 얻을 수 있다.

몇해 전 성경 공부 시간에 어떤 지도자가 내 생각에는 사뭇 도전적인 질문 하나를 던졌다. 당시 우리는 초대교회의 모습을 담은 사도행전 2장을 공부하고 있었는데, 그가 이렇게 질문하였다. "이 이야기는 규범적인가요 아니면 서술적인가요?" 질문에 이어서 격렬한 토론이 있었지만 어떤 결론에 도달했는지는 잘 생각나지 않는다.

그 이후 가끔 이 질문을 떠올리면서 당시 초대교회 공동체를 있는 그대로 보여주는 핵심적인 것이 무엇인지 깊이 생각해 보곤 한다. 사도행전의 저자 누가가 주장하는 바 초대교회는 강력한 예배와 기적에 대한 체험, 공동체 의식, 왕성한 친교, 기쁘고도 친절한 마음, 사람들의 호의, 그리고 넘쳐나는 개종자들로 이루어진 교회이다. 사도행전의 이러한 이야기가 규범적인 것인지 아니면 서술적인 것인지에 대해서 나는 잘 모르겠다. 하지만 어느 쪽이든 이 이야기는 오늘날의 많은 교회들의 형편에 대해서도 충분히 언급하고 있다.

우리가 명심해야 할 요점은 교회의 생명력을 보여주는 것이 과연 무엇인가 하는 것이다. 오늘날 많은 사람들은 현대 교회가 현대 문화를 보여주는 것 같다고 느끼고 있다. 우리는 교회를 세상에 대하여 말 못하는 벙어리로 만들었으며, 날카로운 칼날도 없이 그저 세상 입맛에 맞게 만들어 놓았다. 이제 우리는 교회를 본래의 출발점으로 되돌려 놓아야 하며, 예수 그리스도의 죽음과 부활이라는 본래의 자리로 돌아가서 부활 공동체로 거듭나야 한다.

사도행전에서 만날 수 있는 예루살렘 교회는 부활의 영성을 분명하게 보여준 교회였으며, 부활한 삶을 실제 삶으로 구현하였다. 오늘날에도 교회 갱신의 진짜 비결은 무슨 교회 성장 운동에서 말하는 어떤 전략에 있지 않다. 초대교회와 마찬가지로 우리도 부활을 구현해야 한다. 부활의 영성을 공동체적으로 표현하는 공동체야말로 진정 세상을 향하여 매력적인 공동체가 될 수 있으며 구원받지 못한 자들과 교회에 가입하지 않은 자들을 인도하는 공동체로 거듭날 수 있다. 교회가 무슨 마술 같은 속임수나 오락거리나 흔히 말하는 연관성(relevance)으로 사람들을 붙잡을 수 있는 것이 결코 아니다. 오늘날 교회를 갱신시킬 수 있는 것은 바로 부활에 대한 공동체적인 경험이다. 그리고 교회는 바로 그러한 부활에 대한 공동체적인 경험을 깨닫고 체험하며 알려지는 상황(context)이자 매체이다.

2) 부활절 후 셋째 주일: 예배

예배의 핵심은 부활 사건을 지속적으로 경축하는 것이다. 또 부활의 영성을 배우고 체험할 수 있는 것도 예배를 통해서 가능하다.

오늘날 예배 중에 교회는 혹시 무미건조한 광야지대 속에 빠진 것은 아닌가? 내가 생각하기에 오늘날의 예배는 최소한 두 가지 늪에 빠진 것 같다. 지나치게 설명에 치중한 예배와 하나님과의 낭만적인 관계를 중시하는 예배가 그것이다.

나는 항상 예배를 설명하는 데 치중하는 여러 교회에 참여해 보았다. 이 역시 계몽주의의 영향 때문이다. 이 입장에 의하면 무언가를 인식할 수 있는 유일한 속성은 지성이라는 것이다. 그래서 예배에서 진행되는 모든 것들이 언어로 표현된다. "이제 다 함께 이것을 하고 저것을 하겠습니다. 방금 우리는 이것을 했고 이제는 다 함께 저것을 하겠습니다. 성도님들께서는 이것과 저것의 상호 연관성을 잘 이해하고 계십니까?" 이런 교회의 예배는 신앙고백을 언어로 표현하며 찬송가도 설명하고, 심지어는 성만찬의 실체도 지루한 설명들로 짓눌러 질식시키고 만다. 그러니 사람들이 지루해하는 것도 당연하다. 이런 교회는 예배에 대한 성경적 행위에 관하여 배울 필요가 있으며 예배 안에서의 상징들이 좀더 실행적인 역할을 감당하도록 위임해야 한다. 예배는 우리를 예수의 죽음과 부활의 패턴 속으로 형성하고 빚어가는 원래의 부활 사건을 선포하고(당연히 말이 사용된다), 노래하며(여기에는 설명이 필요 없을 것이다), 구현해내는(극화하여 표현하는 것이다) 상징화 작업이다.

예배에 대한 또 다른 문제는 하나님과의 관계를 지나치게 낭만적으로 묘사하는 것이다. 낭만적인 예배의 기원은 궁극적으로는 19세기의 낭만주의 운동의 영향에서 찾아볼 수 있다. 여기에서 하나님과의 관계는 주로 감정을 중심으로 표출되거나 때로는 낭만적인 이미지를 사용하는 감상적인 용어로 표현된다. 이런 교회 예배에서 사용되는 현대 음악은 지나치게 낭만적이다. 최근에 나는 새로 시작하는 교회에 출석한 적이 있는데, 그 교회 예배는 하나님을 감상적인 음악에 담아서 호소하는 데 치중하고 있었다. 그 날 내 앞에 앉은 어느 부부는 완전히 영화 각본처럼 움직였다. 사랑의 노래를 부르는 동안에 이 부부는 서로 껴안고, 상대방의 눈을 간절한 눈빛으로 바라보는가 하면 심지어 입맞춤까지 했다. 예배는 우리 마음을 움직이기고 깊은 감동을 안겨주지만, 하나님을 낭만적인 차원에서 경험하는 시간이 결코 아니다. 무엇보다도 예배는, 하나님에게서 떠난 삶으로부터 하나님과의 올바른 관계로 회복시키는 그리스도의 능력을 선포하기 때문에 우리에게 놀라운 기쁨을 안겨준다.

부활절 셋째 주일에 성경 낭독으로 적절한 본문은 엠마오 도상에 있던 글로바와 그의 동료들에 관한 내용이다(눅 24장). 이 본문은 예수의 죽음과 부활로부터 어떻게 예배를 구성할 것이며 예배에서 그 부활의 영성을 어떻게 경험할 수 있는지에 관하여 암시하고 있기 때문에 오늘날의 예배 갱신과 관련해서 매우 중요하다.

오늘날의 예배는 내적인 리듬도 없고 영성 형성에 관한 어떤 분명한 유형이나 내적인 흐름도 찾아보기 어려운 것 같다. 하지만 몇몇 예배 학자들은 엠마오의 이야기에서 초대교회 예배의 형태를 보여주는 실마리를 발견해 낸다. 여기에는 사중 구조의 패턴이 나타나는데, 그 구조에 주목할 필요가 있다. 글로바와 동료들은 길을 가고 있었다. 그런데 예수께서 그들과 동행하면서 자신의 죽음과 부활의 의미를 선포하신다. 그 다음 이들은 예수와 함께 식탁에 앉아 있다. 그리고 빵을 쪼개는 가운데 비로소 예수는 그들에게 알려진다. 이어서 이들은 다락방에 있는 제자들에게 예수에 관하여 증언하기 위하여 예루살렘으로 돌아간다. 빵을 나누는 중에 부활하신 그리스도를 알게 되었다는 것이다! 예배란 바로 이러한 구조 위에 세워져야 한다. 이 구조 속에는 가장 단순하면서도 심오한 형태가 들어 있다.

우리는 함께 모여서
복음을 듣고
함께 빵을 나누며

나가서 다른 이들에게 복음을 전한다.

　이러한 사중 구조 속에는 죽음과 부활에 관한 내용과 희망의 메시지가 들어 있다. 이 예배에서 주목할 점은 하나님의 행동이다. 엠마오 도상에서 제자들과의 관계를 주도한 분은 바로 예수였다. 예수께서 자신의 죽음과 부활을 선포하였으며, 빵을 쪼개는 순간에 그들과 조우한 분도 예수였다. 또 제자들의 말 속에 나타나신 분도 예수였다. 그래서 성경의 입장은 분명하다. 즉 상호 관계를 주도하는 쪽은 항상 하나님이라는 것이다. 일반적으로 진리인 것은 예배에서도 마찬가지로 진리이다. 그래서 예배는 바로 하나님의 사역이다.
　오늘날의 예배(liturgy)라는 단어가 파생된 헬라어 'liturgeia'는 '사람들의 일'을 뜻한다. 예배에서 우리가 하는 일은 과거에 대한 기억과 미래에 대한 소망에 관한 일이다. 예배에서 우리는 과거의 하나님의 구원 행위를 기억하며, 특히 우리의 죄에 대한 희생 제물로 돌아가신 예수의 죽음과 악한 권세에 대한 승리를 위하여 다시 살아나신 예수의 부활을 기억한다. 또 예배에서 우리는 예수의 재림을 소망하며 사탄의 완전한 파멸과 온 세상에 대한 하나님의 샬롬의 통치를 소망한다.
　이렇게 예배는 하나님을 선포하며 천지만물과 온 인류를 구원하시려는 하나님의 임무를 나타낸다. 그런데 이런 종류의 예배가 무엇을 하는지 주목할 필요가 있다. 예배는 실행적인 요소를 지니고 있다. 다시 말해서 예배는 하나님의 일을 선포하며 구현하는 일을 하는 사람들에게 어떤 파장을 가져온다. 한마디로 예배는 그들을 변화시킨다.
　엠마오로 가는 중에 글로바와 그의 동료들은 절망에 빠져 있었다. 그 시점에 예수께서는 이들에게 찾아오셔서 자신의 죽음과 부활이 그들에게 무슨 의미를 주는지에 관하여 선포하였고, 식탁에서 변혁적인 체험을 통해서 그들과 만나주셨다. 그리고 예수의 부활을 증거하러 예루살렘으로 돌아갔을 때 이미 그들은 변화되어 있었다.

참된 예배는 어떤 프로그램도 아니며 하나님에 관한 낭만적인 느낌도 아니고, 한 사람의 인생과 전망을 실제로, 그리고 온전히 바꾸어 놓는 의사소통에 관한 것이다.

매주일은 '작은 부활절'이며, 부활 사건을 경축하는 잔칫날이다. 하나님의 일을 기억하고 소망함으로써 '그리스도 사건을 행하는' 성도들의 일로서의 예배는, 개인적인 체험과 공동체적인 형성을 통해서 부활의 영성을 만들어내게 하는 참된 원동력이다. 그리고 이것이 바로 부활절 셋째 주일에 선포할 메시지이다.

3) 부활절 후 넷째 주일: 선한 목자

이 책을 저술하는 해의 부활절 넷째 주일에 나는 뉴욕에 머물고 있었다. 그 주일날 나와 아내는 맨해튼에 위치한 성 바돌로메 교회를 방문하였다. 그날 복음서 낭독과 설교는 예수와 선한 목자에 관한 것이었다(요 10:1-21). 여자 감독인 초청 설교자는 실제로 살아 있는 목동을 만나본 적도 없고 양치는 일에 대해서도 별로 아는 바가 없어서 매우 불리한 입장에서 말씀을 전한다고 운을 떼면서 설교를 시작하였다. 그러면서도 덧붙이기를 본문을 더 잘 이해하기 위하여 목자나 양치는 일에 관하여 기록한 책이나 소논문들을 살펴보았노라고 말했다.

하지만 내가 받은 첫인상은 '그것은 당신에게나 좋겠군요'라는 것이었다. 오늘날의 문화권에서 직접 경험할 수 없는 성경적인 은유들과 의미적으로 대등한 것을 찾아낼 수 있다는 최근의 주장들에 대해서 나는 상당히 회의적이다. 그 설교자가 우리 모두에게 익숙한 어떤 은유를 통해서 이 본문을 재해석하지 않은 부분에 대해서는 마음이 놓였다. 선한 목자에 대칭되는 맥락에서 선한 기술자나 선한 교사, 혹은 선한 관광 안내원에 관한 메시지를 듣고 싶지 않았다. 나는 그저 선한 목자 그 자체에 대해서 듣고 싶었을 뿐이었다.

문화적 등가성의 원리는 종종 성경 본문을 침묵시키거나 혹은 명백하게 왜곡된 개념을 끌어내는 경우가 많다. 그런 이유에서 나는 오늘날과 같은 포스트모던 세계에서 그리스도인들이 기독교의 대안문화적인 입장(countercultural view)으로 되돌아가야 함을 주장하는 스텐리 하워바스(Stanley Hauerwas)의 견해에 동의한다. 이러한 대안문화적인 신앙의 핵심적인 요소는 신앙의 언어를 이해하는 것이다. 그리고 이것이 바로 그 주일에 이 감독이 시도했던 것이었다. 그녀는 목자가 되는 언어와 문법을 우리에게 가르쳐주었고, 이를 계기로 내 시야가 열리게 되었다. 그 날의 설교 전체를 다 기억하지 못하지만, 몇 가지 통찰이 나에게 강한 인상을 남겼다.

첫째로 목자는 자기가 맡은 양에게 전적으로 헌신한다. 그 목자는 매일 밤이고 낮이고 자기가 맡은 양떼와 함께 살고 그 속에 머무른다. 또 그는 모든 양떼를 개별적으로 잘 알고 있다. 그들의 기분이나 필요, 기호와 싫어하는 것을 잘 안다. 양들은 강압적으로 몰거나 물리력을 행사해야 하는 소들과 다르기 때문에 선한 목자는 양떼를 앞에서 인도하며 결코 뒤에서 강압적으로 몰지 않는다. 이 주일을 위해서 지정된 시편은 23편이다. "여호와는 나의 목자시니 내가 부족함이 없으리로다 그가 나를 푸른 초장에 누이시며 쉴 만한 물가으로 인도하시는도다 내 영혼을 소생시키시고 자기 이름을 위하여 의의 길로 인도하시는도다"(시 23:1-3).

양을 위해서 자신의 생명을 내어 놓는 선한 목자의 이미지는 바로 종된 지도자의 모습이다. 선한 목자이신 예수는 자기 양떼인 우리를 위해서 자신의 생명을 내어놓으셨다. 그리고 죽음에서 부활하셔서 이제 우리를 푸른 초장으로 인도하고 계신다.

그 감독은 이런 진리에 이어서 두 번째 요점을 제시하였다. 양떼는 다른 목자는 결코 따르지 않는다는 사실이다. 이들은 목자의 음성을 잘 알며 그의 향기와 그 손의 감촉을 잘 알고 있다. 혹시 다른 목자가 양떼들 속에 들어와서 양들을 부를 수 있고 원래의 목자가 취했던 모든 행동양식들을 그대로 모방할 수 있지만 양떼들은 조금도 움직이지 않는다. 오히려 아무 일도 없는 것처럼 가만히 서

있거나 누울 뿐이다. 하지만 진짜 목자가 나타나서 부르는 순간에 이들은 그를 잘 알고 또 철석같이 믿기 때문에 그 명령에 순종한다.

초대교회 당시 세례식에서 시편 23편이 읽혀졌다는 사실은 참으로 흥미롭다. 앞에서 언급한 바와 같이 세례란 예수 그리스도 속으로 세례 받아 연합하는 것이다. 세례식에서 우리는 우리를 위하여 자신의 생명을 내어주신 선한 목자의 가는 길과 동일시하도록 부름 받는다. 즉 예수 그리스도의 죽음과 부활의 패턴대로 그를 따라가도록 부름을 받는다. 부활절 넷째 주일은 이렇게 우리에게는 마땅히 청종해야 하고 그대로 따라가야 할 지도자이자 선한 목자가 있다는 사실을 상기시켜 준다.

4) 부활절 후 다섯째 주일: 교회 안의 목회 사역

부활절 다섯째 주일을 시작하면서부터는 부활절에 대한 강조점에 있어서 약간의 변화가 있다. 부활과 승천 사이의 기간은 교육을 위한 시기라는 점을 우리는 잘 알고 있다. 누가도 이 점과 관련해서 예수께서 자기 제자들에게 나타나셔서 "사십 일 동안 저희에게 보이시며 하나님 나라의 일을 말씀하시니라"고 적고 있다(행 1:3). 잘 알려진 바와 같이 죽음과 부활에 관한 예수의 가르침과 그 죽음과 부활의 의미, 그리고 하나님 나라의 의미는 복음서와 서신서에 실려 있다

그런데 여기에 약간의 변화가 있다. 승천을 앞둔 예수는 제자들이 자신의 승천과 성부 하나님께로 돌아가는 것을 잘 받아들일 수 있도록 준비해야 한다는 것을 잘 알고 있었다. 그리고 육체적으로는 떠나면서도 어떻게 그들과 함께 계속 머무르면서 그들을 지도할 수 있는지에 관한 질문들을 해결해야만 했다. 부활절 이후의 남은 절기의 초점은 바로 이런 문제에 집중되어 있다. 이 기간에 예수는 자신의 제자들이 이 세상에서 교회가 될 수 있도록, 즉 자신의 몸으로서 예수의 계속된 임재를 나타내는 공동체가 될 수 있도록 준비시켰다. 교회는 그 자체로는 예수를 나타내는 표식이며, 앞으로도 살펴보겠지만, 부활하여 지금은 승

천하신 주님의 임재를 나타내는 추가적인 표식을 담고 있다.

부활절 다섯째 주일은 목회사역의 표지(the sign of ministry)에 초점을 맞추고 있다. 예수는 제자들에게 "인자가 온 것은 섬김을 받으려 함이 아니라 도리어 섬기려 하고 자기 목숨을 많은 사람의 대속물로 주려 함이니라"고 가르쳤다(마 20:28). 그래서 제자들과 교회는 자신들의 선한 목자이신 예수의 사례를 본받아서 사람들을 섬기는 목자들이 되는 방법을 배워야만 했다.

여기에서 강조하려는 주제, 즉 부활하신 주님께서 이 땅의 교회를 통하여 아직도 자신의 성육신적인 임재를 계속 이어가는 섬김의 목회사역은, 이미 그리스도께서 교회를 사랑하시고 이를 위하여 자신의 생명을 내어주셨던 것처럼 서로를 사랑함으로써 교회가 먼저 예수의 계속되는 임재를 체험해야 할 것을 강조한다(요 13:31-35).

교회는 이 세상을 향하여 그리스도가 되라는 사명을 부여받았음을 망각하고 있는 것 같다. 특히 20세기 후반에 북미권에서 교회는 자신을 미합중국과 동일시하기 시작하였다. 그래서 잘 알려진 바와 같이 시장의 기호를 따라가면서 사업수완이 좋은 회사를 따라가려는 교회들은 자원을 좀더 효과적으로 사용하여 더 많은 제품(개종자)을 만들어내려고 한다. 이런 상황에서 하나님 나라는, 영업감각이 탁월한 관리자형 스텝들로 짜여지고 영적인 제품을 구입하려는 소비자들을 위하여 영적인 상품을 진열해 놓은 월마트식의 교회를 통해서 이뤄질 것으로 기대한다.

하지만 이렇게 현대 문화를 추종하는 교회는 예수의 가르침과 일치하지 않는 것 같다. 최근에 나는 『교회주식회사를 넘어서』(Beyond Church Inc.)의 저자이자 노스캐롤라이나에 위치한 갈보리교회의 담임목사인 글렌 와그너(Glen Wagner)의 강연에 참석한 적이 있었다. 목회자 세미나에서 그는 나에게 이런 말을 했다. "밥! 실은 나도 그런 교회에 가 보았네. 그렇게 초대형교회(mega church) 목회를 해 보았지. 하지만 계속 그럴 수는 없더군. 이제는 초대형교회 성장 원리에 지친 교회에게 예수님의 방법을 가르치려고 애쓰는 중이라네. 물론 쉬운 일은 아니고 완전한 패러다임의 전환이 필요한 일이라네."

패러다임의 전환이란 다름 아니라 목회사역에서 부활의 영성을 회복하는 것이다. 그리스도 안에 있는 사람은 모두가 다 목회자이다. 목자장이신 그리스도께서는 자기 백성 중에 어떤 이들은 길을 안내할 자로 임명하시고 자신의 이름으로 친히 목자로 삼으셨다. 그래서 목양사역에서는 결코 권력을 남용해서는 안 된다. 참된 목자는 궁극적인 목자이신 예수 그리스도의 표지를 지니고 있는 자이다. 교회의 사역자들은 모범을 통해서 즉 선한 열매를 맺으며 무엇보다도 사랑으로 남을 인도함으로써 지도자의 역할을 감당하도록 부름을 받았다.

5) 부활절 후 여섯째 주일: 성령

부활절 후 여섯째 주일이 되면 예수의 승천일이 매우 가까워진다. 승천일은 부활절 후 여섯째 주일과 일곱째 주일 사이의 목요일에 위치한다. 그래서 일부 교회에서는 예수의 승천일을 부활절 후 여섯째 주일이나 일곱째 주일에 경축하기도 한다.

예수께서 성령 하나님의 임하심과 교회 안에서의 그분의 사역에 관하여 좀더 자세한 방법으로, 그리고 좀더 많이 가르치시던 시기가 바로 이때이다. 요한복음 14장에서 빌립은 "아버지를 우리에게 보여주옵소서"라고 요청한다. 이에 대해서 예수는 "나를 본 자는 아버지를 보았다"라고 응답하신다(요 14:8-9).

이어서 예수는 제자들과 함께할 성령을 보내실 것을 확증하기 위하여 자신과 성부 하나님과의 연합에 관하여 말씀하신다(요 14:17). 예수께서 말씀하시는 것은 성령과 연합한 자는 성령을 통하여 예수 자신과 연합한 것이며 그럼으로 결국 하나님과 연합한 자라는 것이다. 여기에서도 예수는 부활의 영성에 관한 신학을 분명하게 말씀하신다. 초대교회 교부들 중에 특히 동방교회 전통에 속한 교부들은 성령의 은사를 통한 삼위 하나님과의 연합에 관한 신학을 발전시켰다. 이들은 성령의 기름부으시는 역사가 세례와 성만찬이라는 가시적이고 만져볼 수 있는 표식과 긴밀하게 관련되었다고 믿었다.

반면에 현대적인 복음주의에서는 이러한 표식들로부터 성령을 분리시키려는 경향이 엿보인다. 그러나 초대교회에서는 세례의 표식은 성령의 인치시는 역사와 밀접하게 관련된 것으로 믿어졌다. "그 안에서 너희도 진리의 말씀 곧 너희의 구원의 복음을 듣고 그 안에서 또한 믿어 약속의 성령으로 인치심을 받았으니 이는 우리의 기업에 보증이 되사 그 얻으신 것을 구속하시고 그의 영광을 찬미하게 하려 하심이라"(엡 1:13-14). 즉 세례 속에서, 그리고 그 세례가 나타내는 믿음 안에서 성도는 성령을 받아들이는 것이다.

초대교회 교부들은 성령 하나님이 성만찬과도 긴밀하게 관계된 것으로 이해하였다. 그래서 3세기 초엽에 히폴리투스가 저술한 『사도전승』(The Apostolic Tradition)에 기록된 고대 성만찬 기도문을 보면, 성만찬 식탁에서 공통으로 삼위 하나님께 기도드렸음을 볼 수 있다. 성부 하나님을 찬양하고 성자 예수의 구원 사역을 기억한 다음, 성령 하나님께 드리는 기도에서는 교회를 하나로 모으시고 진리 안에서 그들의 신앙을 확증해 주시기를 간구했다. 이렇게 그리스도의 몸된 공동체 안에서 베푸는 빵과 포도주는, 예수 그리스도의 진리를 선포할 뿐만 아니라, 성령을 통하여 성자 예수와 함께 그리고 성부 하나님과 함께 우리가 누리는 영적인 연합도 소통한다.

초대교회 교부들은 세례와 성만찬 위에 큰 글자로 기록된 상호관계에 대해서도 주목하였다. 예를 들어서 당시 교부들은 구약성경을 모형론적인 관점에서 주해하는 것이 일반적이었다. 그래서 이들은 솔로몬의 아가서에서 느낄 수 있는 영적인 친밀함이 세례와 성만찬에서 드디어 성취되는 것으로 이해하였다. 즉 세례가 성도의 결혼이라면 성만찬은 사랑의 입맞춤이라는 것이다.

오늘날처럼 합리주의적인 세계에서 살아가는 우리는 세례와 성만찬을 그저 하나님에 대한 헌신의 표시 정도로 생각한다. 그러나 고대 교회에서 세례는 먼저 하나님과 하나된 우리의 연합에 대한 하나님의 표시였으며, 그 다음 이러한 연합을 받아들이며 예수의 죽음과 부활의 패턴을 따라 살아가는 성도의 소명을 담고 있는 우리의 표시로 이해하였다. 이들은 성만찬도 하나님의 표시로, 즉 우리를 위한 예수의 죽음과 부활에 대한 하나님 쪽에서의 확증의 표시로 이해하였다. 그래서 성령은 우리도 세례를 받아 함께 연합한 예수의 죽음과 부활에 관한 진리를 확증하시며, 우리로 하여금 세례에서 확증했던 죽음과 부활의 영성의 패턴을 따르도록 성만찬의 빵과 포도주를 통해서 우리에게 계속 영적 자양분을 공급해 주신다.

결국 우리를 위로하시며 모든 진리 가운데로 인도하시는 성령 하나님은 교회나 목회, 사랑, 세례, 그리고 성만찬과 같은 다양한 형태의 표지들과 깊은 관련을 맺고 있다. 이런 모든 표지들은 성도들의 신앙의 중심, 그리고 영적인 삶의 원천에 자리하고 있는 것으로서의 예수 그리스도와 우리를 위한 그의 죽음과 부활에 초점을 맞추고 있다. 이러한 표지들은 우리에게 하나님과의 연합을 상기시켜 줄 뿐만 아니라, 믿음으로 받아들일 때 결국 하나님과의 관계를 소통시켜 준다.

6) 부활절 일곱째 주일: 예수의 기도

성령강림절 이전 주일날에는 예수께서 겟세마네 동산에서 드렸던 마지막 기도(요 17장)를 기억해보는 것이 아주 적절하다. 이 기도의 핵심은, 성자 예수께서 성부 하나님과 함께 나눴던 하나님의 영광, 그리고 이제 성자 예수 안에 거하는 자들과 함께 나누게 될 영광에 있다.

성경에서 하나님의 영광은 항상 하나님의 위대한 구원 사역과 관련되어 있다. 특히 그의 영광은 출애굽 사건과 아울러 이스라엘 사람들을 자기 백성으로 삼으신 사건을 통해서 드러났다. 또 하나님의 영광은 예수께서 세례 받으신 사건과 변화산 사건, 그리고 그의 죽음과 부활을 통해서 분명하게 드러났으며, 마지막으로 악의 권세를 모두 무너뜨리고 모든 천지만물을 영원히 통치하시기 위해서 재림하실 때 최고로 드러날 것이다. 이러한 하나님의 영광은 물론 예수의 승천을 통해서도 잘 나타났다. 그때 예수는 온 세상을 만들기 전에 성부 하나님과 함께 나누었던 본래의 영광으로 되돌아가셨다.

하나님의 영광과 관련해서 우리에게 참으로 놀라운 사실은 예수께서는 자신의 영광이 자기 백성들을 통해서 계속 이어지는 것으로 이해했다는 것이다. "내게 주신 영광을 내가 저희에게 주었사오니 이는 우리가 하나가 된 것같이 저희도 하나가되게 하려 함이니이다"(요 17:22). 성부 하나님과 함께 누렸던 성자 예수 그리스도의 위대한 영광과 놀라운 구원 사건을 통해서 드러난 하나님의 영광이 그대로 교회에게 허락되었으며, 교회의 하나됨을 통하여 하나님의 영광이 온 세상에 알려지게 되었다는 사실은 참으로 놀라운 진리이다.

여기에서 우리는 부활 영성의 또 다른 표지 하나를 찾아볼 수 있다. 그것은 바로 교회의 일치이다. 교회의 일치란 교회의 다양성을 인정할 수 없다는 뜻이 아니라, 교회의 본질적인 일치를 인정하고 확증하지 못하는 편견과 실패를 염두에 둔 말이다. 한때 나는 교회의 일치의 유일한 근거는 진리에 있다고 생각한 적이 있었다. 그러나 여기에서 말하는 진리는 내가 내 나름대로 상표를 붙인 진리를 말한다. 프란시스 쉐퍼의 표현을 빌리자면 참된 진리(the true truth)란 타락한 피조계와 인류를 구원하시려고 인간이 되신 하나님 예수 그리스도의 인격 안에 거하는 우리의 일치를 말한다.

어떤 사람들은 이러한 주장이 상당부분의 진리가 축소된 것이라고 생각하면서 낭만주의나 동방 정교나 개혁주의, 루터교, 혹은 재세례파나 웨슬리 신학과 같은 통합적인 신학 사상 체계에 대한 일치를 주장할는지도 모른다. 하지만 이런 체계들은 예수 그리스도의 전통으로부터 파생된 전통들에 불과하다. 그리스도의 유일성에 관한 절대적인 확신과 온 피조계와 인류를 위한 그리스도의 죽음과 부활에 관한 절대적인 확신은 이런 모든 전통들을 올바로 이해하고 판단할 수 있도록 안내해 준다. 우리는 여러 공동체들 중의 하나의 공동체에 불과하다. 그래서 서로 간에 차이가 있을 수 있지만 그 차이는 우리가 공통으로 붙잡고 있는 것과 비교해 보면 아주 사소한 것에 불과하다.

요약하자면 부활절기는 모두가 우리의 부활 영성에 관한 것들을 다룬다. 우리의 소명은 예수의 죽음과 부활의 패턴을 따라 살아가는 것이다. 이러한 소명을 잘 감당하도록 격려하기 위해서 하나님은 우리에게 교회와 성령, 그리고 하나님과의 연합의 표시들인 세례와 성만찬, 섬김의 사역, 사랑, 그리고 일치를 허락하셨다.[6]

3. 두 가지 경축 행사

부활절기 동안의 구원 역사에 관한 두 가지 중요한 경축 행사로는 승천일과 성령강림절이 있다.

1) 승천일

내가 보기에 오늘날 대부분의 교회들은 승천일에 대해서 별다른 관심을 기울이지 않은 것 같다. 하지만 예수의 승천 사건은 하나님의 구원 계획 속에서 현저한 위치를 차지하고 있는 까닭에 이러한 무관심은 매우 안타까운 일이다. 예수의 승천은 부활 이후 40일째 되는 날 일어났다. 그 40일 동안 예수는 제자들을 가르치셨으며 제자들로 하여금 자신의 승천과 성령의 강림을 준비하도록 하셨다(행 1:1-11). 오늘날 승천일은 성령강림절 10일 전인 목요일에 오지만, 성령강림절 이전 주일에 예수의 승천을 경축하는 것도 좋은 방법이다.

그러면 승천일에는 무엇을 경축할 것인가? 예수의 승천에 관한 성경적인 언급들이 서신서 여기저기에 산발적으로 등장하지만, 그 중에 가장 대표적인 신학적 해석이 에베소서와 히브리서에서 발견된다. 먼저 히브리서 기자는 대제사장이신 예수 그리스도의 속죄 사역에 관한 심오한 관점을 가지고 있었다. 8장부터 10장에서 히브리서 기자는 구약시대의 장막에서 이루어진 대제사장의 속죄 사역을 예수의 속죄 사역과 비교한다. 구약의 대제사장은 '자신과 백성의 허물을 위한' 희생제물을 드리기 위하여 일년에 한 번 지성소에 들어갔다(히 9:7). 그런데 구약의 희생제사는 '하늘에 있는 것의 모형과 그림자' 역할을 했다(히 8:5). 그러나 참되고 영원한 대제사장이신 예수는 "염소와 송아지의 피로 아니하고 오직 자기 피로 영원한 속죄를 이루사 단번에 성소에" 들어가셨다(히 9:12).

히브리서 기자는 예수의 대속 사역을 구약시대의 대제사장들의 사역과 비교하면서 예수의 사역을 "더 크고 온전한 장막"으로 표현하고 있다(히 9:11). 그는 "더 좋은 약속으로 세우신 더 좋은 언약의 중보자"이시며(히 8:6), "낡아지고 쇠하는 옛 언약"을 대체하는 새 언약이다(히 8:13). 또 예수는 "자기를 단번에 제사로 드려 죄를 없게 하시려고 세상 끝에 나타나신" 더 나은 언약이다(히 9:26). 예수에 대한 이러한 모형론적인 해석 관점은 죄를 속하기 위한 희생제물로서의 예수의 사역에 대한 심원한 이해를 담고 있지만, 히브리서 기자는 예수의 지상 사역에만 머무르지 않고 있다.

예수는 영원한 중보자로서 자신의 사역을 계속하기 위하여 하늘에 오르셨다. 그래서 히브리서 기자는 다음과 같이 선포한다. "저희 제사장 된 자의 수효가 많은 것은 죽음을 인하여 항상 있지 못함이로되 예수는 영원히 계시므로 그 제사 직분도 갈리지 아니하나니 그러므로 자기를 힘입어 하나님께 나아가는 자들을 온전히 구원하실 수 있으니 이는 그가 항상 살아서 저희를 위하여 간구하심이니라"(히 7:23-25).

그래서 우리를 위한 예수의 중보 사역은 영원하다. "이제 하는 말의 중요한 것은 이러한 대제사장이 우리에게 있는 것이라 그가 하늘에서 위엄의 보좌 우편에 앉으셨으니 성소와 참 장막에 부리는 자라 이 장막은 주께서 베푸신 것이요 사람이 한 것이 아니니라"(히 8:1-2). 하나님으로서 사람이 되신 예수 그리스도는 우리를 위하여 죽기 위하여 우리와 같은 인성에 참여하셨으며 우리를 위하여 부활하셨고, 계속해서 우리를 성부 하나님께로 인도하기 위하여 하나님의 영광스런 보좌로 승천하셨다. 그래서 "그리스도께서는 참 것의 그림자인 손으로 만든 성소에 들어가지 아니하시고 오직 참 하늘에 들어가사 이제 우리를 위하여 하나님 앞에 나타나셨다"(히 9:24). 우리를 구원하기 위하여 모든 것을 아낌없이 내어주신 이가 성부 하나님 앞에서 계속해서 우리를 위하여 중보사역을 감당하고 계시는 것이다.

에베소 교회에게 보내는 서신에서 사도 바울은 그리스도의 승천을 계기로 알려진 놀라운 사실 하나를 소개하고 있다. 즉 그리스도의 승천은 하나님의 부름을 받은 우리에게는 참으로 귀중한 소망을 던져준다는 것이다. "너희 마음 눈을 밝히사 그의 부르심의 소망이 무엇이며 성도 안에서 그 기업의 영광의 풍성이 무엇이며 그의 힘의 강력으로 역사하심을 따라 믿는 우리에게 베푸신 능력의 지극히 크심이 어떤 것을 너희로 알게 하시기를 구하노라"(엡 1:18-19).

초대교회 교부들은 그리스도의 승천을 예수의 인성이 하나님의 보좌에까지 고양된 사건으로 이해하였다. 즉 영원한 말씀이 예수 안에 있는 완전한 인성과 결합한 것이다. 죄 없으신 예수께서 우리의 인성에 참여하셨고 또 우리는 믿음으로 예수와 연합하였기 때문에 구속받아 예수와 연합한 우리의 인성은 예수의 승천 사건 속에서 성부 하나님의 보좌에까지 나아갈 수 있게 된 것이다. 초대교회 교부 중의 한 사람인 레오대제는 이 심오한 진리를 이런 식으로 설명하였다. "예수께서 승천하신 날에 우리는 천국의 소유물임을 확인받았을 뿐만 아니라 그리스도의 인성 안에서 천국에 입성하였다. 그리스도의 말로 다할 수 없는 은혜 덕분에 우리는 악마의 미움과 방해로 잃어버렸던 것보다 더 많은 것을 얻게 되었다."[7]

사도 바울도 예수의 승천 사건에서 한 가지 더 중요한 신학적 관점을 이렇게 상기시켜 주고 있다. 승천하심으로 말미암아 우리 주님은 "모든 정사와 권세와 능력과 주관하는 자와 이 세상뿐 아니라 오는 세상에 일컫는 모든 이름 위에 뛰어나게 하시고 또 만물을 그 발아래 복종하게 하시고 그를 만물 위에 교회의 머리로 주셨느니라 교회는 그의 몸이니 만물 안에서 만물을 충만케 하시는 자의 충만"이 되신다(엡 1:21-23).

예수께서 "모든 정사와 권세보다 더 뛰어나실 뿐만 아니라 그를 만물 위에 교회의 머리로 주셨다"는 사실은 이 세상 속에서의 교회의 목적을 분명하게 밝히고 있다. 즉 교회를 향한 예수의 목적은 다음과 같다. "이제 교회로 말미암아 하늘에서 정사와 권세들에게 하나님의 각종 지혜를 알게 하려 하심이니 곧 영원부터 우리 주 그리스도 예수 안에서 예정하신 뜻대로 하신 것이라"(엡 3:10).

하지만 다음과 같은 질문 하나가 남아 있다. 예수께서 정녕 하늘로 승천하셨다면, 여전히 우리 가운데 함께 임재하신다는 어떤 표시를 이 땅에 남기셨는가? 이 질문에 대한 가장 분명한 해답은 바로 교회가 오순절 날에 체험하게 되는 성령강림 사건이다. 예수는 자신의 승천을 성령의 오심과 결부지었다. 그래서 제자들에게 이렇게 말씀하셨다. "오직 성령이 너희에게 임하시면 너희가 권능을 받고 예루살렘과 온 유대와 사마리아와 땅 끝까지 이르러 내 증인이 되리라 하시니라 이 말씀을 마치시고 저희 보는 데서 올리워 가시니 구름이 저를 가리워 보이지 않게 하더라"(행 1:8-9). 바로 성령의 역사는 승천하신 예수의 임재를 보여주는 결정적인 표지이다.

성령께서 우리 가운데 역사하신다는 구체적인 표지는 무엇인가? 그리스도의 몸된 교회가 바로 승천하신 주님의 지속적인 임재를 나타낸다. 그리고 교회는 그리스도의 임재가 바로 함께 모인 회중 가운데 나타난다는 사실을 잘 인지하고 있다. 왜냐하면 "두세 사람이 내 이름으로 모인 곳에는 나도 그들 중에 있느니라"고 주께서 말씀하셨기 때문이다(마 18:20). 교회가 공동체적으로 경험하는 것은 바로 예수께서 교회에게 허락하신 특별한 표지인 물(세례)과 빵과 포도주(성찬)를 통해서 알게 되고 체험하는 그리스도의 임재이다. 즉 세례의 물을 통해서 우리는 그리스도의 죽음과 부활 사건에 연합하게 되며(롬 6:1-11), 빵과 포도주를 받음으로 그의 임재에 참여하게 된다(요 6장).

지난해 봄에 나는 노던 침례신학대학원의 채플에서 승천주일 예배를 인도해 달라는 부탁을 받았다. 그 예배는 30분 간 진행되는 단순한 예배여서 나는 그저 승천 사건의 핵심만을 강조하기로 하였다. 승천일은 일종의 경축일이기 때문에 우리는 입례찬송(processional hymn)으로 "모두 기뻐하세"(Hail Thee Festival Day)를 부르면서 예배를 시작하였다. 그리스도의 승천에 관한 영광스럽고 활기 넘치는 찬송을 부르는 동안 내 조교인 에슐리 올센(Ashley Olsen)이 예수께서 영광 중에 하늘로 입성하시는 기쁨을 율동으로 표현하였다.

개회기도 후에 승천에 관한 성경을 봉독하고 나서 나는 사도 바울과 히브리서 저자가 소개하는 승천에 관한 신학적 해석을 담은 짧막한 설교를 전하였다. 그러고 나서 이런 질문을 던졌다. "예수께서는 우리 가운데 자신의 임재의 표지를 전혀 남기지 않고 그냥 떠나셨을까요?" 이어 나는 "전혀 그렇지 않습니다"라고 대답한 다음 주께서 우리 가운데 계속 임재하신다는 표지로서의 교회와 물세례, 그리고 성만찬의 빵과 포도주를 제시하였다.

그리고 성찬대 위의 물그릇을 보여주고 손에 물을 한 움큼 담아서 들어올렸다가 다시 그릇으로 쏟아 부으면서, 이 물이 어떻게 예수의 임재를 나타내는 표지일 수 있는지에 대해서 설명하였다.

승천하신 예수께서 영광 중에 계심을 고백하는 뜻으로 "그는 주님이시다"라고 찬양하고 나서, 그곳에 모인 모든 성도들에게 앞으로 나와서 물을 조금 받아서 그리스도의 임재를 나타내는 표시로 물로 십자가 표시를 이마에 찍어보도록 요청하였다. 우리의 삶 속에 계신 영원한 임재의 표시로서 마음과 이마에 보이지 않는 십자가 표시를 새기는 것이다. 당시 예배는 침례신학교에서 진행된 것이기 때문에 회중들이 이런 예식을 어떻게 받아들였는지 나는 자세히 알지는 못한다. 하지만 초청이 있자 모두가 앞으로 나와서 자기 이마에 십자가 표시를 새겼다.

근대적인 세계에서 복음주의자들은 상징이나 표지를 죽은 것이나 헛된 것으로 간주하는 경향이 있다. 하지만 포스트모던이 지배하는 새로운 세계에서 점점 상징에 깃들어 있는 실행적인 영향력을 새롭게 인식하고 있다. 베이비 부머 세대가 상징이 없는 예배를 선호했다면, 이후 좀더 젊은 복음주의자들은 '단순한 상징'이 아니라 복음을 선포하고 구현하는 강력한 수단으로서 물과 기름, 빵, 그리고 포도주와 같은 것을 예배에 활용하는 데 적극적인 입장을 취하고 있다.

아마도 여러분도 내년도 부활절기 동안에 승천주일 예배를 인도하거나 참석하게 될지도 모른다. 앞에서 내가 성경을 통해서 보여준 바와 같이 승천일은 하나님의 구원 역사 속에서 매우 중요한 사건이다. 그것은 단순한 절기가 아니라 획기적인 구원 사건이다. 그래서 만일에 활력 있는 영성을 형성하려고 한다면, 우리는 하늘에 오르셔서 우리를 위하여 영원히 중보하고 계시며, 교회를 통해서, 그리고 그와 연합한 우리의 정체성을 보여주는 세례의 표지와 지속적인 자양분을 공급해 주신다는 성만찬의 표지를 통해서 항상 우리와 함께하시는 승천하신 주님에 대해서 더 많은 관심을 기울여야 한다.[8]

2) 성령강림절

성령강림절(pentecost)은 구원의 역사에서 또 하나의 획기적인 역할을 담당한다. 하지만 성령강림절을 지키지 않는 편이 더 복음적이라고 주장하는 교회들도 많이 있다. 그러나 하나님의 백성들이 복음을 더 충만히 경험하도록 하기 위해서는 성령강림절을 꼭 강조할 필요가 있다. 폭 넓게 보자면 성령강림절은 예수의 제자들에게 하나님의 구원에 대한 풍성한 이해를 제공하며, 그들의 사역에 기름을 부어주며, 교회를 세우고 하나님의 나라가 온 세상에 임할 역사의 마지막 순간을 지시한다.

먼저 성령강림절은 예수의 사역에 대한 좀더 분명하고도 심오한 이해를 가져다준다. 예수께서는 공생애 동안 내내 특별히 자신의 신적인 기원과 앞으로의 죽음과 부활의 운명을 설명하면서 자신이 이 땅에 오신 궁극적인 목적을 제자들에게 가르쳐주었다. 하지만 최측근의 제자들도 그 내용을 충분히 이해하지 못하였을 만큼 그런 말씀들은 철저하게 감추어져 있었다. 그런데 부활 이후 40일 동안에도 예수는 계속해서 "하나님 나라의 일에 관하여" 말씀하셨다(행 1:3). 그 이후 예수의 가르침은 더욱 강화되기는 하였으나 무엇보다도 중요한 점은 성령께서 강림하심으로 말미암아 그 가르침들을 더욱 분명하게 이해할 수 있게 되었다는 사실이다. 그래서 베드로는 성령의 조명 덕분에 예수께서는 구약에서 예언된 메시아에 대한 모든 소망을 성취하신 주님이시라고 선포하였다. 사도행전 2장 36절에는 그러한 케리그마의 핵심이 집약되어 있다. "그런즉 이스라엘 온 집이 정녕 알지니 너희가 십자가에 못박은 이 예수를 하나님이 주와 그리스도가 되게 하셨느니라 하니라"(행 2:36). 그 이후에 "형제들아 우리가 어찌할꼬?"라는 반응이 있었던 것을 보면 당시 회중들은 베드로의 이러한 선언을 분명히 이해하였던 것 같다. 이 질문에 대해서 베드로는 이렇게 대답하였다. "베드로가 가로되 너희가 회개하여 각각 예수 그리스도의 이름으로 세례를 받고 죄 사함을 얻으라 그리하면 성령을 선물로 받으리라"(행 2:37-38). 이것은 신앙을 이해하는 출발점인 동시에 그 인생에 있어서는 아주 결정적인 출발점이었다. 사도행전 이후의 흐름을 통해서도 잘 아는 바와 같이 성령은 이후에도 계속해서 신앙에 대한 더 깊은 이해의 문을 열어주신다.

둘째로 성령의 강림으로 교회는 새로운 권능을 부여받았다. 예수께서 승천하시기 직전에 교회에게 부여했던 위임명령이 실행되기 시작한 것도 성령의 강림 때문이었다. "그 당시 경건한 유대인이 천하 각국으로부터 와서 예루살렘에 우거하더니" 오순절에 참석하였다(행 2:5). 그리고 이들에게 예수 그리스도께서 부여하신 하나님의 임무에 관한 메시지가 선포되었다. 또 이 사명을 위해서 하나님의 백성들에게는 성령의 은사도 주어졌다. 전 세계에 하나님의 메시지를 선포하기 위한 방언의 은사도 주어졌으며, 이후 1세기 당시의 사도행전의 선교 여행과 신앙의 확신 과정을 따라가면서 확인할 수 있듯이 다양한 성령의 은사들도 주어졌다. 그러한 은사들 중에 주목할 만한 것은 마땅히 빌 바를 알지 못하는 우리를 위하여 기도하시는 성령의 기도의 은사이다(롬 8:27).

성령강림으로 말미암은 세 번째 결과는 교회이다. 오늘날에도 그리스도인들은 성령강림주일을 교회의 탄생일로 기념한다. 성령의 능력으로 말미암아 유지되는 교회는 이 세상 속에서, 그리고 이 세상을 향한 예수의 지속적인 임재를 나타낸다. 초대교회 안에 널리 퍼졌던 '그리스도의 몸'으로서의 교회에 관한 은유는 교회에 내포된 이러한 성육신적인 측면을 잘 보여준다. 그리스도께서는 하나님의 보좌 우편에 좌정해 계시지만 신비로운 방식으로 그의 몸인 교회 안에 분명히 임재해 계신다.

마지막으로 성령강림 사건은 세상의 마지막 일을 지시하며 하나님께서 창조하신 온 세상을 통치하시는 하나님 나라의 완성을 지시한다. 그래서 베드로는 오순절 날의 성령강림으로 '말세'가 시작되었으며, '주의 크고 영화로운 날이 도래할 것'을 선포하였다(행 2:17,20). 요엘서에 대한 베드로의 인용구절들은 임박한 심판을 강조하고 있는데, 나중에 베드로의 서신서에서는 그 심판으로 악한 권세가 최종적으로 무너지고 이어서 온 세상을 통치할 하나님 나라가 완성될 것에 대하여 더 자세히 밝히고 있다(벧후 3:10-14).

현재 우리는 성령의 강림과 주님의 재림 사이의 중간에 마지막 시대를 살고 있다. 또 오순절의 성령강림 사건은 하나님의 구원 역사에서 결정적인 시기인 동시에, 주님의 재림을 기다리면서 살아가는 우리에게도 결정적인 시기이다.

3) 성령강림절을 경축하는 방법

성령강림 사건에 관하여 이상으로 정리한 신학적인 통찰들은 예배 환경이나 찬송가, 성경 봉독, 설교, 세례 예식, 복음 전도자들의 헌신, 그리고 성만찬 등등과 같이 성령강림절 예배를 구성하는 밑거름이 된다. 승천일 예배 진행을 도왔던 내 조교는 한 침례교회의 성령강림절 예배에 초청을 받았다. 예배에 다녀온 그녀는 성령강림주일 예배의 전반적인 환경이 매우 인상적이었노라고 말했다. 예배 참석자들은 모두가 붉은 예복을 입고 왔으며 설교단에도 붉은 배너가 걸렸고 성만찬 예식에서도 붉은색이 사용되었다. 또 목회자는 붉은 스톨을 착용하였으며 회중석에도 붉은색 예복으로 넘실거렸고, 율동하는 사람들은 붉은 깃발을 휘둘렀다.

이 얼마나 의미심장한 예배인가! 우리는 보는 것을 기억한다. 예배에서 사용하는 색깔 속에는 진리가 들어 있다. 예배의 움직임에서 나타나는 색깔 속에, 선포하는 메시지 속에, 행위 속에서 표현되는 색깔을 통해서 성령께서 오셨다는 메시지가 그대로 선포되며 전달되며 소통되는 것이다. 시간이 흐르면 성도들은 그날 예배에 관한 거의 대부분의 것들을 다 잊어버릴 것이다. 하지만 성령께서 오셨다는 표시로 활용된 붉은 색의 의미는 그들 마음속에 계속 남아서 우리의 삶 속에, 그리고 교회의 삶 속에 계속 역사하고 계시는 성령의 의미를 계속 일깨워줄 것이다.9)

4. 결론

성령강림주일 예배를 기점으로 교회력 상의 하나의 절기가 끝나고 새로운 절기가 시작된다. 즉 대림절 첫째 예배로부터 시작되어서 지금까지 진행된 특별절기가 성령강림주일 예배로 끝나는 것이다. 그동안 교회는 대략 6개월 정도 하나님의 구원사적인 사건들, 즉 그리스도의 성육신과 세상에 나타나심, 삶과 죽음, 부활, 그리고 승천과 성령강림 사건들을 모두 경축해 온 것이다. 이러한 결정적인 사건들은 교회의 신앙과 영적인 삶을 형성하는 근원이자 원동력이다.

물론 이런 날들을 신앙이나 기독교적인 영성 형성과 무관하게 단순한 예식으로 지킬 수도 있다. 하지만 그리스도의 복음과 구원 사건들에 집중하면서 이런 사건들을 열정적으로 기념하는 목회자들과 교회들은 기독교 신앙의 핵심적인 진리를 효과적으로 소통하는 가운데 올바른 영성을 형성하는 자리에 도달할 것이다. 즉 교회력을 분명하게, 그리고 직접적이며 복음적인 차원에서 실행하다보면 결코 빗나갈 일이 없다는 것이다.

성령강림절 이후에 교회력과 예배는 일반 절기(혹은 비절기 기간, ordinary time)로 진입한다. 이때 교회는 신약성경의 서신서에 기록된 기독교적인 삶을 위한 교훈과 실천들을 기억하고 강조하는 데 집중한다.

[표-8] 부활절 영성의 개요

주제	영적인 강조점
부활절에 흰색을 사용하는 이유는?	흰색은 새로움과 정결함, 그리고 구별의 색이며 흰색은 축제를 의미하기 때문이다.
부활절의 영성은 무엇인가?	부활은 과거의 특정한 시간과 장소에서 발생했을 뿐만 아니라 내 안에서도 일어나야 한다.
부활 메시지의 역사적인 의미를 설명하라.	그리스도께서 악의 권세를 무너뜨리고 승리하셨다. 그는 모든 피조물과 인류의 주님이시다. 그래서 그리스도인들은 부활절의 눈으로 주님을 바라본다.
부활절 영성의 개인적이고 실존적인 의미를 설명하라.	부활절의 영성 안에서 우리는 죄에 대하여 죽고 새로운 생명으로 부활하는 패턴을 따라 살아야 한다는 소명을 받는다.
부활절 영성의 공동체적인 의미를 설명하라.	교회의 기원은 부활 사건 안에 있다. 교회 공동체가 부활의 삶을 살 때 그 교회는 세상을 향하여 진리를 증언하는 증인 공동체의 사명을 감당할 수 있다. 예배는 온 세상을 향한 그리스도의 구원 사건의 의미를 계속해서 기억하는 예식이다. 예수는 교회를 인도하시는 선한 목자이시다. 교회 안의 모든 사역자들은 예수의 이름으로 그 일을 감당한다. 교회 안에 거하시는 성령의 임재는 세례와 성만찬의 표지 안에서 소통된다. 하나님의 영광은 교회를 통해서 그 빛을 계속 발산한다.
승천일의 영성은 무엇인가?	우리의 구원을 위해서 죽으셨다가 다시 부활하신 예수는 성부 하나님 앞에서 우리를 위해서 계속해서 중보사역을 감당하고 계신다.
성령강림절의 영성은 무엇인가?	성령강림절에 성령은 예수에 대한 우리의 이해를 더욱 풍요롭게 하시며 그리스도의 이름으로 감당하는 목회 사역에 능력을 공급하시고자 교회 위에 임하신다.

부활절을 위한 기도

전능하신 하나님, 진정 주님을 아는 것이 영원한 생명입니다. 우리에게 자비를 베푸시사 주님의 독생자 예수 그리스도를 길과 진리와 생명으로 온전히 알게 하시며, 변함없이 그의 발자국을 따라가게 하사 영원한 길로 인도하옵소서. 성령의 일치 안에서 이제도 사시며 주님과 함께 영원히 다스리실 한 분 하나님 우리 주 예수 그리스도의 이름으로 기도하옵나이다. 아멘

『공동기도서』(The Book of Common Prayer)에서

숙고를 위한 질문들

1. 부활절의 영성을 당신 자신의 말로 서술하여 보라!
2. 하나님의 구원이 온 세상까지 확장되며 이 땅의 모든 것을 포함한다는 부활절의 메시지를 깊이 묵상하여 보라.
3. 교회가 어떻게 이 세상 속에서 온 세상의 구원을 나타내는 표지가 될 수 있을까?
4. 당신이 속한 교회의 예배는 그리스도의 죽음과 부활 사건에 대한 지속적인 경축 행사인가? 만일 그렇다면 그 내용을 구체적으로 진술하여 보라.
5. 그리스도께서 당신의 영원한 중재자라는 진리는 당신에게 어떤 의미가 있는가?
6. 성령께서는 어떻게 당신의 삶과 사역에 권능을 부어주셨는가?

부활절 예배와 설교에 관한 참고 자료들

아래의 자료와 관련하여 로버트 웨버가 편집한 『기독교 예배 총람』(The Complete Library of Christian Worship, Peabody, MA: Hendrickson, 1994) 중에 5권, 『교회력의 예배』(The Service of the Christian Year)의 373-426을 보라.

- 부활절 예배에 관한 안내
- 부활절기 동안의 예배를 위한 참고 자료들
- 부활절기 예배를 위한 예술 자료들

성령강림절 이후

하나님의 새로운 임재를 경험하는 시기

> 단번에 영원히 그리스도와 하나되며 그리스도께서 함께 거주하시게 된 우리는 만일 원하기만 한다면 한 마디 말이 아니더라도 그저 삶 속에서의 엄격한 수련으로 우리 안에 거하시는 그분의 능력을 모든 사람들에게 보여줄 수 있다.
>
> 존 크리소스톰(John Chrysostom, A. D. 347-407)

성령강림절과 대림절 사이의 기간을 가리켜서 일반 절기(혹은 비절기 기간, ordinary time)라고 한다. 이 기간과 대조적으로 대림절부터 시작하여 성탄절, 주현절, 사순절, 성삼일, 부활절과 부활절기, 그리고 성령강림절에서 끝나는 기간을 가리켜서 특별 절기(혹은 절기 기간, extraordinary time)라고 한다. 특별 절기의 일차적인 목적은 온 피조계와 인류의 구원을 위하여 하나님께서 역사 속에서 행하신 초자연적이고 특별한 역사적 사건을 경축하기 위한 것이다. 이 책의 대부분에서는 이러한 특별 절기에 관하여 다루면서 이러한 하나님의 위대한 구원 사건들이 어떻게 개인과 공동체의 영성을 형성하는지에 관하여 살펴보았다.

그렇다면 일반 절기(혹은 비절기 기간)는 덜 중요한 시기이며 교회의 영성 형성과도 무관하다는 뜻인가? 결코 그렇지 않다. 일반 절기(ordinary time)라는 용어의 일반(ordinary)이란 말은 성령강림절 이후의 기간을 가리키지만 그렇게 정확한 표현은 아니다. 하지만 이 단어는 특별 절기를 제외한 평범한 시기의 독특한 측면을 의미하기 때문에 교회력과 관련된 용어로 사용되고 있다. 그런즉 일반 절기는 결코 평범하거나 일반적이지 않다. 이 부분에 관하여 좀더 살펴보자.

1. 일반 절기의 특성

일반 절기(성령강림절부터 대림절까지)의 강조점은 계속되는 주일 예배에 있다. 일반 절기가 왜 그렇게 평범하지 않은지를 이해하기 위해서는 왜 교회가 주일에 예배를 드리는지를 개괄적으로 살펴볼 필요가 있다. 이를 위해서 먼저 유대교의 안식일부터 살펴보자.

1) 안식일

몇해 전 나는 정통 유대교 랍비를 친구로 사귀게 되었다. 언젠가 그는 나와 아내와 또 다른 부부를 자기 집의 금요일 저녁 안식일 만찬에 초대하였다. 그 집에 도착하자 그 랍비의 아내는 거실의 촛대에 불을 밝히고 있는 여덟 개의 촛불을 가리켜 보였다. 그러면서 설명하였다. "이 촛불은 우리 가정의 네 식구와 이 저녁에 우리와 함께 안식일 만찬을 나누러 오신 여러분 네 분께 경의를 표하는 뜻으로 밝혀져 있답니다." 불을 밝히는 촛불의 상징적 의미는 우리를 환영한다는 매우 아름다운 표시였으며, 낯선 집이지만 덕분에 즉시로 마음이 편안해졌다.

그 다음 거실에 놓여 있는 오래된 가구들을 둘러보며 그것과 관련된 이야기들을 들으면서 점차로 집안 분위기에 익숙해졌다. 그러는 동안 그 랍비는 간간히 나에게 이런 말을 했다. "우리 유대인들은 안식일을 사랑한답니다. 이 날은 안식하면서 우리가 사랑하는 사람들과 친교를 나누지요. 이 날에는 전혀 일을 하지 않습니다. 전화를 받지도 않고 요리하거나 심지어는 문을 닫지도 않지요. 그냥 안식하면서 서로 교제하지요."

"아! 유대인이란 그렇구나!" 하는 생각이 들었다.

곧 우리는 식탁에 둘러앉았다. 그 랍비가 먼저 빵 덩어리를 쪼갠 다음, 땅의 열매를 주신 것에 대하여 하나님께 감사기도를 드리고 나서 쪼갠 빵 조각을 받으라고 권하면서 식탁에 앉은 사람들에게 즈금씩 건네주었다. 그 다음 포도주 병을 들고서 컵에 따른 다음에 포도의 열매를 주신 것에 대하여 고대의 유대 기도문을 따라서 기도를 드렸다. 이어서 잔에 부은 포도주를 받아든 우리는 함께 마셨다. 그리고 음식을 먹었는데 매우 맛있는 음식이었다. 훌륭한 식사와 아울러 서로의 가정과 믿음에 관한 대화가 그 날 만찬의 의미를 더욱 풍부하게 해주었다.

식사가 끝나갈 무렵 그 랍비는 유대교 전통에서는 식사의 끝에도 기도하는 것이 일반적인 관습이라고 설명해 주었다. 그는 이렇게 말했다. "내 아내와 내가 히브리말로 시편 하나를 서로 찬송하려고 합니다. 여러분은 그 말뜻을 잘 이해하지 못하시겠지만 우리 기도의 영 속으로 들어와 보시기 바랍니다." 이어서 전문적인 음악가이기도 한 그 랍비가 찬송을 시작하자 그 아내도 아름다운 목소리로 후렴구를 부르면서 서로 교창을 이어갔다. 찬송이 끝나자 그 랍비는 식탁 건너편의 자기 아내의 눈을 지그시 바라보면서 그녀를 칭찬하였다. "당신을 나에게 아내로 허락하신 하나님께 감사드립니다. 당신 덕분에 내 인생은 복을 받았으며 내 잔이 넘치나이다. 당신은 훌륭한 여성이며 우리 아이들에게는 위대한 어머니요 우리 손님들에게는 참으로 자비로운 안주인입니다. 주께서 우리 모두에게 장수의 복을 허락하시기를 바랍니다."

이어서 자기 자녀들을 불러서 옆에 세운 다음 그는 그들의 머리에 한 사람씩 안수하고서는 축복을 해주었다. 축복이 끝나자 아이들은 다시 흩어졌으며 우리도 인사를 하고 차를 타고 집으로 돌아왔다. 차로 돌아오는 길에 우리는 방금 맛보았던 즐거운 저녁 시간에 대해서, 또 그 가정에게서 받았던 환대와 그 가정의 사랑에 대해서 서로 이야기를 나누었다. 그리고 특히 안식에 대한 그들의 헌신에 관하여 이야기를 나누었다.

유대교의 안식일에서 핵심은 안식이다. 이 안식은 우리 모두가 잘 아는 바와 같이 하나님의 창조와 일곱째 날의 하나님의 안식으로부터 유래된 것이다. 금요일 일몰부터 토요일 일몰까지 안식하는 유대교의 전통을 가리켜서 모든 피조물들이 모두 안식을 누리는 날로서의 안식일(the day of Shabbat)이라고 한다.

2) 일요일

안식일이 이러하다면 왜 우리는 일요일에 예배를 드리는가? 시간에 관한 유대교의 계산법에 의하면 토요일은 한 주간의 일곱째 날이며 그 다음 일요일이 한 주간의 맨 첫날이다. 그런데 예수의 부활은 일요일, 즉 한 주의 첫째 날에 일어났다. 그래서 모든 복음서 저자들은 예수의 부활이 한 주의 첫째 날에 일어난 것으로 기록하고 있다(마 28:1; 막 16:2; 눅 24:1; 요 20:1,19). 그래서 그리스도인들에게 가장 중요한 날은 바로 일요일이다. 왜 그런가? 바로 일요일은 "주님의 날"이기 때문이다(계 1:10). 토요일이 유대인들에게 특별한 날인 것처럼, 일요일은 그리스도인들에게 특별한 날이다. 일요일은 부활의 날이며 새 창조의 날이고 새로운 역사의 시작을 알리는 날이기 때문이다.

일곱째 날에 하나님은 창조의 사역을 마치고 안식하셨다. 하지만 하나님은 첫째 날에 다시 온 세상을 재창조하시는 사역을 하셨다. 그래서 여덟째 날인 일요일의 주일 예배는 부활이라는 매우 특별한 사건 속에서 창조와 재창조를 함께 결합한 날이 되었다. 이런 이유로 일반 절기 동안의 일요일은 결코 평범한 날이 아니라, 피조계와 인류를 구원하기 위하여 역사 속에서 행하신 하나님의 구원 사역에 관한 총체적인 이야기를 계속해서 경축하는 특별한 날이다. 이것이 바로 일반 절기의 특별한 의미이다. 이 날에 우리는 온 세상의 재창조를 경축한다.

2. 일요일의 특별한 성격

내가 보기에 오늘날 상당수의 교회에서 일요일 예배의 참된 의미가 실종된 것 같다. 어떤 공동체에서 일요일은 부흥의 날이거나 구도자들을 위한 날, 혹은 교육의 날일 뿐이다. 하지만 역사적으로 볼 때 일요일은 하나님의 재창조의 날이며 하나님께서 이 세상을 다시 새롭게 회복하실 약속의 날이었다. 또 역사적으로 일요일 예배는 다음 세 가지 의미를 표현하는 날이었다. 이 날은 역사 속에서의 하나님의 구원 사역을 기억하며, 하나님의 갱신하시는 임재를 체험하고, 새 하늘과 새 땅에서 이뤄질 하나님의 구원 사역의 완성을 소망하는 날이다.

1) 주일 예배는 역사 속에서의 하나님의 구원 사건을 기억한다.

주일 예배는 역사 속에서 행동하시는 하나님을 기억함으로써 기독교적인 진리를 세상에 선포한다. 최근에 나는 노던 침례신학대학원의 예배학 수업 중에 예배 해석(worship hermeneutic)에 관한 내용을 강의한 적이 있었다. 그 수업에 참여하는 학생들은 여러 교단과 문화권에 속한 사람들로 이루어져 있었다. 그 과목의 강조점은 특정 형태로 예배를 드리는 이유와 아울러 특정한 예배 전통을 형성하게 된 배경으로서의 예배 해석학을 파악하는 것이었다.

나는 성경에 나타난 하나님의 계시를 예배의 출발점으로 삼는 예배 해석학에 관하여 설명하였다. 이런 예배 해석학에서는 예배를 일종의 가르침으로 이해한다. 그런 경우에 예배의 강조점은 자연히 설교에 집중된다. 그에 대한 사례로 내가 신학교에 재학하던 당시 작은 교회에서 임시 목회자로 보냈던 시기가 떠오른다. 어느 날 초청 설교자가 와서는 나에게 이렇게 요구했다. "밥! 오늘 예배 준비 순서들을 좀더 빨리 끝내주세요. 오늘 내 설교는 조금 길거든요." 그가 생각하기에 예배에서 중요한 순서는 설교였다. 이런 전통에 속한 사람들은 예배 순서 중에서 결국 설교만 관건이 되기 때문에 설교가 시작될 때부터 예배에 참석하고자 교회에 늦게 나온다.

　만일 당신의 예배 해석학의 강조점이 중세시대의 전통처럼 교회에 집중되어 있는 편이라면 예배에 대한 출발점도 이미 확정된 의식을 따라서 예배를 진행하는 교회의 제도에 있을 것이다. 이런 경우 하나님은 예배 중에 진행되는 교회의 성례전을 통해서 신비로운 방법으로 소통되는 것으로 여겨진다.

　오늘날 많은 교회에서 예배 해석학의 출발점은 주로 자아로부터 비롯된다. '내가' 하나님을 예배하며 내가 하나님의 존귀함을 선포하며, 내가 그분을 경배하고 영광 돌린다. 내 친구 중에 하나는 그동안 예배에 관하여 심각하게 고민을 해오다가, 최근에 예배 찬송의 신학에 관한 의문점을 제기하였다. 그는 하나님의 말씀을 사랑하고 그것으로 찬양을 하고 싶어 했지만, 다음 예배 시간에 그 진리를 가지고 찬양하는 문제에 관하여 혼란스러워했다. "밥! '우리는 주님을 보좌에 앉히나이다'(We enthrone you!)라고 찬송을 부르는 것이 옳은지에 대해서 고민하는 중인데 말일세. 정말 잘 모르겠구먼. 자네는 어떻게 생각하는가?" 나는 즉시로 이렇게 대답했다. "우리가 그리스도를 보좌에 앉히는 것인가, 아니면 성부 하나님께서 이미 그를 보좌에 앉히셨는가?"

　문제는 이렇게 자아로부터 출발한 감동적인 예배가 실은 성경적으로 올바른 예배가 아니라는 점이다. 이런 유형의 예배는 내가 예배를 드릴 능력을 갖추었다는 그릇된 신념을 심어 주며 하나님께 예배하는 주체가 내 자신이라는 잘못된 전제를 심어준다. 그동안 나는 그러한 전제를 조장하는 예배를 여러 번 참석해 보았다. 하지만 나에게는 하나님께 드릴 만한 것이 하나도 없다. 내 내면으로 깊숙이 들어가서 그 자리에서부터 하나님을 찬양하라고 요청하는 그런 부류의 찬송을 나는 더 이상 부르지 못하겠다. 나는 내 스스로의 노력에 대해서는 이제 진절머리가 난다. 내 편에서 하나님의 존귀하심을 찬양하려는 시도는 그럴싸할는지 모르지만 사실은 공허하고 헛된 일이며 심지어는 율법주의적이고 엉터리이다.

　학생들은 예배 해석학에 관한 강의를 주의 깊게 들었다. 하지만 그들이 강의 내용에 대해서 어떻게 생각하는지는 잘 알 수 없다. 그러나 이런 해석학에 대하여 소개한 다음 나는 또 다른 사항 하나를 더 언급하였다. 수업에 참여하고 있는 아프리카계 미국인들에게 이렇게 말했다. "내가 생각하기에 여러분의 예배 해석학은 출애굽 사건에서 비롯되는 것 같습니다. 여러분들은 자신을 포로로 억압받던 히브리인들과 동일시합니다. 그들의 노예 상태와 해방, 그리고 새로운 출발과 동일시합니다." 그러자 이들 아프리카계 미국인들은 내 강의에 대해서 "그렇습니다", "예!", "더 말씀해 주세요", "하나님을 찬양합니다", "당연하지요" 등등 여러 말로 외치면서 적극적으로 응답하였다.

이런 설명을 통해서 나는 흑인의 예배에서 직관적으로 일어나는 것들을 다루었을 뿐만 아니라 예배에 대한 진정한 성경적 해석학으로서의 기억(remembrance)에 대해서도 언급하였다. 예배에서 우리는 무엇보다도 하나님의 전능하신 구원 사건을 기억한다. 출애굽 사건은 그리스도 사건의 모형이다. 하나님은 죄의 노예, 하늘에 있는 악한 영들의 노예와 이 세상의 정사와 권세의 노예로 붙잡힌 우리를 찾아내시고 구원하셨다. 하나님의 임무가 우리를 구원하는 것이라면 예배는 하나님의 구원을 선포하고 구현하며 노래로 경축하고 사람들에게 가르치는 것이고, 그렇게 함으로써 우리를 예수 그리스도 안에서 행하신 하나님의 구원 사건 속으로 인도하는 것이다.

이에 대한 사례 하나를 소개하고자 한다. 몇해 전 감독교회 목사인 친구가 자기를 성서교회(a Bible Church)에 데려가 달라고 부탁했다. "실은 나는 한 번도 성서 교회에 가본 적이 없어서 그런 교회에서 예배를 드려보고 싶다네." 그래서 나는 그 친구를 휘튼성서교회(the Wheaton Bible Church)의 주일저녁 예배에 데리고 갔다. 예배는 몇 개의 찬송을 부르면서 시작되었다. 그 다음 목사는 "다 함께 기도합시다"라고 하더니 이렇게 기도하였다.

> 주님! 주께서 저희를 주님의 형상으로 창조하심을 감사합니다.
> 우리가 범죄로 타락했을 때 주께서는 우리를 죄 가운데 내버려두지 않으시고,
> 예수 그리스도의 인성 안에서 우리에게 찾아오셨나이다.
> 주께서는 우리와 함께 사셨으며

우리 죄를 위하여 죽으시고
삼일 만에 부활하시고
하늘로 올라가셨으며
이제 이 세상을 새롭게 하며 주님의 나라를 영원히 세우고자 다시 오실 것입니다.
주님의 이름으로 예배드리오니 저희에게 은혜를 베푸소서.

함께 기도하면서 나는 속으로 이렇게 외쳤다. "바로 이거다! 세상의 이야기가 여기에 있고 인간의 참 존재에 관한 진리가 바로 이것이다." 예배는 진리를 실행한다. 즉 하나님께서 어떻게 피조계와 인류를 창조하셨는지에 관한 하나님의 이야기를 말로 표현하고 구현하는 것이다. 또 성경 봉독과 설교를 통해서, 기도를 통해서 그리고 특히 성만찬의 빵과 포도주를 놓고 드리는 감사기도 안에서 우리는 하나님의 이야기를 말로 표현하고 구현한다.

매주일 드리는 주일 예배는 하나님의 이야기를 경축하는 자리이다. 이렇게 매주일 예배 시간에, 즉 찬송과 설교, 세례, 성만찬, 그리고 교회력의 경축 행사를 통해서 하나님의 이야기를 계속 되풀이함으로써 하나님의 영광의 무대 위에서 의식적으로나 무의식적으로 살아가는 우리의 삶이 형성되고 빚어지는 것이다.

2) 주일 예배는 하나님의 새로운 임재를 경험하는 자리이다.

주일 예배의 두 번째 독특한 측면은 하나님의 임재를 경험한다는 것이다. 최근 몇 해 전에 한 여론 조사에서는 예배 참가자들이 예배 시간에 하나님의 임재를 경험하는지 안하는지에 관한 조사를 실시하였다. 그런데 대부분의 공통된 답변은 "경험하지 못한다"였다. 내 생각에 이런 응답은 하나님께서 어떻게 임재하시는지에 대한 근본적인 오해로부터 비롯된 것 같다. 오늘날 많은 사람들은 예배 시간에 그저 듣기 좋은 말이나 기대하면서 하나님의 백성들의 예배를 통하여 하나님의 임재가 나타나는 좀더 분명한 방식들에 대해서는 놓치고 있는 것 같다.

하나님의 임재에 관한 성경적인 표준을 먼저 제시해 보자. 성경적 입장에 따르면 하나님의 임재는 항상 시각적이고 만져볼 수 있는 표지로 나타난다. 그런데 예배에 대하여 우리에게 부여된 소명은 하나님의 임재가 공개되고 쉽게 만져볼 수 있도록 하여 우리의 삶 속에서 그 임재가 구현되도록 하라는 것이다. 하나님의 임재가 시각적인 표지로 소통된 사례는 성경에서 수 없이 찾아볼 수 있다. 그 중에 몇 가지만 살펴보는 것으로도 충분하다. 모세는 불타는 떨기나무에서 하나님의 임재를 경험하였다. 그 임재가 공개되었기에 모세는 그곳에서 하나님의 소명을 들을 수 있었다. 그 후 모세는 이 소명을 구체화하여 하나님의 백성들을 풀어주라고 요구하기 위하여 애굽 왕궁으로 들어갔다. 이스라엘 백성들을 애굽에서 이끌어 낸 후 하나님은 "그들 중에 거할 성소를" 지으라고 명령하셨다(출 25:8). 성막과 성전 덕분에 하나님의 임재는 이스라엘 백성들에게 분명하게 나타난 것이다. 이스라엘 백성들은 성막 안의 지성소 언약궤 위 두 그룹 사이 하나님께서 좌정하신다는 것을 알고 있었다. 그리고 이 신앙은 하나님의 임재를 깨닫고 반응하는 삶으로 구현되면서 하나님의 말씀에 순종하는 삶을 사는 원동력으로 작용하였다.

임재하시는 하나님의 최고의 구원 행위는 성육신 사건에서 일어났다. 이 사건 안에서 말씀이 육신이 되어 우리 가운데 함께 거주하신 것이다. 하나님께서 육신의 모양대로 성육신하시면서 우리가 그를 바라볼 수 있게 되었으며, 그 육신의 몸을 입고 우리 가운데 사셨고 십자가에 달려 돌아가시고 무덤에 묻히셨다가 다시 부활하신 다음에도 승천하기 전까지 제자들을 가르치면서 자신의 형상대로 이들을 세워 가시면서 그들과 함께 생활하셨다. 그러다가 40일 후 하늘로 승천하셔서 다시 나타나지 않으셨다. 그러나 과연 그럴까?

여기에 문제가 있다. 우리 중에 어떤 이들은 "주님이 여기에 계신다면 좋겠다. 그를 볼 수 있다면, 그리고 만져보고 함께 걷고 또 그 목소리를 들을 수 있다면 좋겠다"고 말하는 사람들이 분명 있을 것이다. 하지만 놀라운 사실은 그렇게 할 수 있다는 것이다. 예수께서 우리를 버리고 떠나가시면서 자신의 임재에 관한 표지를 하나도 남기지 않으셨다는 것은 결코 생각조차 할 수 없는 일이다. 다행히 예수께서는 우리를 홀로 내버려두지 않으시고 자신의 임재를 만져볼 수 있는 구체적인 표지를 남겨두셨다.

또 예수께서는 우리 안에서 우리와 함께 사시는 성령 하나님을 보내주셨다. 그리고 주일 예배에서 그의 임재를 확인할 수 있는 첫째 표지는 바로 함께 모인 회중이다. 이런 사실이 교회 안의 같은 지체 사이의 연대감과 무슨 상관이 있는가? 우리는 함께 모인 회중 사이의 연대감과 친교를 통해서 과연 하나님의 임재를 경험하고 있는가? 분명히 말할 수 있는 것은, 우리가 믿는 하나님은 사랑의 하나님이시며 하나님의 백성들은 그러한 하나님의 사랑을 서로를 따뜻하게 용납해 주는 공동체 안에서 경험한다는 사실이다. 이러한 공동체가 바로 하나님의 임재를 경험하는 자리이다. 그런데 하나님은 이 외에도 여러 방법으로 예배 가운데 임재하신다.

하나님은 목회 사역 속에서도 임재하신다. 만인제사장의 원리에 따라 우리 모두는 목회자들이다. 하지만 우리 중에는 교회의 목사로 안수를 받은 사람들도 있다. 이런 사람들은 예수의 목회 사역을 위한 특별한 표지 역할을 감당해야 한다. 예수 역시 섬기는 종으로 이 땅에 오셨다. 그는 우리로부터 섬김을 받기 위함이 아니라 우리를 위한 사역자로서 우리 가운데 종이 되고자 이 땅에 오셨다. 그래서 우리 모두도 예수의 섬김의 사역을 본받아 섬기는 사역자가 되어야 한다. 그리고 우리 중에 교회의 목사로 안수 받은 이들은 이들을 통하여 지금도 목회하시는 예수의 목회를 본받아야 한다. 그래서 누군가가 "그 예배 공동체에서 당신은 하나님의 임재를 경험하였습니까?"라고 물으면, "예! 저 목회자가 바로 그런 목회자이기에 그의 사역을 통해서 그리스도께서 우리 가운데 임하십니다"라고 대답할 수 있어야 한다. 이렇게 하나님의 임재는 우리 중에 있는 사역자들의 가시적이고 만져볼 수 있는 표지들을 통해서 나타난다.

그 다음으로 하나님의 임재와 관련하여 매우 특별하고도 중요한 책이 바로 성경이다. 이 책은 하나님의 책이며 그래서 이 책으로부터 우리는 자기 백성 가운데 말씀하시는 하나님의 살아 있는 음성을 들을 수 있다. 성경은 지혜의 말씀을 전하며 우리를 꾸짖기도 하고 옳은 길로 안내하며 위로한다. 그래서 이 책은 반드시 읽혀야 하고 설교로 전해져야 하고 가르쳐져야 한다. 하나님은 성경을 통해서 우리 가운데 직접 볼 수 있고 만져볼 수 있게끔 임재하신다. 그래서 누군가가 '당신은 그 예배 공동체에서 하나님의 임재를 경험했는가?'라고 묻는다면 그 대답은 마땅히 '예! 주의 말씀을 읽고 설교하는 중에 주께서 우리 가운데 임재하셨습니다. 마치 제가 그의 발아래 앉아서 그의 음성을 들으며 나에게 개인적으로 말씀하시는 것 같았습니다"라고 응답할 수 있어야 한다.

하나님은 또한 물(세례)과 성만찬의 빵과 포도주, 혹은 도유(塗油)를 통해서도 임재하신다. 세례 의식이나 도유 의식, 그리고 성만찬이 시행되는 자리는 강력한 하나님의 임재의 현장이다. 그래서 이러한 거룩한 의식을 집례하는 사람들은 세례를 베풀고 기름을 바르며 빵과 포도주를 베푸는 분은 바로 주님이시라는 의식을 가지고 이 예식을 집례해야 한다. 우리를 바라보시며 '이것은 너희를 위하는 내 몸이며 너희를 위하여 흘리는 내 피니라'고 말씀하시는 분은 예수 그리스도이시다. 그래서 성만찬에 참여한 예배자들은 "오늘 나는 예수를 만났다. 그는 세례의 물을 통해서, 도유 의식 가운데, 그리고 빵과 포도주를 나누는 가운데 임재하셨다"라고 말할 수 있어야 한다.

이렇게 성령께서 실제적인 방법으로 사용하는 여러 표지들과 상징들은 우리 가운데 임하시는 하나님의 임재를 나타낸다. 그리고 이런 표지들과 상징들 때문에 주일은 매우 특별한 날이다. 이러한 표지들 안에서, 그리고 표지들을 통해서 우리는 하나님의 임재와 만나게 되고 이를 계기로 우리는 그를 향하여 마음을 열고 주께서 원하시는 변화를 향하여 계속 나아가는 삶을 살 수 있다.

3) 주일 예배는 새 하늘과 새 땅에서 이루어질 하나님의 구원 사역의 완성을 소망한다.

하나님의 이야기는 행복한 결말로 끝난다. 이 이야기는 또한 인간 실존의 드라마이기도 하다. 이 이야기는 세상을 창조하시며 예수 그리스도의 생애와 죽음, 그리고 부활 안에서 세상을 구원하시려고 이 세상에 오신 하나님에 관한 이야기일 뿐만 아니라 역사의 마지막과 그 이후의 영원에 관한 이야기이다. 일반적으로 드라마는 비극과 희극의 두 범주로 나뉜다. 비극적인 드라마에는 행복한 결말이 없다. 60년대와 70년대 초 무렵은 허무주의가 휩쓸던 시대여서 덩달아서 비극적인 드라마도 꽤 인기를 끌었다. 그 중에 사무엘 베케트의 『고도를 기다리며』(Waiting for Godot)와 같은 부조리극이 생각난다. 몇해 전 휘튼 대학의 연극부에서 이 드라마를 공연하였는데, 당시 초등학교에 다니던 내 막내딸도 한 역을 맡았다. 집에서 우리는 딸아이가 '자! 이제 가자' 라고 하면서 연습하는 소리를 듣곤 하였지만 고도가 결코 오지 않았기 때문에 함께 갈 곳도 전혀 없었다. 오늘날 포스트모던 시대에 아무런 미래도 없고 갈 곳도 없는 슬픈 자화상이 우리를 다시금 짓누르고 있다. 오늘날의 포스트모더니즘은 현재 아무것도 없으며 미래의 희망도 전혀 찾아볼 수 없다는 허무주의적인 태도에 뿌리를 두고 있는 초현대주의 일종이다. 그래서 현재 유행하는 영화나 연극, 그리고 심지어 일부 책들조차도 현재의 불안과 미래에 대한 공포를 쏟아내고 있다.

이러한 암울한 풍조 속에서 올바른 기독교 신앙에 기초한 주일 예배는 이 세상의 희망을 보여주는 자리이다. 즉 주일 예배를 통해 우리는 모든 악한 권세를 최종적으로 무너뜨리고 이를 영원히 멸망시키기 위해서 그리스도께서 이 세상에 다시 오신다는 희망을 발견할 수 있다. 그 날에 그리스도는 새 하늘과 새 땅을 완성하실 것이다. 또 자신의 권능으로 구원하신 세상을 친히 영원토록 다스리실 것이다. 그리고 그로 말미암은 평화가 온 세상에 충만히 임할 것이다. 그 날이 오기까지 우리는 매주 반복되는 주일 예배를 통해서 온 세상의 우주적인 드라마를 계속 선포하고 구현하는 것이다. 그 날이 오기까지 우리는 우리가 부르는 찬송과 성경 봉독, 설교, 그리고 성만찬을 통해서 계속 이 드라마를 기억하는 것이다(고전 11:26).

그래서 일반 절기 동안의 주일은 결코 평범한 날이 아니다. 이 날은 하나님의 진리를 실행에 옮기는 날이며, 세상 역사를 이끌어가는 날이며, 인간 존재의 의미를 실행하는 날이다. 주일 예배를 통해서 이를 행하는 가운데 우리도 하나님의 이야기로 영적으로 빚어지며 하나님의 백성으로 세워져가게 된다. 즉 주일 예배를 통하여 구원에 관한 하나님의 이야기를 기억하며 상징과 표지들로 하나님의 임재를 경험하고 역사의 종말을 소망하는 가운데 우리가 그렇게 변화되어 가는 것이다.

3. 일반 절기의 주제

앞에서 우리는 특별 절기의 주제들이 각 절기에 맞는 하나님의 구원 역사의 특정 사건들로 지정되어 있음을 살펴보았다. 이런 주제들은 고정되어 있으며 각 절기에 맞는 성서일과 본문도 특정 주제에 맞게 미리 지정되어 있다.

그런데 일반 절기 동안의 기본적인 주제 역시 하나님의 구원 사건에 집중되어 있다. 하지만 예배를 계획하는 사역자들이나 설교자들은 이 기간에 전체 구원 역사 속에서 나타나는 다양한 성경적 주제들을 좀더 다양하게 선택할 수 있다. 이러한 선택상의 유연성은 다양한 성서일과(혹은 성구집, lectionary)들을 보더라도 분명히 알 수 있다. 일반 절기 동안에는 성경을 자유롭게 권별로 연속해서 설교하는 방안을 제안하고 있다. 이렇게 성경의 특정한 책을 계속 따라가는 예배와 설교를 가리켜서 '연속독서'(Lectio Continua)라고 한다. 복음주의자들은 이런 설교 방식을 선호한다. 예를 들어 로마서나 성경의 다른 책에 대한 연속 설교는 성경에 대한 이해를 강화시키는 데 매우 유용하며, 그래서 많은 복음주의 교회들이 이 방식을 성공적으로 시행해 오고 있다.

내 생각에 교회력을 통해서 회중의 영성을 성장시킬 수 있는 효과적인 방법 중의 하나는 대림절부터 성령강림절까지는 성서일과 본문을 따라가고 그 다음 일반 절기 동안에는 성경 각권을 연속으로 다루는 것이다. 성서일과는 특정한 책을 따라갈 것을 제안하고 있지만, 목회자가 먼저 관심을 가지고 좋아하는 책을 따라가거나 혹은 회중이 관심을 가지고 있는 특정 주제들을 연속 설교로 다루는 것이 더 좋다.

성령강림절 이후 일반 절기 동안에 따로 경축해야 할 특별한 주일들이 몇 번 있다. 그 중에 먼저 삼위일체주일이다. 이 주일은 성령강림절 다음 첫째 주일이다. 오순절 날에 예수는 메시아와 주님으로 만 천하에 공표되었으며(행 2:36), 이 날이 바로 성령께서 임하신 날이다. 그래서 교회는 오순절 날의 경험을 뒤따라서 항상 하나님에 대한 삼위일체적인 경험과 이해를 강조해 왔는데, 오늘날 상당수의 설교자들은 이 주제에 대해서 등한시하고 있는 실정이다. 하지만 삼위일체 신앙과 예배의 의미에 관하여 최소한 일년에 한 번이라도 회중들에게 소개하는 것은 매우 도움이 될 뿐만 아니라 꼭 필요한 일이다. 이것이 꼭 필요한 이유는 오늘날과 같이 뉴 에이지의 일신론과 이슬람의 유일신 사상이 팽배한 시대에 그리스도인들은 기독교가 왜 삼위일체 하나님을 주장하는지에 대해서 이해해야 할 뿐만 아니라, 하나님의 형상을 따라 지음 받은 자신에 대한 영적인 이해를 위해서, 또한 성부와 성자, 그리고 성령 하나님 사이의 영원한 공동체적 친교를 그대로 반영하는 기독교 공동체의 의미를 회복하기 위해서이다.

일반 절기 동안의 두 번째 중요한 주일은 만성절이다. 이 주일은 만성절이 세속적으로 변질된 할로윈 다음의 일요일에 온다. 오늘날 많은 부모들은 할로윈 축제에 여러 가지 미신적인 의식들이 가미되는 것에 대해서 걱정하고 있다. 하지만 할로윈 축제의 저변에 깔린 부정적인 현상들에 대한 가장 최선의 해독제는 만성절의 참된 의미로 되돌아가는 것이다. 만성절은 하나님과의 관계에 대하여 우리에게 본을 보여주는 모든 하나님의 백성들의 삶과 그 증언을 경축하는 날이다. 모든 아이들이 암기해야 하는 위대한 찬송 중의 하나가 바로 "모든 성인들을 인하여"(For All the Saints)라는 찬송이다. 만성절에 이 찬송을 부르며 그 특별한 날에 우리가 함께 기억하는 성인들의 모범적인 삶에 관하여 설교해 보라.

추수감사주일 역시 일반 절기 동안 지키는 특별한 주일 잔치이다. 이 날은 구약시대의 맥추 감사절과 비슷하며, 둘 다 하나님께 감사하는 절기로서의 유사성을 갖고 있다. 또 대림절 이전 마지막 주일은 그리스도 왕 대축일(the Feast of Christ the King)이나 혹은 그리스도 통치 대축일(the Feast of the Reign of Christ)로 지키기도 한다. 이 날은 결코 소홀히 여길 수 없는 매우 중요한 날이다. '그리스도 왕 대축일'은 대림절로 이어지는 자연스러운 연결고리로서 새 하늘과 새 땅에 대한 종말론적인 소망과 함께 새 교회력이 시작된다.

그리스도 왕 대축일은 다른 교회력들에 비하여 최근에 시작되었다. 이 주일은 근대 사회의 세속화에 대항하기 위한 한 가지 대안 문화적인 방안의 일환으로 1925년부터 시작되었다. 이 주일은 오늘날처럼 성탄절이 상업주의에 휩쓸리고 성탄절의 진정한 의미가 퇴색된 시대에 더할 나위 없이 꼭 필요한 날이다. 이 땅의 모든 사람들과 온 세상, 그리고 전체 피조계를 다스리실 그리스도의 궁극적인 통치를 가리킴으로써 교회는 성도들로 하여금 다가오는 성탄절을 올바른 정신으로 맞이할 수 있도록, 즉 우리 죄를 대신하여 죽기 위하여, 그리고 모든 악한 권세를 물리치고 온 세상만물을 영원히 통치하기 위하여 아기 예수께서 이 땅에 오셨음을 마땅히 기뻐하며 경축할 수 있도록 올바로 안내할 수 있다. 그리스도께 무릎을 꿇음으로써 우리는 온 우주와 역사의 주인께서 우리의 심령 안에 거하시고 사시며 이 세상과 오는 세상에서 매순간 우리의 생각과 느낌과 행동 속에서 이제로부터 영원히 다스리시는 주님을 영접하는 것이다.[1]

4. 결론

이상에서 나는 일반 절기는 결코 평범한 절기가 아님을 논증하려고 하였다. 특별 절기 동안은 예수의 탄생과 생애, 죽음, 그리고 부활과 같은 특별한 구원 사건들을 경축하는 반면에, 일반 절기 동안의 주일은 전체 역사 속에서의 하나님의 구원 사건을 경축한다. 그래서 예배를 계획하는 사역자들이나 설교자들은 어떻게 매주일 예배가 전체 이야기를 엮어내면서도 그 이야기로부터 파생되는 각각의 특정한 주제들을 다룰 수 있는지에 대해서 심사숙고해야 한다. 매번 주일 예배를 통해서 경축되지만 전체 이야기와 그 이야기의 일부분에 대한 주도면밀하고도 철저한 심사숙고를 통해서 예배에 참여하는 회중의 영성 형성에 많은 유익을 끌어낼 수 있다.

하나님의 구원에 관한 전체 이야기는 창조와 타락, 성육신, 십자가의 죽음, 부활, 그리고 재림으로 이어지는 기독교적인 청사진 속에 우리를 고정시켜 준다. 또 다른 한편으로 특정 교리나 윤리, 소명, 혹은 사회적인 행위들에 대한 구체적인 가르침들을 통해서 성도들의 믿음은 하나님 나라의 진리를 구현하는 실제 행동들과 서로 긴밀하게 연결될 수 있는 것이다.

[표-9] 성령강림절 이후 영성의 개요

주제	영적인 강조점
일반 절기의 주제는 무엇인가?	매주일 예배를 통해서 예수 그리스도의 죽음과 부활을 경축한다.
초대 교회에서 일요일이 '제8일'이라고 불린 까닭은?	한 주의 첫째 날(일요일) 하나님은 하늘과 땅을 창조하셨다. 그 주간의 마지막 날 토요일에 하나님은 안식하셨다. 이후 그리스도께서는 일요일에 부활하셔서 새로운 세상을 다시 시작하셨다. 그래서 일곱째 날(토요일)과 부활의 날(일요일)은 온 세상의 새로운 시작을 알리는 날(여덟째 날)이 되었다.
주일 예배를 통해서 우리는 무엇을 하는가?	역사 속에서의 하나님의 구원 사건을 기억한다. 하나님의 새롭게 하시는 임재를 경험한다. 새 하늘과 새 땅에서의 하나님의 온전한 구원 사역을 소망한다.
일반 절기 동안의 특별한 주일은 언제인가?	삼위일체 주일 만성절 그리스도 왕 대축일

 일반 절기 동안의 기도

오, 주님! 우리의 형편을 보지 마시고 주께서 우리 안에서 행하신 일들을 기억하소서. 주님을 섬기는 자리로 저희를 부르셨사오니 주님의 소명에 합당하게 저희를 변화시켜 주소서. 이제도 사시며 주님과 함께 그리고 성령과 함께 영원히 통치하실 한 분 하나님 우리 주 예수 그리스도의 이름으로 기도하옵나이다. 아멘

『공동기도서』(The Book of Common Prayer)에서

 숙고를 위한 질문들

1. 당신이 드리는 주일 예배는 하나님의 전능하신 구원 사건을 기억하도록 하고 있는가?
2. 제 팔일에 관한 이미지는 세계 역사에 대한 기독교적인 관점을 얻는데 어떤 도움을 주는가?
3. 성령강림절 이후에는 어떻게 기독교 영성을 삶 속에 구현할 수 있는가?

일반 절기의 예배와 설교를 위한 참고 자료들

아래의 자료와 관련하여 로버트 웨버가 편집한 『기독교 예배 총람』(The Complete Library of Christian Worship, Peabody, MA: Hendrickson, 1994) 중에 5권, 『교회력의 예배』(The Service of the Christian Year)의 427-95를 보라.

❈ 성령강림주일의 예배
❈ 성령강림절 이후 절기에 관한 자료들
❈ 교회력 상에서 그 밖의 다른 절기 예식들에 관한 자료들

후기

이제 우리는 이 책의 마지막 지점에 다다랐다. 이제 여러분에게 이렇게 질문을 던지고 싶다. 여러분은 어떻게 시간을 살아가는가? 여러분의 인생에서 시간은 일종의 속박인가 아니면 리듬처럼 흘러가는가?

나를 포함하여 우리 대부분에게 혹시 시간이 속박으로 느껴질까 걱정이다. 가끔 나는 시간이 좀더 많았으면 하고 바랄 때가 있다. 시간이 더 있다면 강의도 더 잘 준비할 것이고 원고도 더 잘 마무리할 수 있고 아내나 자녀들, 손자들, 이웃, 그리고 주변의 동료들과 더 잘 지낼 수 있을 것이라는 생각을 해본다. 우리 대부분에게 하루의 시간은 너무 짧고 한 주의 날과 한 달의 기간은 너무 짧게 느껴진다. 한 해가 너무 빨리 흐르며 연초에 계획했던 과제가 끝날 기미도 전혀 보이지 않는다. 아! 시간의 횡포여. 시간이 너무나도 빨리 흘러가기 때문에 그 속에서 우리가 꿈꾸는 희망도 어제 속으로 금세 사라져 버리고 다시금 회복될 기미도 전혀 보이지 않는다.

하지만 시간의 횡포를 피할 수 있는 방안이 있다. 이 방법을 따르면 시간은 더 이상 압박을 주지 않고 우리를 자유롭게 한다. 그 방법은 바로 시간을 하나의 리듬으로 경험하는 것이다. 이 책에서 우리는 시간에 대한 이러한 접근 방법이 초대교회가 가르쳤던 방법이며 교회 역사 속에서 꾸준히 활용되어 왔음을 살펴보았다. 시간에 대한 이러한 관습은 고대 교회로부터 마땅히 배워야 하며 오늘날처럼 바쁜 세상에서 시간의 자유를 누리는 리듬을 따라 살아가는 방법을 터득해야 한다.

우리를 억압하는 것이 아니라 자유케 하는 시간은 하루의 시간으로부터 시작된다. 하루 시간의 리듬의 뿌리는 유대교 전통에서 진행된 성전 예배 속에 자리하고 있다(행 3:1). 이 리듬은 하루에 대한 기독교적인 경험 속으로 이전되었다. 예를 들어 3세기 초엽에 기록된 히폴리투스의 『사도전승』(The Apostolic Tradition)은 다음과 같은 하루 기도의 리듬에 관하여 언급하고 있다.

오전 9시	그리스도께서 십자가에 못박히신 시간에 그의 고난을 묵상한다.
정 오	온 세상이 어두워진 시간에 그리스도의 고난을 묵상한다.
오후 3시	그리스도께서 죽으신 시간에 그의 죽음을 묵상한다.[1]

초대교회가 따랐던 원칙이 오늘날 그리스도인들의 매일의 경건회의 의식적인 리듬으로 활용된다면 어떻게 될까? 오전 9시에는 십자가에 달리신 그리스도의 구속 사역을 기억함으로써 우리는 인류 역사상 가장 결정적인 사건의 리듬 속에서 매일을 경험하게 될 것이다. 이와 아울러 온 피조계의 구속 사건에 대한 기억과 재림으로 말미암은 새 하늘과 새 땅에 대한 소망은 모든 역사의 윤곽을 집약적으로 표현해 줄 것이다.

그 다음 시간에 대한 리드미컬한 체험은 주일 예배로 확장된다. 주일 예배와 관련하여 역사 속에서의 하나님의 구원 행위들에 대한 기억의 날로서, 그리고 새 하늘과 새 땅에 주께서 마지막으로 이루실 역사의 완성에 대한 소망의 날로서의 주일의 중요성에 대해서는 이미 앞에서 언급하였다. 일요일은 한 주간 중에 다른 날과 같은 평범한 날이지만, 우리는 이 날을 성별하고 거룩하게 지킴으로써 주중에도 주일의 의미를 계속 묵상할 수 있도록 하는 특별한 날로 보낼 수 있다. 그래서 주일은 천지창조와 구속을 기억하는 날이며 새 하늘과 새 땅을 소망하는 날일 뿐만 아니라, 기독교 공동체로 함께 모여서 예수 그리스도를 통해서 밝히 드러난 역사와 인간 실존의 궁극적인 의미를 함께 경축하는 날이기도 하다. 또 주일은 제 팔일로서 하나님께서 창조 사역을 마치고 안식하신 날인 동시에, 그리스도의 재림으로 완성될 온 세상의 마지막 구속의 순간을 향하여 나아가는 온 세상의 새로운 시작을 경축하는 날이기도 하다. 그래서 주일은 하나님을 기억하기 위하여 잠시 멈추는 날일 뿐만 아니라, 하나님의 영광스러운 구원 행위를 선포하고 경축하는 날이다. 바로 이 날에 모든 시간과 역사가 비로소 의미를 획득했기 때문이다.

마지막으로 그리스도인들의 시간에 대한 관습을 안내하는 것은 대림절부터 성령강림절로 이어지는 특별 절기에 관한 일년 교회력의 리듬이다. 앞에서 살펴본 바와 같이,

> 대림절은 하나님을 기다리는 시기이며,
> 성탄절은 그리스도의 탄생을 기뻐하는 시기이며,
> 주현절은 그리스도를 증거하는 시기이며,
> 사순절은 회개와 갱신의 시기이며,
> 성삼일은 죄에 대하여 죽는 시기이며,
> 부활절은 부활한 생명을 표현하는 시기이며,
> 성령강림절 이후는 말씀을 배우고 복음을 전하는 시기이다.

물론 우리는 이런 기독교적인 실천들을 항상 실행해야 한다. 하지만 명심할 점은 각 시기를 위해서 따로 구별된 특정한 절기들은 매순간의 기독교적인 실천들을 촉진시키며 여기에 원동력을 공급해 준다는 점이다.

내가 확신하는 바는 개인적으로, 그리고 교회적으로 기독교적인 시간을 실행하면 우리는 시간의 속박으로부터 자유로워질 뿐만 아니라 오히려 시간의 리듬을 올바로 확립할 수 있다는 것이다. 즉 교회력을 통해서 우리는 우리 삶을 학대하는 악한 권세와 같은 시간으로부터 자유로워질 뿐만 아니라, 끊임없는 영성 속에 우리를 보호하는 울타리와도 같은 그리스도의 죽음과 부활의 리듬을 따라서 시간을 자유롭게 살아갈 수 있을 것이다.

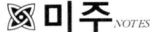 미주 *NOTES*

제1장 영성의 구현

1. James Rowe, "I Would Be Like Jesus," 1912.
2. Adolf Adam, *The Liturgical Year: Its History and Its Meaning After the Reform of the Liturgy* (Collegeville, MN: Liturgical Press, 1992), vii
3. Robert Taft, *Beyond East and West: Problems in Liturgical Understanding* (Washington, DC: Pastoral Press, 1984), 4.
4. Ibid., 32.
5. Adam, *The Liturgical Year: Its History and Meaning*, 40.
6. "The Constitution on the Sacred Liturgy," no. 160, in Documents of Vatican II, ed. Austin P. Flannery (Grand Rapids: Eerdmans, 1975), 29-30.
7. Ibid., 29.
8. Adrian Nocent, *The Liturgical Year: Advent, Christmas, Epiphany* (Collegeville: MN: Liturgical Press, 1977), 15.
9. Leo the Great, Sermo 37, 1 (CCL 138A: 307), 다음에서 인용됨, Nocent, The Liturgical Year: Advent, Christmas, Epiphany, 17.

제2장 대림절

1. 로라테 카엘리(*RorateCaeli*)라는 구절은 이사야 45장 8절에서 유래한 것으로 이사야 64장에 근거한 기독교적인 묵상을 담고 있다.
2. Irenaeus, *Against Heresies*. Book V, 19, in Cyril Richardson, *Early Christian Fathers* (Philadelphia: Westminster Press, 1953), 389-90.
3. Eucharistic Prayer D. *The Book of Common Prayer* (New York: Seabury Press,1979), 374.
4. "O Come, O Come, Emmanuel," 13세기 라틴 찬송. trans. John M. Neale.

제3장 성탄절

1. Leo the Great, Sermo 29, 1 (CCL, 138: 147), 다음에서 인용됨, Nocent, *The Liturgical Year: Advent, Christmas, Epiphany*, 190.
2. "O Come, O Come, Emmanuel," 13세기 라틴 찬송. trans. John M. Neale.
3. Ibid.
4. *The Book of Common Prayer*, 161.
5. Aurelius C. Prudentius, "Of the Father's Love Begotten," 14세기 찬송, trans. John M. Neale (1854) and Henry W. Baker (1859).
6. *The Book of Common Prayer*, 366.
7. Irenaeus, *Against Heresies*, in Richardson, *Early Christian Fathers*.
8. *Book of Divine Prayers and Services of the Catholic Orthodox Chruch of Christ*, comp. Reverend Seraphim Nassar (Engelwood, NJ: Antiochene Orthodox Christian Archdiocese of North America, 1979).
9. Ibid., 393.
10. L. Brou, "Saint Gregoire de Nasiance et L'ancienne *mirabile mysterium* des Laudes de la Circoncision," *Ephemerides Liturgicae* 58 (1944), 다음에서 인용됨, Nocent, *The Liturgical Year: Advent, Christmas, Epiphany*, 204.
11. *The Sacramentary* (New York: Catholic Book Publishing, 1985), 37.
12. French trans. by Gouillard, *Petite Philocalie* (Paris: Editions des Cahiers du Sud, 1953), 58, 다음에서 인용됨, John Meyendorff, *St. Gregory Palamas and Orthodox Spirituality* (Crestwood, NY: St. Vladimir's Seminary Press, 1974), 24.

제4장 주현절

1. Charles Coffin, "What Star Is This, With Beams So Bright?" (Chicago: Covenant Press, 1973).
2. *The Book of Common Prayer*, 162.
3. St. Gregory of Nyssa, *The Bible and the Liturgy*, trans. Jean Cardinal Danielou, 다음에서 인용됨, Nocent, *The Liturgical Year: Advent, Christmas, Epiphany*, 279.
4. Book of Divine Prayers and Services, 467-68.
5. R. M. French, trans., The Way of the Pilgrim (New York: Seabury Press, 1965), 8-9.
6. Nicodemus of the Holy Mountain, ed., Unseen Warfare, rev. Theophan the Recluse (Crestwood, NY: St. Vladimir's Seminary Press, 2000), 215-18,

제5장 사순절

1. *The Book of Common Prayer*, 264.
2. Ibid., 264-65.
3. Ibid., 265.
4. "The Litany of Penitence," *The Book of Common Prayer*, 267-69를 참고하라.
5. *The Book of Common Prayer*, 268.
6. Ibid.
7. Ibid.
8. Alexander Schmemann, *Great Lent* (Crestwood, NY; St. Vladimir's Seminary Press, 1969)를 참고하라.
9. *Dicache*, 7. Cyril Richardson, *Early Christian Fathers*, 174를 참고하라.
10. *The Book of Common Prayer*, 302-3을 참고하라.
11. St. Ephrem the Syrian, 다음에서 인용됨, Schmemann, *Great Lent*, 34.
12. 다음 기도서의 종려주일 예배를 참고하라. *The Book of Common Prayer*, 270.
13. Ibid., 271.
14. Theodulph of Orleans, "All Glory, Laud and Honor," trans. John M. Neale.
15. *The Book of Common Prayer*, 272.
16. Ibid., 363.
17. Venatius Fortunatus, "The Royal Bannes Forward Go," trans. John M. Neale.

제6장 성삼일

1. St. Ambrose, 다음에서 인용됨, Adrian Nocent, The Liturgical Year: *The Easter Season* (Collegeville: MN: Liturgical Press, 1977), 28.
2. *The Book of Common Prayer*, 274.
3. Ibid., 275.
4. 세족 목요일 예배 사례를 위해서는 로버트 웨버가 편집한 *The Complete Library of Christian Worship*, (Peabody, MA: Hendrickson, 1994) 중에 5권, *The Service of the Christian Year*, 317-34를 참고하라.
5. 십자가의 길 예배와 관련해서는 위의 책 358-63을 참고하라.
6. 성금요일 예배 중에, 특히 십자가 경배 예배와 관련해서는 위의 책 335-48을 참고하라.

7. 부활절 전야 예배에 대해서는 위의 책 373-96을 참고하라.

제7장 부활절

1. Adolf Harnack, *What Is Christianity?* (reprint, New York: Harper and Row, 1957), 160.

2. Greg Wilde, 2003년 5월 16일 저자와의 e-메일 서신 왕래에서.

3. Melito of Sardis, 다음에서 인용됨, G. F. Hawthorne, ed., *Current Issues in Biblical and Patristic Interpretation* (Grand Rapids: Eerdmans, 1975), 173.

4. St. Leo the Great, 다음에서 인용됨, Adrian Nocent, *The Liturgical Year: The Easter Season*, 173-74.

5. David Bunker, 2003년 4월 29일에 노던 침례신학대학원에서 행한 강연에서.

6. 부활절기와 관련된 자료를 위해서는 로버트 웨버의 *The Complete Library of Christian Worship*, 407-26을 참고하라.

7. Leo the Great, 다음에서 인용됨, Nocent, *The Liturgical Year: The Easter Season*, 233.

8. 승천일과 관련된 자료를 위해서는 로버트 웨버의 *The Complete Library of Christian Worship*, 413-15를 참고하라.

9. 성령강림절과 관련된 자료를 위해서는 위의 책 427-56을 참고하라.

제8장 성령강림절 이후

1. 일반 절기와 관련된 자료를 위해서는 로버트 웨버의 *The Complete Library of Christian Worship*, 457-92를 참고하라.

후기

1. Burton Scott Easton, *The Apostolic Tradition of Hippolytus* (Hamden: Archon Books, 1962), 20.

참고문헌 *BIBLIOGRAPHY*

| 일반자료들 |

참고 서적들

Hickman, Hoyt L., Don E. Saliers, Laurence Hull Stookey, and James F. White. *The New Handbook of the Christian Year*. Nashville: Abingdon, 1992.

Webber, Robert, ed. *The Services of the Christian Year*. Vol. 5 of *The Complete Library of Christian Worship*. Peabody, MA: Hendrickson, 1994.

교부들

Barnecut, Edith, ed. *Journey with the Fathers*. 2 vols. *Commentaries on the Sunday Gospel*. Hyde Park, NY: New City Press, 1993.

Forell, George W. *The Christian Year: Sermons of the Fathers*. 2 vols. New York: Nelson, 1965.

Halton, Thomas, and Thomas Carroll. *Liturgical Practice in the Fathers*. Wilmington, DE: Glazier, 1988.

개론과 연구서들

Adam, Adolf. *The Liturgical Year: Its History and Its Meaning after the Reform of the Liturgy*. Collegeville, MN: Liturgical Press, 1992.

Blackburn, Bonnie, and Leofranc Holford-Stevens. *The Oxford Companion of the Year: An Exploration of Calendar Customs and Time-Reckoning*. Oxford: Oxford University Press, 1999.

Bosch, Paul. *Church Year Guide*. Minneapolis: Augsburg. 1987.

Chilton, Bruce. *Redeeming Time*. Peabody, MA: Hendrickson, 2002.

Hynes, Mary Ellen, et al. *Companion to the Calendar: A Guide to the Saints and Mysteries of the Christian Calendar*. Chicago: Liturgy Training Publications, 1993.

Liturgical Year: The Worship of God. Supplemental Liturgical Resource 7. Louisville: Westminster/John Knox, 1992.

Martimort, A. G., Irenee Henri Dalmals, and Pierre Jounel. *The Church at Prayer: The Liturgy and Time*. London: Geoffrey Chapman, 1983.

Metford. J. C. J. *The Christian Year*. London: Thomas and Hudson, 1991.

Monk of the Eastern Church. *The Year of Grace of the Lord: A Scriptural and Liturgical Commentary on the Calendar of the Orthodox Church*. Crestwood, NY: St. Vladimir's Seminary Press, 1980.

Talley, Thomas J. The *Origins of the Liturgical Year*. New York: Pueblo Publishing, 1986.

Whalen, Michael D. *Seasons and Feasts of the Church Year: An Introduction*. New York: Paulist, 1993.

White, James F. *Introduction to Christian Worship*. Rev. ed. Nashville: Abingdon, 1990. 2장과 4장.

교회력 영성

Belisle, Augustine. The *Wheel of Becoming.*, Petersham MA: St. Bede's Publication, 1987.

Cowie, L. W., and John Selwyn Gummer. *The Christian Calendar: A Complete Guide to the Seasons of the Christian Year Telling the Story of Christ and the Saints from Advent to Pentecost*. Springfield, MA: G & C Merriam Company, 1974.

Every, George, Richard Harries, and Kallistos Ware, eds. *The Time of the Spirit: Readings through the Christian Year*. Crestwood, NY: St. Vladimir's Seminary Press, 1984.

Halmo, Joan. *Celebrating the Church Year with Young Children*. Collegeville, MN: Liturgical Press, 1988.

Hammerton, Kelly, and Robert Hammerton. *Spring Time: Seasons of the Christian Year*. Nashville: Upper Room, 1980.

Johnson, Lawrence, ed. *The Church Gives Thanks and Remembers: Essays on the Liturgical Year*. Collegeville, MN: Liturgical Press, 1984.

Johnson, Maxwell E. *Between Memory and Hope: Reading on the Liturgical Year*. Collegville, MN: Liturgical Press, 2000.

Kay, James E. *Seasons of Grace: Reflections from the Christian Year*. Grand Rapids: Eerdmans, 1994.

L' Engle, Madeleine. *The Irrational Season*. New York: Crosswicks, 1977.

The Liturgical Year: Celebrating the Mystery of Christ and His Saints. Washington, DC: Bishops Committee on the Liturgy, United States Catholic Conference, 1985.

Nardone, Richard M. *The Story of the Christian Year*. New York: Paulist, 1991.

Nocent, Adnan. *The Liturgical Year*. 4 vols. Collegeville, MN: Liturgical Press, 1977.

O' Driscoll, Herbert. *A Year of the Lord: Reflections of the Christian Faith from the Advent of the Christ Child to the Reign of Christ as King*. Wilton, CT: Morehouse-Barlow, 1986.

Peterson, Eugene, and Emilie Griffin, eds. Epiphanies: Stories for the Christian Year. Grand Rapids: Baker, 2003.

Porter, Boone H. *Keeping the Church Year*. New York: Seabury, 1977.

Power, David, ed. *The Times of Celebration*. Concillium No. 142. New York: Seabury, 1981.

Preston. Geoffrey, Hallowing the Time. New York: Paulist, 1980.

Stookey, Laurence Hull. *Calendar: Christ's Time for the Church*. Nashville: Abingdon, 1996.

Toulson, Shirley. *The Celtic Year: A Celebration of Celtic Christian Saints, Sites and Festivals*. Rockport, MA: Element, 1993.

Westerhoff, John H., III. *A Pilgrim People: Learning through the Church Year*. New York: Seabury. 1984.

Wilde, James A., ed. *At That Time: Cycles and Seasons of the Christian Year*. Chicago: Liturgy Training Publications, 1989.

기독교 예배를 계획하고 인도하기 위한 일반 참고 자료들

예배 계획

Hartgen, William E. *Planning Guide for Lent and Holy Week*. Glendale, AZ: Pastoral Arts Assosiates, 1979.

Mitchell, Lionel L. *Planning the Church Year*. Harrisburg, PA: Morehouse Publishing, 1991.

기도서 자료들

Book of Common Prayer. New York: Church Hymnal Corp., 1979.

Book of Common Worship. Louisville: Westminster/John Knox, 1992.

Book of Divine Prayers and Services of the Catholic Orthodox Church of Christ. Compiled and arranged by the late Reverend Seraphim Nassar. Englewood, NJ: Antiochene Orthodox Christian Archdiocese of North America, 1979.

Book of Occasional Services: The Proper for Lesser Feasts and Fasts. New York: Church Hymnal Corp , 1990.

Book of Worship: United Church of Christ. New York: United Church ot Christ, 1986.

Lutheran Book of Worship. Minneapolis: Augsburg, and Philadelphia: Board of Publication, Lutheran Church in America. 1978.

Pfatteicher, Philip H. Festivals and Commemorations. Minneapolis: Augsburg, 1980.

Pray to the Lord. New York: Reformed Church Press, 1988.

The Roman Missal: Lectionary for Mass. New York: Catholic Book Publishing, 1970.

The Roman Missal: The Sacramentary. New York: Catholic Book Publishing, 1974.

Seasons of the Gospel: Resources for the Christian Year. Nashville: Abingdon, 1979.

The United Methodist Book of Worship. Nashville: United Methodist Publishing House, 1992.

Worship Resources. Worship Series No. 12. Newton, KS: Mennonite Publishing House, 1978.

성서일과 자료들

Borsch, Frederick Houk. Introducing the Lessons of the Church Year: A Guide for Lay Leaders and Congregations. New York: Seabury, 1978.

Companion to the Lectionary. 4 vols. London: Epworth Press, 1987.

Every, George, Richard Harries, and Kallistos Ware, eds. The Time of the Spirit: Readings through the Christian Year. Crestwood, NY: St. Vladimir's Seminary Press, 1984.

Jarrell, Stephen T. Guide to the Sacramentary. Chicago: Liturgy Training Publications, 1983.

Lathrop, Gordon, and Gail Ramshaw Schmidt. Lectionary for the Christian People. 3

vols. Cycle A, B, C. New York: Pueblo Publishing, 1986, 1987, 1988.

Mills, Douglas W. *A Daily Lectionary: Scripture Readings for Every Day Based on the New Common Lectionary*. Nashville: Upper Room, 1986.

Ramshaw, Gail. *Richer Fare: Reflections on the Sunday Readings of Cycles A, B, C*. New York: Pueblo Publishing, 1990.

Wood, Geoff. *Living the Lectionary: Links to Life and Literature*. Year C. Chicago: Liturgy Publications, 2003.

설교 자료들

Achtemeier, Elizabeth Rice. *Preaching and Readings the Old Testament Lessons: With an Eye to the New*. 3 vols, Cycle A, B, C. Lima, OH: CSS Publishing, 1991-1993.

Alling, Roger, and David J. Schlafer. *Preaching through Holy Days and Holidays*. Harrisburg, PA: Morehouse, 2003.

Bergant, Dianne, and Richard Fragomeni. *Preaching the New Lectionary*. 2 vols. Cycle A and B. Collegeville, MN: Liturgical Press, Year B 1999, Year A 2001.

Burger, L. W., B. A. Miller, and D. J. Smit. *Sermon Guides for Preaching in Easter, Ascension, and Pentecost*. Grand Rapids: Eerdmans, 1988.

Craddock, Fred B., John H. Hayes, Carl R. Holladay, and Gene M. Tucker. *Preaching through the Christian Year*. 3 vols. Philadelphia: Trinity Press International, 1992.

Days of the Lord: The Liturgical Year. 7 vols. Collegeville, MN: Liturgical Press, 1991-1994.

Dozeman, Thomas, Kendall McCabe, and Marion Soards. *Preaching the Revised Common Lecthionary*. 12 vols. Nashville: Abingdon, 1992-93.

Duckworth, Robin. *This Is the Word of the Lord*. 3 vols. London: Bible Reading Fellowship and New York: Oxford University Press, 1982.

Fuller, Reginald. *Preaching the Lectionary: The Word of God for the Church Today*. Collegeville, MN: Liturgical Press, 1984.

Hessel, Dieter T. *Social Themes of the Christian Year*. Philadelphia: Geneva Press, 1983.

Lowry, Eugene. *Living with the Lectionary*. Nashville Abingdon, 1992.

Maestri, William F. *Grace Upon Grace: Biblical Homilies for Sunday and Holy Days*. Cycles A, B, and C. New York: Alba House, 1988.

Maly, Eugene H. *The Word Alive: Commentaries and Reflections on the Scripture Readings for all Sundays, Solemnities of the Lord, Holy Days, and Major Feasts* of she Three Year Cycle. New York: Alba House, 1982.

Ramshaw, Gail, ed. *Homiletics for Christian People*. Cycle A, B, C. New York: Pueblo Publishing, 1989.

The Revised Common Lectionary. Consultation on Common Texts Nashville: Abingdon, 1992.

Walker, Michael. *From Glory to Glory: Biblical Reflections from Advent to the Feast of Christ the King*. London: Collins Liturgical Press, 1978.

성경봉독과 기도

Connes, Bryan M. *Daily Prayer: A Book of Prayer, Psalms, Sacred Readings and Reflections in Tune with the Seasons, Feasts, and Ordinary Days of the Year*. Chicago: Liturgy Training Publications, published yearly.

Crouch, Timothy J., Nancy B Crouch, Chris Vismanis, and Mark R. Babb. *And Also with You*. 3 vols. Cleveland: OSL Publications, 1992-1994.

Daily Prayer: The Worship of God. Prepared by the office of worship for the Presbyterian Church (U.S.A) and the Cumberland Presbyterian Church. Philadelphia: Westminster Press, 1987.

Deiss, Lucien. *Come Lord Jesus: Biblical Prayers with Psalms and Scripture Readings*. Chicago: World Library Publications, 1981.

Duck, Ruth C. *Bread for the Journey: Resources for Worship*. New York: Pilgrim Press, 1981.

_____. *Flames of the Spirit*. New York: Pilgrim Press, 1987.

_____. *Touch Holiness*. New York: Pilgrim Press, 1990.

Hostettler, B. David. *Psalms and Prayers for Congregational Participation*. 3 vols. Lima. OH: CSS Publishing, 1985.

Karay, Diane. *All the Seasons of Mercy*. Philadelphia: Westminster, 1987.

Kirk James, G. *When We Gather: A Book of Prayers for Worship*. 3 vols. Philadelphia: Geneva Press, 1985.

Konstant, David. *Bidding Prayers for the Church's Year*. Great Wakering, Essex, U. K: Mayhew-McCrimmon Press, 1976, 1982.

O'Donnell, Michael. *Lift Up Your Hearts*. 3 vols. Cleveland: OSL Publications, 1989-1991.

Perham, Michael. Enriching the Christian Year. Collegeville, MN: Liturgical Press, 1993.

Pfatteicher, Philip H. *Festivals and Commemorations*. Minneapolis: Augsburg, 1980.

The Proper for the Lesser Feasts and Fasts Together with the Fixed Holy Days. 4th ed. New York: Church Hymnal Corp., 1988.

Shepherd, Massey H. *A Liturgical Psalter for the Christian Year*. Minneapolis: Augsburg, 1976.

Tilson, Everett, and Phyllis Cole. *Liturgies and Other Prayers for the Revised Common Lectionary*. 3 vols. Nashville: Abingdon, 1992-1994.

Webber, Robert. *The Book of Family Prayer*. Peabody, MA: Hendrickson, 1986.

음악과 예술

Bone, David L., and Mary J. Scifres. *The United Methodist Music and Worship Planner*. Nashville: Abingdon, 1992.

Christian Worship: A Lutheran Hymnal. Milwaukee: Northwestern Publishing House, 1993.

Erspamer, Steve. *Clip Art for Year A*. Chicago: Liturgy Training Publications, 1992.

The Hymnal, 1982: According to the Use of the Episopal Church. New York: Church Hymnal Corp., 1985.

Lonneman, Julie. *Clip Art for Sundays and Solemnities*. Chicago: Liturgy Training Publications, 2003.

Psalter Hymnal. Grand Rapids: CRC Publications, 1987.

Schmidt, Clemens. *Clip Art for the Christian Year*. Collegeville, MN: Liturgical Press, 1988.

Troeger, Thomas, and Carol Doran. *New Hymns for the Lectionary to Glorify the Maker's Name*. New York: Oxford University Press, 1986.

Wetzler, Robert, and Helen Huntington. *Seasons and Symbols: A Handbook on the Church Year*. Minneapolis: Augsburg, 1962.

The Worshiping Church: A Hymnal. Carol Stream, IL: Hope Publishing, 1990.

빛과 생명의 주기를 위한 참고 자료들

빛의 주기(대림절과 성탄절, 그리고 주현절)에 관한 참고 자료들

Brokhoff, John R. *Advent and Event*. Lima, OH: CSS Publishing, 1980.

Brown, Raymond E. *An Adult Christ for Christmas*. Collegeville, MN: Liturgical Press, 1977.

_____. *A Coming Christ in Advent*. Collegeville, MN: Liturgical Press, 1988.

Buckland, Patricia. *Advent to Pentecost*. Wilton, CT: Morehouse-Barlow, 1979.

Griffin, Eltin, ed. *Celebrating the Season of Advent*. Collegeville, MN: Liturgical Press, 1986.

Groh, Dennis E. *In Between Advents*. Philadelphia: Fortress, 1986.

Hopko, Thomas. *The Winter Pascha: Readings for the Christmas-Epiphany Season*. Crestwood, NY: St. Vladimir's Seminary Press, 1984.

Irwin, Kevin W. *Advent-Christmas: A Guide to the Eucharist and the Hours*. New York: Pueblo Publishing, 1986.

Kirk, James G. *Meditations for Advent and Christmas*. Louisville: Westminster/John Knox, 1989.

Payne, Donna W., and Fran Zeno. *The Handel's Messiah Family Advent Reader*. Chicago: Moody Press, 1999.

Perham, Michael, and Kenneth Stevenson. *Welcoming the Light of Christ*. Collegeville, MN: Liturgical Press, 1991.

The Promise of His Glory: Services and Prayers for the Season from All Saints to Candlemas. Collegeville, MN: Liturgical Press, 1991.

Rest, Frienrich. *Our Christmas Worship*. Lima, OH: CSS Publishing, 1985.

Simcoe, Mary Ann, ed. *A Christmas Source Book*. Chicago: Liturgy Training Publications, 1984.

생명의 주기(사순절, 고난주간, 성삼일 및 부활절)에 관한 참고 자료들

Aho, Gerhard, Kenneth Rogahn, and Richard Hapfer. *Glory in the Cross: Fruit of the Spirit from the Passion of Christ*. St. Louis: Concordia Press, 1984.

Akehurst, Peter R. *Keeping Holy Week*. Brancote, Notts, U. K.: Grove Book, 1976.

Berger, Rupert, and Hans Hollerweger, eds. *Celebrating the Easter Vigil*. Translated by Matthew J. O'Connell. New York: Pueblo Publishing, 1983.

Boyer. Mark G. *Mystagogy*. New York: Alba House, 1990.

Chilson, Richard. *A Lenten Pilgrimage*. New York: Paulist, 1981.

Cotter, Theresa. *What Color is Your Lent?* Cincinnati: St. Anthony Messenger Press, 1987.

Crichton, J. D. *The Liturgy of Holy Week*. Lecminster, Herefordshire, U. K.: Fowler Wright Books. 1983.

Flood, Edmund. *Making More of Holy Week*. New York: Paulist, 1983.

Freeman, Eileen Elizabeth. *The Holy Week Book*. San Jose: Resource Publications, 1979.

Greenacre, Roger, and Jeremy Haselock. *The Sacrament of Easter*. Leominster, Herefordshire, U. K.:Gracewing Publications, 1989.

Hopko, Thomas. *The Lenten Spring*. Crestwood, NY: St. Vladimir's Seminary Press, 1983.

Huck, Gabe. *The Three Great Days*. Chicago: Liturgy Training Publications, 1981.

Huck, Gabe, Gail Ramshaw, and Gordon Lathrop,, eds. *An Easter Source Book: The Fifty Days*. Chicago: Liturgy Training Publications, 1988.

Huck, Gabe, and Mary Ann Simcoe. *A Triduum Source Book*. Chicago: Liturgy Training Publications, 1983.

MacGregor, A. J. *Fire and Light in the Western Triduum: Their Use at Tenebrae and at Paschal Vigil*. Collegeville, MN: Liturgical Press, 1992.

Nouwen, Henri. *Walk with Jesus: Stations of the Cross*. Maryknoll, NY: Orbis Books, 1990.

Schmemann, Alexander. *Great Lent: Journey to Pascha*. Crestwood, NY: St. Vladimir's Seminary Press, 1974.

Stevenson, Kenneth. *Jerusalem Revisited: The Liturgical Meaning of Holy Week*. Washington, DC: Pastoral Press, 1984.

Thompson, William. *Hands of Lent*. Lima, OH: CSS Publishing, 1989.

Wangerin, Walter. *Reliving the Passion*. St. Louis: Creative Communication for the Parish, 1988.

✣ 주제색인 가나다순

겸손 78-95
고대 기독교 122, 174
교부들 113, 132, 146-7, 202, 224
교회 29-30, 105, 210-3, 224, 231
교회력의 영성 10-3, 20-30, 35-9, 131-4, 255
그렉 와일드 202
그리스도 왕 대축일 250
그리스도의 부활 200-3, 212-3
그리스도의 승리의 날 203
그리스도의 유혹 146-8
글렌 와그너 220
금식 157-60
기도 88, 124-6

나지아누스의 성 그레고리 81
놀라운 맞바꿈 79
니사의 그레고리 110
니케아 신조 41

대림절 41, 45-8, 50, 52-7, 255
    마리아의 역할 50-5
    세례 요한의 역할 55-9
    이사야의 역할 59-63
데이빗 벙커 208
둘째 아담 205
디다케 155

로라테 카엘리 53
로버트 타프트 33

만성절 249
만인제사장 245

복음주의 222
부활절 131, 189, 198-235, 255
부활절 예배
    빛 189-91

성경 낭독 191-2
성만찬 195
세례 192-5
부활절 전야 예배 195 부활절을 보라.
부활주일 208-25
빛의 주기 41-2, 131

사르디스의 멜리토 203
사순절 132, 135-70, 255
사순절의 수련 160-2
산상변모주일 122-3
삼위일체주일 249
생명의 주기 131
성경 245-6
성금요일 182-8, 195-6
성금요일 예배
    세 시간의 헌신 예배 185
    십자가 경배 예배 186-8
    십자가의 길 예배 184-5
성 레오(대제) 37, 74, 96, 207, 227
성령 44-5, 111, 221-3, 228, 230
성령강림절 230-3, 255
성만찬 222
성만찬의 제정 179-81
성 베네딕투스 151
성 베르나르드 94
성 암브로스 174
성육신 41, 80-7, 101
성탄절 42, 71-96, 255
    경축행사 92-5
성탄절 전야 예배 75-80
성토요일 188
성회의식 140-2
세 명의 동방박사들 100-6
세례 20-1, 75, 154-7, 192-4, 207, 222
세족 목요일 175-82, 196
세족식 177-8

스텐리 하워바스 218
승천일 225-30
시간의 리듬 253-5
시리아의 성 에프렘 160
식탁 치우기 181-2
신앙의 은유 208-9

아돌프 아담 26
아돌프 하르낙 200
아드리안 노센트 37
악 64
안드레이 루블료프 127
안식일 237-9
애찬식 176-7
연속독서 248
영성
    교회의 역할 29-30
    대림절 63-8, 69의 표-3
    부활의 영성 208-9, 214-7, 220, 224-5
    부활절 205-8, 243의 표-8
    사순절 138, 154-62, 169의 표-6, 182
    성삼일 196의 표-7
    성육신의 영성 82-92, 96-7
    성탄절 80-90, 95-6, 96-7의 표-4
    세례 155-7
    성령강림절 이후 251의 표-9
    유대교의 영성 26, 36-7
    정의 18-21
    주현절 123-9, 129-30의 표-5
예배
    부활절 예배 214-7
    예배 중의 하나님의 임재 243-6
    예배의 사중구조 215-6
    예배의 영성 30
    정의 30-1
    주일 예배 34-5, 239-48
예수 그리스도 25, 30-2, 36-7, 78-9, 107-14, 162-7, 203-5, 225-6
예수 기도 88, 124
예언의 성취 104
예전 216
유월절 37
은혜 85
의식 194

이레니우스 63, 80
이스라엘 49-52, 210
일반 절기 115, 134, 236-9, 248-50

장미주일 151-2
저림 55-9, 79
재의 수요일 136-42
제2차 바티칸 공의회, 전례에 관한 문서 35
제자들을 부르심 115-22
종려주일 162-7
죄 142-6, 148-51, 168-9
주의 날 35
주현절 42, 99-130, 255
    경축행사 137-46
    주현절 예배 136-7

참회의 연도 142-6
첫째 아담 83, 86
치유 120

특별 절기 236

파스칼 성삼일 171-97, 255
    경축행사 173-5
파스칼의 신비 25-8, 112, 131, 153
프란시스 쉐퍼 127, 224

하나님 31-3, 64, 82-3
하나님과의 연합 84-90, 205-8, 209-10
하나님의 어린 양 109
환대 베풀기 126
회개 54, 57, 86, 143-4, 149-51, 157, 168-9, 194
후기 현대주의와 상징의 역할 229-30
히폴리투스 222, 254

교회력에 따른 예배와 설교

ANCIENT-FUTURETIME : *Forming Spirituality through the Christian Year*

2006년 11월 30일 초판 발행
2015년 2월 20일 초판 3쇄 발행

지 은 이 | 로버트 E. 웨버
옮 긴 이 | 이승진

펴 낸 곳 | (사)기독교문서선교회
등   록 | 제16-25호(1980.1.18.)
주   소 | 서울특별시 서초구 방배로68
전   화 | 02-586-8761~3(본사) 031-942-8761(영업부)
팩   스 | 02-523-0131(본사) 031-942-8763(영업부)
이 메 일 | clckor@gmail.com
홈페이지 | www.clcbook.com
송금계좌 | 기업은행 073-000308-04-020 (사)기독교문서선교회

ISBN 978-89-341-0937-2 (93230)

낙장·파본은 교환해 드립니다.